WordPress
Il Manuale Italiano

Il più corposo e-book totalmente
in italiano su WordPress

- CREAZIONE DEL SITO INTERNET
- SVILUPPO DEI CONTENUTI E FORMAZIONE DELLE PAGINE
- OTTIMIZZAZIONE SUI MOTORI DI RICERCA
- MONETIZZAZIONE DEL TRAFFICO
- PERFEZIONAMENTI TECNICO-GRAFICI, PLUGINS
- GOOGLE NEWS E STRUMENTI GOOGLE
- MOBILE WEBSITE
- INTEGRAZIONE CON I SOCIAL

*"Dai primi passi...
alla professione di webmaster!"*

Lulu

Davide Molino

Attenzione: questo manuale è protetto dal diritto d'autore.

E' vietata la riproduzione, anche parziale, con qualsiasi mezzo effettuata, compresa la fotocopia, anche ad uso interno o didattico. E' vietato riprodurre il contenuto di questo in qualsiasi circostanza testo senza autorizzazione.

Anno del copyright: 2013
Nota del copyright: di Grace Meadows. Tutti i diritti riservati.
Le informazioni di cui sopra costituiscono questa nota del copyright: © 2013 di Grace Meadows. Tutti i diritti riservati.
ISBN 978-1-291-60112-1
www.ebookwordpress.com

Prima edizione

Prefazione

Lo scopo di questo manuale è quello di fornire le adeguate conoscenze, ad un webmaster modello, per poter costruire, sviluppare e far crescere il proprio sito o blog Wordpress, il più noto dei CMS.

*Quello che vi offriamo **non è il tradizionale eBook** che nel giro di una ventina di pagine, vi spiega come diventare dei webmaster di successo, come vivere guadagnando online, o come realizzare 500€ al mese di incassi con Adsense, o migliaia di visite giornaliere magiche. Il nostro testo è un **manuale di oltre 160 pagine**, dedicato a tutte quelle che sono le **funzionalità di WordPress** (ed a tutto ciò che circonda la tradizionale gestione di un sito), scritto da un utente che ha come tutti voi incontrato le sue difficoltà, dopo essersi approcciato al mondo del web. Tramite la condivisione di informazioni, consigli, guide e suggerimenti potrete quindi ottimizzare come non mai il vostro sito, scoprire il SEO, la possibilità di monetizzare il traffico e di sfruttare come non mai il vostro lavoro, in un mondo, quello di internet, sempre più competitivo. Niente abbonamenti, videolezioni, strumenti di marketing e quant'altro. Pura conoscenza scritta a parole e corredata da immagini, per un'efficacia di comunicazione senza precedenti.*

*All'interno dell'eBook vi verranno spiegate tutte le **tematiche indicate con testi corredati da immagini**, per offrire la comunicazione migliore ed ideale al webmaster che necessita delle varie indicazioni del caso, in maniera piuttosto accessibile. Non abbiamo realizzato videolezioni per evitare di perdere tempo in artifici grafici o chissà quali effetti, privi di "sostanza". Ci siamo **dedicati in toto al contenuto testuale**, proprio per offrire un prodotto utile. L'intero eBook contiene **oltre 70mila parole**; l'ennesima dimostrazione che non si tratta di un prodotto "pieno di immagini" o dispersivo e volutamente allungato, ma di un vero e proprio corso completo, unico, senza abbonamenti, livelli di difficoltà o artifici vari "spendi-soldi", ma **adatto sia al webmaster neofito, che a colui il quale vuole approfondire delle tematiche tecnico-specialistiche.***

*A tal proposito abbiamo cercato di modulare i contenuti, per dare la possibilità a colui il quale si trova ancora alle prime armi, di poter iniziare con le adeguate conoscenze del caso il percorso. Allo stesso tempo abbiamo cercato di approfondire delle tematiche piuttosto tecniche e complesse, per offrire anche all'esperto un prodotto completo, in grado di perfezionare ancora le conoscenze del settore, e di fornire spunti per qualsiasi tipologia di progetto, attività o miglioramento di siti web già esistenti e funzionanti. **I vari articoli sono predisposti in ordine tematico-concettuale** (creazione sito, contenuti, ottimizzazione) e non cronologico (dominio e hosting, installazione Wordpress eccetera).*

***Il linguaggio di questo manuale è pertanto variabile a seconda degli argomenti trattati**, semplice e riassuntivo in alcune circostanze, e piuttosto complesso e digressivo in altre. Per offrire una chiarezza senza precedenti e tipica dell'attività SEO di scrittura, abbiamo utilizzato i vari grassetti, corsivi e sottolineati, per dare la possibilità di capire già con uno sguardo attento il contenuto di un determinato paragrafo o capitolo, ed il messaggio da comunicare, il nucleo concettuale del discorso. **Si presuppone comunque che colui il quale abbia acquistato il prodotto, abbia una minima indispensabile conoscenza** informatica di base, almeno del lessico di settore, fondamentale in alcune circostanze.*

Ci scusiamo in anticipo per eventuali errori o inadempienze di questo prodotto, che cercheremo nella maniera più assoluta di correggere nelle inevitabili future revisioni o aggiornamenti. Vi invitiamo altresì a consultare il sito ufficiale dell'eBook, all'indirizzo http://ebookwordpress.com/ , in cui oltre a tutte le varie informazioni ed indicazioni su questo prodotto e sul suo autore, troverete importanti aggiunte, approfondimenti ed analisi nell'apposita sezione "blog", che completano quanto indicato sul manuale, e che verranno pubblicate per stare al passo coi tempi di "internet", un mondo in continuo aggiornamento e ricco di trasformazioni.

Buona lettura!

Sommario

CAP.1 - Creazione sito internet 1

Il sito web, una "finestra sul mondo" 1

    Verificare disponibilità dominio. Che cos'è un whois. 2

    I nuovi domini gTLDs, la possibile rivoluzione del web 5

    L'estensione del dominio, quale scegliere? 6

Hosting Wordpress: quale scegliere? 7

    Meglio un hosting o un server dedicato? 9

    La banda: che cos'è e come va gestita in Wordpress 10

    Come trasferire Wordpress: cambiare Hosting mantenendo il Dominio 11

Joomla o Wordpress: quale CMS scegliere 14

Ottimizzare Wordpress: i Content Delivery Network (CDN) 16

    Utilizzare una CDN pubblica su Wordpress 19

Installazione e configurazione di Wordpress 20

    (RIEPILOGO-APPROFONDIMENTO) Installazione manuale di Wordpress 21

    Gestione dello spazio web: Filezilla ed altri programmi 22

    Come migrare da Joomla a Wordpress 23

    Migrare da Blogger a Wordpress 24

CAP.2 - Sviluppo dei contenuti e formazione delle pagine 26

Come pubblicare e scrivere un nuovo articolo 26

    Come scrivere un articolo ottimizzato SEO 27

Come realizzare un sito credibile 28

    Opinioni e commenti sul web: gestire la propria reputazione 29

La scelta corretta del tema 30

    Come installare un tema Wordpress 31

    I migliori temi Wordpress: come e quali scegliere 32

    Come aggiornare un tema Wordpress 34

Gestione immagini su Wordpress 35

    Immagini e foto sul web: come scegliere i contenuti fotografici 35

    Ottimizzare le immagini in Wordpress 37

    Ottimizzare le immagini in Wordpress con Smush 39

    Gestione della galleria in Wordpress: NextGen Gallery plugin 40

    Come ottimizzare i pdf in Wordpress 41

Modificare i ruoli in Wordpress 42

Aumentare le visite in Wordpress: il solo blogging non basta 43

CAP.3 - Ottimizzazione sui motori di ricerca 46

Che cos'è il SEO 46

- Wordpress SEO: le directory 47
- La tavola periodica del SEO: consigli, suggerimenti e cosa non fare 48
- Il pagerank: cos'è, come influisce su un sito e perché è importante 50
- L'importanza della "link popularity" per il SEO 51
- Wordpress e Penguin 2.0: e adesso? 52

Wordpress e il SEO: un plugin per tutto 54

- All in One Seo Pack: il plugin che automaticamente ottimizza Wordpress 56
- Ottimizzazione SEO: Broken Link Checker 56
- Creare la sitemap in Wordpress 57

Aumentare le visite su Wordpress in 8 passi 59

- Verificare indicizzazione sito su Google 62
- Errori di scansione Google? Risolviamoli con un plugin per i redirect 301 62
- Migliorare indicizzazione articoli grazie ad Autorship 63

CAP.4 - Possibilità di guadagno e monetizzazione del traffico 65

Come posizionare i banner in Wordpress 65

Quante visite occorrono per guadagnare decentemente con internet? 67

- Monetizzare Wordpress: i banner pay per click (ppc) 68
- Monetizzare Wordpress: i topic che rendono meglio 69
- Monetizzare Wordpress: i programmi di affiliazione 70
- Monetizzare Wordpress: meglio pay per click, o pay per impression? 72
- Wordpress e gli e-book: come venderli sul web 73

Wordpress ed ecommerce: un binomio perfetto 74

- Installare un ecommerce sul proprio sito Wordpress 75

Inserire Google Adsense in Wordpress 77

- Come monetizzare Wordpress se bannati da Adsense 80

Guadagnare con Wordpress: ADRotate e la rotazione dei banner 82

- Guadagnare vendendo link su Wordpress 83
- Guadagnare con i popunder su Wordpress 84
- Guadagnare con i Guestpost su Wordpress 85
- Guadagnare con l'affiliazione di Amazon su Wordpress 86

Come determinare il valore di un sito Wordpress 86

CAP.5 - Perfezionamenti tecnico-grafici, plugins 88

I principali e migliori plugin indispensabili per Wordpress 88

- Fast Secure Contact Form: il plugin ideale per un modulo di contatto 90
- Wordpress SlimStats: l'alternativa di Google Analytics 91
- Velocizzare Wordpress con W3 Total Cache 91
- Auto Post Thumbnail: un comodo plugin per generare automaticamente una Thumb 93
- Blindare la propria installazione Wordpress con BulletProof Security 93
- Migliorare la ricerca Wordpress con Relevanssi 94
- Modificare avatar Wordpress con il plugin "User Photo" 95
- Modificare il pannello amministratore Wordpress 96
- Proteggere Wordpress con Acunetix 97
- Spam su Wordpress: plugin e metodi contro la piaga del secolo 97
- Wordpress antispam: captcha free plugin 98
- Wordpress: come installare una slideshow 100
- Wordpress Event Manager: gestisci i tuoi eventi con un semplice plugin 101

Gestire un sito Wordpress multilingua: ecco il plugin che traduce tutto 102

Sicurezza Wordpress: prevenire attacchi con semplici rimedi 103
- Come limitare tentativi di login su Wordpress 105
- Proteggere Wordpress da virus, attacchi e file malevoli: vediamo come 106

Effettuare il backup di Wordpress 107
- Effettuare il backup di Wordpress su Dropbox 109
- Modalità manutenzione Wordpress: come impostarla per evitare penalizzazioni 110

Ampliare e personalizzare l'editor di testo in Wordpress 111

Come inserire i post correlati in Wordpress 112

Creare sezione download Wordpress 113

Gestire più siti Wordpress con un'unica dashboard grazie a "ManageWP Worker" 114

Google Maps in Wordpress: integriamolo in maniera avanzata 115

Inserire un forum in Wordpress 116
- Integrare Wordpress e phpbb3 118

Installare contact form in Wordpress 119

Integrare una chat in Wordpress 120

Integrare una shoutbox in Wordpress 122

Iscrizione ai commenti Wordpress. Come? Tramite un plugin 123

Wordpress newsletter: lo strumento di marketing per eccellenza 124

Wordpress ed il QR Code: la nuova frontiera del mobile web? 125

Rendere più interessante la discussione tramite AJAX Ratings 126

I permessi e i ruoli in Wordpress 127

Cosa sono gli snippets in Wordpress e come funzionano? 129

Tabelle su Wordpress personalizzate con TablePress 130

Creare un social network su Wordpress? Con BuddyPress è possibile 131

Wordpress "multipiattaforma": una necessità obbligatoria 132

    Wordpress mobile: gestire il sito dal proprio smartphone o tablet 133

Velocizzare Wordpress: consigli pratici e tecnici 134

CAP.6 - Google News 136

Requisiti ammissione blog Wordpress su Google News 136

Ottimizzare Wordpress per Google News 137

Creare ed inviare una sitemap per Google News su Wordpress 138

Ottimizzare i permalink Wordpress per Google News 139

CAP.7 - Strumenti Google 141

Strumenti Google per WordPress: Adwords 141

Strumenti Google per Wordpress: Analytics 144

Strumenti Google per Wordpress: Webmaster tool 146

CAP.8 - Mobile Website 148

Arriva Wordpress nativo per Blackberry 148

Ancora novità in arrivo per Wordpress Mobile 149

App Wordpress per Windows Phone si aggiorna 149

App Wordpress per Android si aggiorna 150

App Wordpress per iOS si aggiorna 151

CAP.9 - Integrazione coi Social Network 153

Cosa sono i social media 153

Integrare Facebook in Wordpress: basta un plugin 153

    Aumentare i "mi piace" sulla propria pagina Facebook 155

Come inviare automaticamente i post di Wordpress sui social 156

    Inviare post Wordpress automaticamente sui social con NextScripts Social Network Auto Poster..... 157

    Inviare post Wordpress automaticamente sui social con Twitter Feed 158

Google+: perché conviene utilizzarlo 158

Wordpress e Pinterest: integrazione e utilizzo del nuovo social... 160

CAP.1 - Creazione sito internet

Il sito web, una "finestra sul mondo"

Negli ultimi anni, internet è diventano il **primo mezzo di comunicazione di massa**, il principale strumento utilizzato dalla gente, nonché il più importante spazio per qualsiasi tipologia di attività o servizio.

E così, **i siti internet si sono moltiplicati, raggiungendo numeri veramente esorbitanti**, proprio di recente, periodo in cui risulta difficile registrare domini ottimizzati, proprio perché tutti "occupati".

La domanda sorge spontanea: **chi non ha internet oggi**? Praticamente nessuno, anzi; ci si può collegare da qualsiasi posizione, in qualsiasi momento, grazie ai moderni dispositivi mobili di ultima generazione. Proprio per questo, è altresì spontaneo: **chi non ha un sito internet**? Anche in questo caso, praticamente nessuno; quasi tutta la popolazione mondiale che ha accesso alla rete, è registrata a Facebook o social network che in qualche modo offrono una propria "pagina personale", con tutte le informazioni del caso. Allo stesso modo, **negozi, aziende, attività ed imprese hanno il proprio sito personale**, o come attività primaria, nel caso di e-commerce, o come semplice pubblicità o vetrina sul web, ormai presso che fondamentale.

Se anche tu hai un'attività, e desideri incentivare la tua clientela, è fondamentale che anche tu abbia il tuo spazio sul mondo del web. Oggi "tutto" si fa con internet, ed anche per cercare un semplice numero di telefono, chiunque userà il web, piuttosto che vecchi e non aggiornati elenchi telefonici.

Ecco che **la presenza su internet diventa fondamentale, per chi non vuole "restare indietro",** e per chi vuole mantenersi all'avanguardia, sotto molteplici punti di vista. Immaginate una società, o una grande azienda priva di un sito internet e quindi sconosciuta al mondo; come potrebbe mai lanciarsi in un mercato, magari anche internazionale, senza un riferimento del genere? Ma senza andare troppo lontano, come potrebbe un professionista acquisire una clientela più ampia, senza una pagine seria, curata e professionale sul web?

Internet oggi è diventato una finestra sul mondo, ed è presso che fondamentale per qualsiasi tipo di persona, figuriamoci per un'attività. Spesso e volentieri **il giudizio e l'idea che una persona si fa di un'attività, inizia proprio da internet.** Un visitatore che osserva un portale di ingegneri riuniti, per esempio, molto curato, semplice, chiaro e professionale, non potrà far altro che presentarsi con un pregiudizio positivo, per un colloquio con il professionista del caso.

Non restare indietro e crea anche tu il tuo sito internet. **Si può facilmente dire che è caro, che richiede tempo, conoscenze importanti, chissà quali abilità; niente di tutto ciò.** Con il nostro manuale potrai gestire, curare e mantenere il tuo sito personalmente, con spese minime, senza rincorrere esperti o fantomatiche agenzie, molto costose e "lente". Gestisci tu le tue pagine, scegli tu cosa mettere e lancia anche tu la tua finestra sul web; ti basteranno soltanto pochi minuti ed un minimo di pazienza!

Il dominio: il primo passo per la creazione del proprio sito

Quando si vuole realizzare un sitoweb, un portale o una qualsiasi tipologia di piattaforma, il primo passo fondamentale per la creazione dello stesso è la **scelta del dominio, ovvero l'indirizzo fisico del nostro sito**, che tutti gli utenti leggeranno, e che quest'ultimi dovranno digitare per poter raggiungere le nostre pagine.

Ora, ciò può sembrare banale, ma non è affatto così, poiché **il dominio, insieme al "titolo" del nostro sito web, è la prima cosa che gli utenti vedranno** fra i risultati di ricerca, e l'ultima cosa che gli resterà in mente, dopo che decideranno di lasciare le nostre pagine.

Quando acquistiamo qualcosa, navighiamo sul web o ricerchiamo delle informazioni, visitiamo "Amazon", "Facebook", "Google". E' proprio questo quello che l'utente si ricorderà, il nome del nostro sito associato al nostro dominio.

Essendo quest'ultimo fondamentale anche per il posizionamento del nostro sito, **dovrà contenere le parole chiave che riassumono in breve ciò di cui il nostro sito tratta** o parla. "StudioMotta.it" o "ImpresaCostanzo.org" ci rimandano facilmente al possibile contenuto che troveremo, una volta aperto il sito. Ma "luxury.net" al contrario, non ci potrà far pensare al negozio di arredamento sotto casa, a meno che sia un brand famoso al livello internazionale. E' per questo che il dominio è importantissimo per il proprio sito, anche perché **influenzerà in maniera diretta i motori di ricerca**, i principali canali che veicoleranno il traffico verso le nostre pagine.

Disponibili da registrare vi sono ancora dei domini così detti **"premium", ovvero quei domini che contengono delle parole chiave molto redditizie** (solitamente una sola), che potrebbero far decollare facilmente una qualsiasi attività. Un sito come "mutui.it" sarà molto probabilmente uno dei primi nelle SERP, al contrario di "casamutuivendita.it", che magari si ritroverà più in fondo, considerando la stessa parola chiave di ricerca "mutui".

Il meccanismo può sembrare complesso, ma basta fare un semplicissimo ragionamento: **cosa potrà mai digitare il visitatore, su un motore di ricerca, per accedere ad una determinata informazione**? In che modo gli utenti potranno quindi raggiungere il mio sito? Mettendosi nei panni di un qualsiasi visitatore, e capendo le fondamentali basi del funzionamento di internet, non risulterà difficile scegliere il dominio ideale per il proprio sito web, il biglietto da visita di qualsiasi "spazio" su internet.

Verificare disponibilità dominio. Che cos'è un whois.

Spesso, navigando in rete, capita di incontrare la parola **"whois"**, associata a post ed articoli che fanno riferimento ai domini. Ma **che cos'è un whois**, e come può interessarci, per quel che riguarda la gestione ordinaria di un sito?

Di norma, per whois si intende un **protocollo di rete che fornisce informazioni interrogando appositi database**; ma ciò che cosa ha a che fare con il nostro campo e con Wordpress? Molto semplicemente, il whois **ci consente di sapere in anticipo se un dominio è libero e di conseguenza "acquistabile", o se è occupato e da chi.**

Proprio per questo, se vi è capitato di leggere anche "oscuramento whois" fra i servizi associati ad un particolare hosting, si tratta proprio dell'oscuramento dei vostri dati personali da questi database, che ovviamente sono pubblici.

Digitando in un qualsiasi whois infatti l'indirizzo di un sito, quest'ultimo **fornirà tutte le informazioni del proprietario (a volte con tanto di numero di telefono ed indirizzo di residenza), dell'hosting che ha scelto e del registar** che ha effettuato la registrazione. Inoltre si può leggere la data di scadenza di un determinato dominio ed il suo stato (se è attivo, se è in trasferimento, se è bloccato eccetera); insomma tutte quelle che sono le informazioni di un sito web e del suo titolare.

Di seguito potete osservare l'esempio di una ricerca in un qualsiasi whois dell'indirizzo wikipedia.org, da cui è possibile comunque accedere ai dati (fonte: wikipedia.org):

```
Domain ID:D51687756-LROR
Domain Name:WIKIPEDIA.ORG
Created On:13-Jan-2001 00:12:14 UTC
Last Updated On:08-Jun-2007 05:48:52 UTC
Expiration Date:13-Jan-2015 00:12:14 UTC
Sponsoring Registrar:GoDaddy.com, Inc. (R91-LROR)
Status:CLIENT DELETE PROHIBITED
Status:CLIENT RENEW PROHIBITED
Status:CLIENT TRANSFER PROHIBITED
Status:CLIENT UPDATE PROHIBITED
Registrant ID:GODA-09495921
Registrant Name:DNS Admin
Registrant Organization:Wikimedia Foundation, Inc.
Registrant Street1:P.O. Box 78350
Registrant Street2:
Registrant Street3:
Registrant City:San Francisco
Registrant State/Province:California
Registrant Postal Code:94107-8350
Registrant Country:US
Registrant Phone:+1.4158396885
Registrant Phone Ext.:
Registrant FAX:+1.4158820495
Registrant FAX Ext.:
Registrant Email:dns-admin@wikimedia.org
Admin ID:GODA-29495921
Admin Name:DNS Admin
```

```
Admin Organization:Wikimedia Foundation, Inc.
Admin Street1:P.O. Box 78350
Admin Street2:
Admin Street3:
Admin City:San Francisco
Admin State/Province:California
Admin Postal Code:94107-8350
Admin Country:US
Admin Phone:+1.4158396885
Admin Phone Ext.:
Admin FAX:+1.4158820495
Admin FAX Ext.:
Admin Email:dns-admin@wikimedia.org
Tech ID:GODA-19495921
Tech Name:DNS Admin
Tech Organization:Wikimedia Foundation, Inc.
Tech Street1:P.O. Box 78350
Tech Street2:
Tech Street3:
Tech City:San Francisco
Tech State/Province:California
Tech Postal Code:94107-8350
Tech Country:US
Tech Phone:+1.4158396885
Tech Phone Ext.:
Tech FAX:+1.4158820495
Tech FAX Ext.:
Tech Email:dns-admin@wikimedia.org
Name Server:NS0.WIKIMEDIA.ORG
Name Server:NS1.WIKIMEDIA.ORG
Name Server:NS2.WIKIMEDIA.ORG
```

E' questo quello che ci illustra il whois; come facilmente intuibile, la ricerca whois è importante se si vuole aprire un sito, e **fondamentale per poter procedere all'acquisto di un qualsiasi dominio.** Tutti coloro i quali offrono servizi di registrazione domini, interrogano proprio questi database per sapere se l'indirizzo da voi scelto è disponibile. Non è un caso che vengono infatti aggiornati praticamente in tempo reale.

In conclusione, possiamo riassumere il whois come **quell'archivio che offre tutte le informazioni possibili ed immaginabili in merito ai domini.** Ne esistono di più classici, come l'esempio che vi abbiamo sopra indicato, o di più sofisticati, che offrono ulteriori informazioni anche graficamente più curate, o addirittura link diretti ad affiliati per la registrazione di eventuali domini liberi.

Per quel che riguarda servizi whois ufficiali, vi segnaliamo quello italiano, meglio conosciuto come NIC, che fa riferimento all'ufficio registro (ovvero l'anagrafe di tutti i domini italiani), e quello europeo, meglio conosciuto come Eurid, per i domini .eu. Ne esistono ovviamente moltissimi altri, ma quelli solitamente che vengono presi di riferimento, sono proprio questi indicati; effettuando comunque una breve ricerca sul web sarà possibile accedere a tutti questi vari tipi di servizi, che possono offrire **informazioni importanti per la scelta del proprio dominio**, e per l'eventuale creazione del proprio sito in Wordpress.

I nuovi domini gTLDs, la possibile rivoluzione del web

Il mondo di internet, in continua evoluzione, è pronto ad approcciarsi ad una vera e propria nuova rivoluzione, che introdurrà uno **storico cambiamento nella gestione dei domini.** Inizierà infatti proprio prossimamente vi sarà la possibilità di registrare i **nuovi domini gTLDs**, ovvero i domini personalizzabili anche in estensione con apposite parole chiavi comuni, che garantiranno nuove opportunità online e sul web.

Considerando infatti che per quel che riguarda la più utilizzata estensione, il .com, ad oggi esistono così tante registrazioni al mondo che **è difficile poter acquistare un dominio con una singola keyword del vocabolario italiano ed internazionale**, scegliere il dominio ideale per il proprio business è diventato presso che impossibile. Le nuove estensioni modificabili ai domini cambieranno tutto questo. In aggiunta ai vari fattori di novità, **i gTLDs apriranno ad un nuovo ed inesplorato territorio** per le proprie idee e per le proprie ambizioni.

In primo luogo, l'utilizzo delle estensioni personalizzabili, offrirà un aiuto nel posizionamento di determinate attività e servizi. Utilizzando un **apposito brand con un'estensione, per esempio, .shop, .app, .rome, sarà possibile "targhettizzare"** come non mai ciò che è stato da sempre il vantaggio di internet; il traffico canalizzato a seconda delle varie parole chiavi.

Inoltre, secondo quanto affermato da Google stesso, il principale motore di ricerca, saranno **introdotti dei nuovi algoritmi per il posizionamento di questi nuovi domini**, che in questo modo consentiranno di meglio comprendere le tematiche dei vari portali, e di poterli quindi distinguere nelle apposite categorie d'origine (blog, ecommerce, portfolio eccetera). In aggiunta, il contenuto potrà pertanto essere canalizzato come mai avvenuto fino ad ora col tradizionale SEO, e ciò contribuirà a **migliorare i risultati di ricerca nelle SERP delle proprie pagine**, grazie alla possibilità di fornire informazioni sempre più dettagliate in merito ad uno specifico settore di attività.

Per concludere, fra le caratteristiche peculiari dei nuovi domini gTLDs, non possiamo non citare la possibilità di **sfruttare il nuovissimo meccanismo di gestione dei domini, a quelle che già sono le proprie

attività sul web; in questo modo si potrà incrementare il proprio ranking sul web e la propria presenza, prima del grande "affollamento" che per forza di cose si verrà a creare, non appena tutti verranno a conoscenza di queste nuove potenzialità offerte dal mondo del web, attivo ed in continuo aggiornamento, ed in procinto di rivoluzionarsi.

Collegare il proprio hosting ad i vari portali che consentono la registrazione dei domini gTLDs sarà assolutamente semplice, e consentirà di poter associare al proprio sito il miglior dominio del caso, immediatamente e senza qualsiasi tipologia di attesa, grazie alla possibilità di configurare in pochi secondi DNS, ed eventuali collegamenti del caso.

L'estensione del dominio, quale scegliere?

Volete acquistare un nuovo servizio di hosting, ma non sapete quale dominio scegliere? **Cosa è meglio fra un .it, .com, .net, .eu o altri?** In che modo una simile scelta può influenzare poi le "prestazioni" di un sito? Andiamo a vedere come scegliere l'estensione del nostro dominio, e le differenze che giustificano anche i differenti costi di mercato.

Premessa

Come di consueto, prima di iniziare, è opportuno chiarire alcune cose. **Ogni estensione o gruppo di estensioni, risponde ad una determinata legislazione, ed è regolata da particolari regole.** I così detti domini americani (.com, .net, .org ecc..), vengono registrati all'ufficio registro degli Stati Uniti, e sono soggetti a determinate regole. I domini .it sono legati al nostro registar nazionale, e sono soggetti alla legge italiana. Proprio per questo, prima di ogni cosa, **è opportuno "sapere" con cosa si ha a che fare**, anche perché diversi vantaggi nella gestione dei domini, sono legati proprio a differenze di legislazione, e di conseguenza di gestione.

I domini .it

L'estensione del dominio .it è la classica italiana, ed ovviamente **una delle più diffuse ed apprezzate nel nostro paese.** Risponde alla legge italiana, ed è gestista dai vari registar accreditati presso l'ufficio del registro, che si occupano di controllare tutto il mercato dei domini a livello nazionale.

La legge **prevede una sorta di affitto del dominio, e non la proprietà**. Tutto è dello Stato, che in un certo senso "affida" al webmaster un certo dominio, che può essere poi rinnovato anche per tutta la vita, ma con riconferma annuale.

La procedura prevede che tutti i webmaster siano maggiorenni per registrare un dominio, e che godano di certi diritti civili del caso. Gli obblighi sono numerosi, e fanno riferimento al codice civile e penale italiano; in breve, **non si possono commettere reati tramite l'utilizzo di un dominio e di un sito internet, e si è responsabili** di qualsiasi cosa avvenga all'interno delle proprie pagine.

Dal punto di vista SEO sono ovviamente i più indicati per essere ottimizzati ed indicizzati nelle SERP del nostro paese.

I domini americani

I domini americani, detti anche "internazionali", sono le **estensioni .com, .net, .org, .info, .biz, .name, .mobi e .ws.** Ve ne sono anche altri ma di norma questi indicati sono i principali e fra i più utilizzati.

Essi **"rispondono" alla legge americana**, e sono quindi differenti rispetto a quelli .it ed agli altri, proprio per questo motivo. In questo caso bisogna far riferimento al codice USA, evitando di fare qualsiasi tipo di reato che possa andare contro gli States, ed assumendosi le responsabilità per qualsiasi tipologia di problema o danno verso il "Nuovo Continente".

Una differenza importante che vi è fra i domini italiani e quelli americani, riguarda la **questione delle scadenze e dei rinnovi.** Questi ultimi devono essere fatti tempestivamente e senza alcun ritardo, poiché le autorità applicano pesanti penali per chi non rispetta i termini del caso. Inoltre, **mentre i domini .it vanno rinnovati obbligatoriamente ogni anno, quelli americani possono essere "acquistati" per diversi anni** fin dal primo momento, per evitare qualsiasi problema del caso.

Insomma vi sono alcune differenze dal punto di vista gestionale, pertanto vi consigliamo di informarvi per bene col registar eventuale, in modo da essere pronti a qualsiasi evenienza.

I domini .eu ed altri

I domini .eu o tutte le altre estensioni, rappresentano delle alternative differenti. **In modo significativo si stanno ormai diffondendo i domini "europei",** che fanno riferimento ad un unico registar nell'UE, e che godono di particolari funzionalità, anche in questo caso in termini di gestione e rinnovi.

Particolare importanza assume il **ruolo dell'indirizzo email usato al momento della registrazione**, che è l'unico mezzo con il quale l'ufficio del registro vi conoscerà e vi invierà tutti i dettagli per gestire il vostro dominio.

Quale scegliere in definitiva?

Secondo noi, bisogna optare secondo preferenze personali, ed in base al target del proprio sito. Se si lavora sul mercato italiano, un portale .it ispira sicuramente fiducia e anche "sicurezza" agli utenti. Se si è lanciati nel mercato internazionale, un .com è d'obbligo, a maggior ragione se il proprio sito è solo in inglese.

Insomma si tratta di scegliere secondo le proprie preferenze e disponibilità, anche perché dal punto di vista del SEO fra un dominio all'altro non cambia assolutamente nulla. E' ovvio che un sito tedesco .it non verrà indicizzato nelle SERP locali, e ciò potrà influire negativamente per quel che riguarda l'aspetto visite; così come, difficilmente la gente acquisterà un televisore di migliaia di euro in un sito .mobi per esempio, praticamente un'estensione sconosciuta nel territorio italiano.

Scegliete quindi secondo le vostre necessità o esigenze, e **se possibile, acquistate tutte le estensioni principali per il vostro sito**; in questo modo non vi saranno altri "portali copia", che potrebbero anche parlare dello stesso argomento, e potrebbero risultare grandi rivali, in ottica SEO.

Hosting Wordpress: quale scegliere?

Il grande mercato di internet e la libertà di scelta di **hosting wordpress** grazie ad innumerevoli servizi ed offerte del caso provenienti da tutte le parti del mondo, spesso rende **difficile avere una preferenza**, vista la vastità e la stessa impossibilità di vedere tutto ciò che il mercato offre in un particolare tipo di settore, come quello dei siti web. **Quale hosting conviene scegliere quindi, e perché?**

La risposta all'apparenza sembra facile; basta vedere infatti il numero ed il tipo di servizi e caratteristiche, ed optare per uno o per l'altro servizio. Tuttavia, quando si a che fare con piani d'offerta molto simili, ecco che vengono i dubbi; andiamo a scoprire quindi **quali sono le caratteristiche che il proprio hosting dovrebbe possedere**, per una migliore ed ottimale gestione di Wordpress.

Il server

In primo luogo, **spazio web e database (requisiti fondamentali per installare Wordpress), devono essere particolarmente ampi e non limitati**. Alcuni hosting tendono a restringere questi, per evitare sovraccarichi e rallentamenti, visto che la maggior parte dei provider gestisce **server condivisi**. Questo vuol dire che il vostro sito sarà eventualmente ospitato in una macchina che ne contiene centinaia di altri, rallentando di fatto quelle che possono essere le prestazioni finali. Inoltre, basta un problema con un sito che l'intero server può "cadere"; pertanto vi consigliamo di **evitare di optare questa soluzione**, ma di **scegliere anzi servizi come le CDN**, di cui parleremo in seguito.

Optato per i Content Delivery Network, ed archiviato l'aspetto "macchina", pur considerando che vi sono CDN più o meno superiori rispetto ad altre, si può passare al lato dei servizi; basta infatti seguire le indicazioni che vi abbiamo fornito in merito alle CDN, per capire quale scegliere.

A questo punto, una volta assodato che il nostro sito sarà ospitato su una **rete ad alta velocità, e non in un server condiviso con altri,** è opportuno valutare i servizi offerti da un hosting, anche a parità di prestazioni in termini di CDN.

L'assistenza

In primo luogo bisogna **verificare l'assistenza tecnica, uno dei punti cardine di riferimento per la scelta di un hosting**. Per farlo basta anche inviare qualche email per chiedere informazioni di qualsiasi tipo, o anche "dettagliate" in riferimento alle macchine ed alla gestione dei server. Risposte vaghe, o addirittura mancanza di queste ultime, come facilmente intuibile, dovrebbero sconsigliare la scelta di un hosting. Prontezza, velocità e dettagli invece, dovrebbero far preferire un servizio ad un altro.

E' opportuno aprire una parentesi per quanto riguarda gli **hosting internazionali; spesso vi sono ottimi servizi** anche a basso costo. Tuttavia in questi casi è opportuno **conoscere in maniera avanzata la lingua inglese,** per poter interloquire con i servizi di assistenza rapidamente, e senza alcun problema. Se non siete pratici o abili nella lingua, evitate di acquistare servizi "all'estero", altrimenti potreste avere non pochi problemi di comunicazione, quando parlerete con l'assistenza o eventualmente aprirete un ticket.

Assodato quindi il comparto assistenza, una volta ristretta la scelta fra miglior CDN, migliori server quindi e miglior customer service, bisogna valutare i servizi associati all'hosting, e le caratteristiche di quest'ultimo. Premesso che come di consueto **l'hosting dovrà garantire il pieno supporto a Wordpress, con relativa banda illimitata, database aggiornati,** php dalla versione 5 in poi, e tutte le varie funzionalità recenti del caso, bisogna controllare che tipologia di servizi vengono offerti per la gestione del proprio sito.

I servizi

Tralasciando il numero di più o meno caselle email associabili al dominio, il numero di eventuali sottodomini creabili e caratteristiche che spesso e volentieri sono molto simili nelle varie offerte di mercato, **bisogna controllare cosa offre il proprio hosting in termini di software e programmi per gestire il tutto.**

E' possibile **creare le caselle email autonomamente** o meno? Si possono gestire i database con programmi come **Phpmyadmin** o no? Vi è un gestionale che permette di poter **organizzare i dns per esempio**, o lo stesso spazio web, o bisogna fare tutto manualmente o tramite assistenza?

Queste sono caratteristiche che vanno attenzionate particolarmente, a maggior ragione se dovrete gestire Wordpress autonomamente in toto. Nel caso di servizi "pronti all'uso", che offrono già il CMS installato ed attivato in pochi secondi, già pronto e configurato, simili aspetti sono anche trascurabili, poiché non vi serviranno a molto, una volta che tutto è già preimpostato.

Se dovrete invece iniziare da zero queste caratteristiche sono fondamentali, per poter **gestire il sito rapidamente e senza interloquire eccessivamente con l'assistenza**, per qualsiasi minima cosa.

Conclusioni

Valutati quindi anche questi aspetti, e presa coscienza del fatto che la scelta dell'hosting non è comunque definitiva, e si può cambiare o trasferire il proprio sito in qualsiasi momento, si può procedere all'acquisto ed al relativo pagamento.

Il discorso ovviamente è più ampio se si decide di registrare anche il dominio presso un'azienda del caso. Bisogna eventualmente valutare tutti i servizi associati a quest'ultimo, le procedure burocratiche più o meno snelle, veloci o lente, ed anche le eventuali penali da pagare in caso di "recesso" o rinnovo in ritardo. In poco tempo comunque, **accorpando tutte le indicazioni che vi abbiamo fornito, riuscirete a scegliere ottimamente il vostro hosting wordpress**, e potrete lanciarvi anche voi nel mondo di internet, sempre più ricco ed aperto a qualsiasi novità.

Meglio un hosting o un server dedicato?

Spesso e volentieri, quando si gestisce un sito web importante, un'attività online o un portale che genera parecchio traffico, ci si pone una domanda molto significativa, inerente alla gestione del proprio sito: **è meglio un hosting, anche professionale, oppure un server** dedicato?

Rispondere non è facile, poiché come di consueto bisogna analizzare numerosi fattori. In primo luogo, è opportuno **verificare il traffico giornaliero di un sito, così come il consumo di banda, e lo spazio web impiegato** per la gestione del tutto. Se questi fattori stanno nella norma, allora non ci dovrebbero essere problemi; l'hosting, anche entry level, è la soluzione più semplice ed immediata.

Tuttavia, quando il proprio sito genera **migliaia di connessione al giorno, spesso simultanee, consuma parecchia banda e richiede un database potente**, con uno spazio web di decine di giga, la situazione richiede un'analisi più approfondita.

Non tutti gli hosting sono in grado di garantire adeguate prestazioni, pertanto è opportuno **valutare se effettuare il passaggio ad un server dedicato o meno.** In primo luogo, bisogna mettere in conto una **spesa di centinaia di euro l'anno**, in caso di passaggio a server dedicato; inoltre è opportuno avere delle conoscenze medio-alte del settore, per gestire autonomamente il server, a meno che non abbia già dei software gestionali, che semplificano il lavoro, ma che fanno ulteriormente lievitare i costi.

Come di consueto bisogna valutare la situazione e riflettere su un primo punto di partenza; **il vostro sito ha mai generato problemi al vostro hosting, o avete notato difficoltà nel caricamento** o rallentamenti nell'apertura delle pagine? Se queste domande non ve le siete mai poste, potete procedere a gestire normalmente il vostro portale su un hosting semplice, anche a basso costo.

Se vi siete posti almeno una volta queste domande, e siete qui a leggere questo post, allora vuol dire che bisogna prendere in considerazione l'idea di un upgrade della piattaforma su cui si basa il proprio portale. Si possono trovare dei server a 20-30€ al mese, una spesa non indifferente, che eliminerebbe qualsiasi tipologia di problema. Tuttavia **se non si ha il budget e soprattutto le conoscenze necessarie, è meglio evitare questa scelta**, poiché vi complicherebbe e di non poco la gestione del vostro sito, oltre che vi comporterebbe ulteriori costi, qualora sia necessario chiamare un esperto per la configurazione del tutto.

In conclusione, quello che possiamo consigliarvi, a meno che non abbiate un sito che generi centinaia di migliaia di visite giornaliere, e che vi garantisca per forza di cose dei rientri cospicui, è di **orientarvi sempre e comunque su un hosting**. Esistono infatti dei **servizi professionali** che anche con un centinaio di euro l'anno, gestiscono i vostri siti su server particolarmente performanti, ed offrono caratteristiche e peculiarità di rilievo, che non solo vi semplificheranno la gestione del vostro sito, ma vi garantiranno un'affidabilità completa e totale, per qualsiasi situazione.

Se affitterete o acquisterete un **server dedicato, dovrete far fronte anche ai malfunzionamenti ed alla gestione** del caso. Utilizzando un hosting, vi dimenticherete di tutti questi problemi, e se avrete accesso a canali preferenziali e servizi professionali, potrete usufruire in pratica dei **benefici di un server, anche VPS, in termini di prestazioni, e dei vantaggi di un hosting**, gestito comunque da uno staff specializzato. Per qualsiasi problema infatti potrete far riferimento a tecnici esperti, e potrete concentrarvi in toto nella gestione effettiva del vostro sito, senza far riferimento a problemi di spazio web e database, che con l'acquisto di server, richiederebbero ore di manutenzione ed organizzazione, salvo ulteriori problemi e complicazioni ovviamente.

La banda: che cos'è e come va gestita in Wordpress

Quando acquistiamo un servizio di hosting per un sito web, spesso la differenza di costo fra varie soluzioni, incide parecchio a causa della differenza di spazio web, numero di database e **banda**. Che cos'è la banda per un sito web, e come va gestite in Wordpress?

Possiamo definire semplicemente la **banda come quella "quantità di traffico" che il nostro hosting ci garantisce mensilmente**, per il nostro sito web. Ovvero, se per esempio troviamo scritto in un'offerta 10GB di banda mensile, vorrà dire che noi avremo ogni mese 10GB di banda sul server in cui è ospitato il nostro sito.

La banda ovviamente **si consuma ogni volta che un utente o più visitatori si collegano al nostro sito**. Ogni pagina web ha una sua dimensione, e quest'ultima viene "scalata" dalla banda disponibile, ogni qual volta viene aperta. Se per esempio la mia home page è di 1MB, ogni qual volta un utente si collegherà, consumerà "1MB" di traffico, e quindi farà calare la mia disponibilità mensile di banda di "1MB".

In realtà le pagine internet hanno dimensioni decisamente più ridotte; è proprio per questo infatti che **quasi nessuno si preoccupa di questo fattore**, o perché il proprio hosting offre una banda illimitata, o perché non se ne consuma molta.

Tuttavia, quando si **caricano delle immagini**, o ancora dei **file più grossi da scaricare** (come archivi, programmi e altro), è bene attenzionare il fattore banda, poiché non sempre si ha carta bianca, e **si rischia che il sito vada offline, una volta esaurita**. Gestire una sezione "download" con vari file caricati, farà consumare parecchia banda. Proprio per questo bisogna sempre calibrare il tutto, poiché anche se gli hosting di solito offrono una quantità illimitata di traffico, superate certe soglie "non gradite" di norma applicano degli extra al costo del dominio, dello spazio web e del tutto.

Come si gestisce Wordpress, affinché venga **consumato il minor quantitativo di banda possibile**? In primo luogo va **ottimizzato**, o tramite appositi plugin (come Web Optimizer), oppure tramite modifiche manuali ed attenzioni varie. Alcuni software o add-ons ottimizzano le pagine, ed in particolar modo i **codici di template e componenti aggiuntivi**, che se "migliorati", riducono di gran lunga la dimensione dei file e di conseguenza la banda da utilizzare.

Inoltre, si possono *"comprimere" javascript o immagini*, che nel complesso sono i fattori che più appesantiscono una pagina. In questo modo, non solo si risparmierà parecchia banda, ma si otterrà un **caricamento generale delle pagine più rapido**, uno dei fattori più importanti per un adeguato posizionamento e per la permanenza di traffico e visitatori.

Di norma, stando a recenti statistiche, un utente che clicca su un risultato di ricerca ed entro pochi secondi non vede caricata completamente una pagina, cambia sito. Proprio per questo è **fondamentale evitare tempi lunghi, e dimensioni eccessive** delle pagine.

In conclusione quindi, ottimizzando il proprio sito e gestendo la banda senza alcun problema, si avranno soltanto **enormi benefici in termini di costi, traffico e posizionamento**.

Come trasferire Wordpress: cambiare Hosting mantenendo il Dominio

Se volete **cambiare il vostro hosting**, perché magari non vi ha soddisfatto nel corso dell'anno, o perché avete trovato un'offerta più vantaggiosa, professionale ed affidabile, **potrete trasferire il vostro sito in pochi minuti, con una procedura particolarmente semplice ed immediata**. In questo modo, potrete usufruire di tutti i nuovi servizi e vantaggi del caso, mantenendo sempre online il vostro sito senza perdere posizionamento e visite, a maggior ragione se il vostro portale genera un'importante quantità di traffico ed è già ben indicizzato.

Nuovo hosting e configurazione iniziale

In primo luogo, come sopra indicato, è opportuno **scegliere e contattare il nuovo hosting**. Dopo le verifiche del caso, bisogna acquistare l'offerta desiderata, pagare ed attivare il tutto, comunicando, se possibile, il "trasferimento" di un sito con dominio già attivo.

Se i servizi di assistenza saranno professionali e rapidi, **riceverete sicuramente in poco tempo i vostri dati d'accesso al nuovo spazio web ed al nuovo database.** Vi ricordiamo infatti che per Wordpress questi due elementi sono indispensabili; pertanto vi invitiamo sempre a consultare i requisiti minimi del CMS, per vedere se è compatibile o meno col vostro nuovo servizio scelto. Completata questa procedura, e dati alla mano, si potrà iniziare il vero e proprio trasferimento tecnico, dal vecchio hosting, a quello nuovo.

Prima di iniziare, vi consigliamo di creare già il nuovo database presso il nuovo hosting, in modo da avere il server pronto e completare poi la procedura in pochi e semplici passi (ovviamente potete farlo anche dopo, senza alcun problema). Alcuni provider offrono dei sistemi automatici di facile utilizzo come "cPanel", che consentono di creare il database molto più velocemente e semplicemente. Altri danno la possibilità di accedere direttamente al phpMyAdmin. **In base al servizio scelto comunque, alla fine dovrete avere a portata di mano il nome del database, il nome utente registrato e la password dello stesso**, i tre dati indispensabili per consentire a Wordpress di interfacciarsi col Mysql.

A questo punto, dati ftp alla mano e database pronto, è possibile iniziare la procedura di spostamento.

Backup di database e spazio web "vecchi"

In primo luogo, come facilmente intuibile, bisogna effettuare il **salvataggio del sito dal vecchio hosting**, sia lato ftp, che lato database. In questo manuale troverete più volte la procedura di salvataggio dei dati, esplicata in maniera dettagliata (sezione backup); potete consultarlo e seguire passo passo quanto indicato, per poter avere le copie di backup funzionanti di tutto il vostro sito.

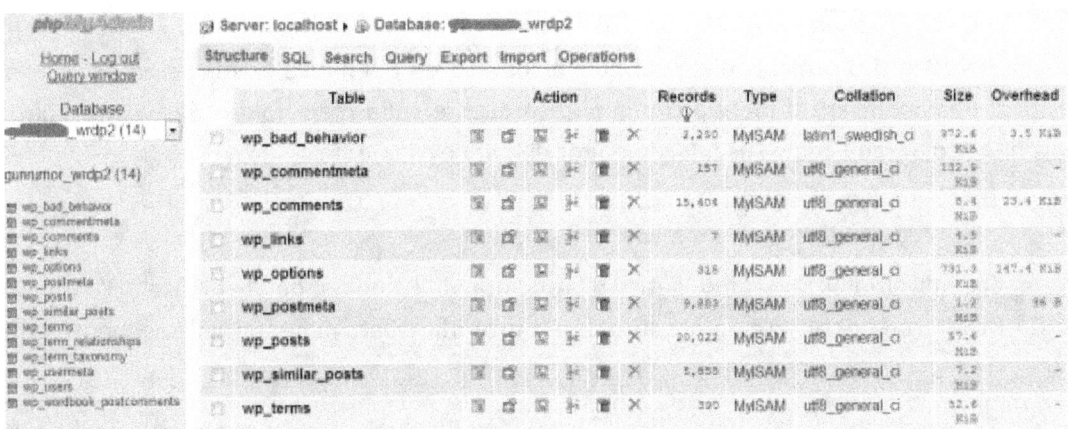

In breve, prima bisogna accedere allo spazio web ftp con appositi programmi come FileZilla, ed effettuare il salvataggio di tutti i file in una cartella del proprio desktop. In seguito, bisogna accedere al database, ed esportare tutte le tabelle in un unico file tramite phpMyAdmin o tramite il software fornito dal vostro hosting "precedente".

Non appena avrete a disposizione questi file sul vostro pc, potrete procedere al passo successivo.

Copia dei file sul nuovo hosting

Si tratta della **procedura esattamente contraria alla precedente**. Mentre prima avete esportato e salvato sul vostro pc tutti i file, adesso dal vostro pc dovrete ricopiare nuovamente, per quel che riguarda l'ftp, tutte le cartelle sul nuovo spazio web del nuovo hosting, sempre tramite software come FileZilla; per quanto

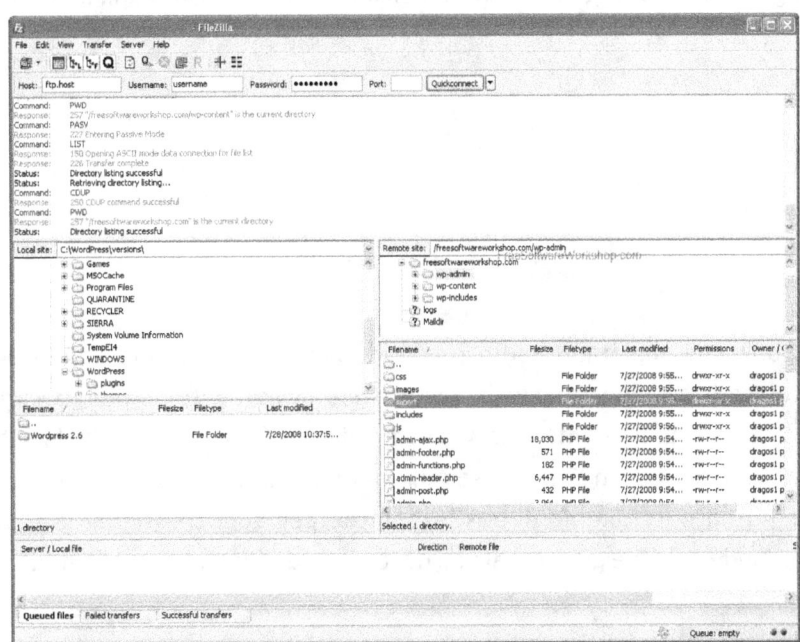

riguarda il database, mentre prima avete esportato, adesso dovrete **"importare" tutte le tabelle tramite il software o programma offerto dal vostro nuovo hosting**. Di norma i software sono molto simili, cPanel, phpMyAdmin, ma in genere qualunque programma abbiate a disposizione, dovrete sempre ricercare il database (se già creato) ed una voce "importa", "inserisci" o simile.

Completata questa procedura che richiederà qualche minuto, più per lo spazio web che per il database, potrete procedere al punto successivo. Nonostante apparentemente sembra che abbiate finito, il vostro sito non sarà raggiungibile al nuovo hosting per un semplice motivo, bisogna infatti **modificare il file di configurazione di Wordpress con alcune nuove coordinate, e puntare i dns** verso il server del nuovo hosting, se il vostro dominio è ancora attivo nel vecchio.

Modifica del wp-config.php

Per far si che il vostro sito ormai copiato sul nuovo spazio web del nuovo hosting si interfacci col nuovo database, dovrete **modificare il file wp-config.php (presente sulla main folder del vostro spazio web), sempre tramite programmi come FileZilla**, ed editor di testo ovviamente.

IMMAGINE

Vi ricordate che all'inizio vi avevamo detto di appuntarvi il "nome del database", l' "utente" e la "password"? Dovete prendere proprio questi dati, ed inserirli rispettivamente nelle seguenti stringhe del file:

```
('DB_NAME', 'nome_database');

('DB_USER', 'nome_utente_database');

('DB_PASSWORD', 'password_utente_database');
```

Se non trovate le stringhe potrete ricercarle tramite l'apposita funzionalità dell'editor di testo. Bisognerà aggiungere soltanto i dati che vi abbiamo detto di salvare, all'intero delle virgolette. Esempio:

```
('DB_NAME', 'database1');

('DB_USER', 'administrator_db_583275');

('DB_PASSWORD', 'dkf349JF8d8u4');
```

Quelli che abbiamo inserito sono ovviamente dati inventati, **voi dovrete inserire i vostri, salvare il file e reinserirlo sullo spazio web, sostituendo ovviamente quello già caricato**. A questo punto Wordpress ed il database saranno interfacciati sui nuovi spazi fra loro; tuttavia il vostro sito è ancora raggiungibile soltanto al vecchio hosting! Basta semplicemente **puntare i dns ai server del vostro nuovo hosting, oppure effettuare il "cambio di hosting" anche per quel che riguarda il dominio**, una procedura che di norma richiede qualche giorno e alcuni documenti da firmare, per il cambio ufficiale di registar e tutto.

Puntare i dns al nuovo sito

Se il dominio è ancora attivo sul vecchio hosting, dovrete **richiedere la modifica dei dns o farlo personalmente, se possibile** (ovviamente avendo a portata di mano i dati nuovi, eventualmente precedentemente richiesti al nuovo hosting).

In questo modo, puntando per esempio a xx.nomedominio.com e xx2.nomedominio.com (dati inventati), **nel giro di qualche ora il vostro sito sarà pienamente attivo sul nuovo hosting, e gli utenti che si collegheranno utilizzeranno in toto il nuovo server, il nuovo database ed i nuovi servizi** scelti.

Joomla o Wordpress: quale CMS scegliere

Nel mondo dei CMS si possono utilizzare ad oggi **diverse tipologie di piattaforme,** ovviamente ognuna con le proprie peculiari caratteristiche. Tuttavia, negli ultimi anni la sfida si è "chiusa" fra due dei prodotti più utilizzati, ovvero **Joomla e Wordpress**. Quale dei due conviene scegliere e perché?

In primo luogo, possiamo fornirvi dei dati oggettivi in merito alla popolarità dei due prodotti, e quindi riferendoci a quanti utenti nel mondo usano l'una o l'altra piattaforma. Stando a ultime statistiche in merito, seppur non recentissime, sono circa **400 milioni gli utenti che utilizzano Wordpress, per un totale di circa 4 miliardi di pagine Wordpress ogni mese pubblicate**. Joomla in questo senso non regge il confronto, poiché la piattaforma di Matt Mullenweg è sicuramente più popolare ed utilizzata sul web.

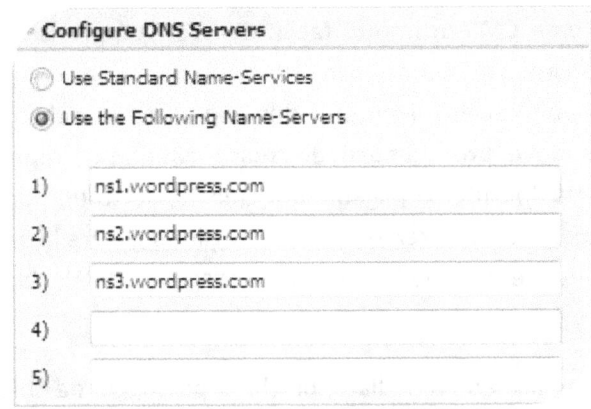

Ciò è dovuto al fatto che a differenza di Joomla, secondo noi strutturato particolarmente per la gestione di siti web, e poi di blog, Wordpress è "al contrario", ovvero strutturato in forma di blog, e trasformabile poi in sito web. **La popolarità di quest'ultimo genere, il blog, ha ovviamente influito di molto,** visto che oggi è una piattaforma utilizzata da milioni di utenti, che quindi per forza di cose sono ricaduti su Wordpress.

Ad influire poi sul dato, vi è la **questione delle release e degli aggiornamenti**. Soltanto di recente Joomla si è evoluto dopo anni di stazionamento, e questo ha favorito la crescita di Wordpress che al contrario in maniera costante è sempre stato aggiornato dai sui developpers. Il problema non è stato diretto negli aggiornamenti, ma nel fatto che **con la mancanza di supporto costante, i webmaster di Joomla hanno dovuto affrontare parecchi problemi, in merito alla gestione di falle di sicurezza e bug**, che hanno portato non pochi sbattimenti negli ultimi periodi. Soltanto adesso Joomla si è modernizzato e ciò ha favorito la preferenza di Wordpress, in tempi passati, proprio anche per queste caratteristiche aggiuntive e peculiari.

Il CMS più noto infatti **con semplici accorgimenti può essere blindato senza alcun problema del caso.** Joomla, vista una minora disponibilità di supporto, ha spinto i webmaster a ricorrere a software a pagamento o a prestazioni professionali, per il ripristino dei siti in caso di attacchi. Quest'ultimo infatti poteva essere **facilmente bucato anche tramite bug di plugin,** che in Wordpress, grazie ad una community particolarmente attiva, vengono sempre aggiornati, e soprattutto commentati dagli stessi tester, in modo che l'utente già prima del download possa farsi un'idea di quello che poi andrà a scaricare.

Un altro **punto a favore di Wordpress è sicuramente la "centralizzazione" dei contenuti**, che su Joomla è decisamente minore. Mentre per quest'ultimo esistono vari portali di componenti aggiuntivi e forum di assistenza, **Wordpress possiede un grandissimo database che risponde al dominio principale .com**, il quale viene raggiunto quotidianamente dalla comunità internazionale, che contribuisce ovviamente a migliorarlo. E' per questo che direttamente dal proprio sito con un click si possono aggiornare automaticamente i plugin e gli add-ons, senza ricorrere a metodi manuali spesso molto macchinosi (che su Joomla spesso richiedevano magari la cancellazione di determinati contenuti, modifiche al codice ecc..)

Per ogni **plugin di Wordpress**, a differenza di Joomla, è presente una **descrizione generale, la guida d'installazione, possibili screenshot e FAQ, oltre a changelog e commenti,** che offrono all'utente webmaster tutto ciò di cui ha bisogno. Joomla invece spesso spingeva i webmaster a scaricare da siti non particolarmente conosciuti archivi "ignoti", da collaudare spesso senza il minimo supporto o istruzione. I progressi, è giusto sottolinearlo, sono stati molti, quelli effettuati da Joomla. **Tuttavia è proprio nel periodo di massimo splendore di Wordpress e di temporanea staticità di Joomla che il web ha scelto**, ed ha puntato tutto sul primo. I numeri che vi abbiamo indicato all'inizio, sono proprio il frutto di questo.

Ma non è tutto cari visitatori, **Wordpress è un sistema CMS ottimo di facile utilizzo, comprensione ed installazione.** Dal punto di vista dell'hosting stesso, esistono già soluzioni mirate come quella da noi offerta, ed in pochi secondi si può già essere online, una volta scelto il proprio dominio. **Joomla richiede un percorso totalmente manuale al webmaster, che deve preoccuparsi di creare database, impostare permessi** e tutto, a meno che non sfrutti soluzioni già "pronte" a pagamento. Questo, sotto un punto di vista prettamente tecnico, **può essere un vantaggio per i webmaster esperti** che vogliono gestire la propria piattaforma in toto. Tuttavia per i neofiti non è positivo, e pertanto questi ultimi sceglieranno Wordpress, molto più intuitivo su questi aspetti.

Il vantaggio di questa piattaforma è inoltre molto semplice ed immediato, poiché **il passaggio da "blog" a "sito" richiede pochi secondi**, e può essere effettuato magari mediante l'installazione di temi premium, particolarmente curati graficamente e tecnicamente. **In Joomla non è così semplice il passaggio inverso, ovviamente secondo la nostra opinione, visto che bisogna inserire plugin aggiuntivi** per favorire i commenti senza registrazione, ed altri tools del caso (community builder per esempio).

La semplicità ed allo stesso momento la completezza di Wordpress, secondo noi, hanno fatto si che lo stesso abbia superato Joomla. Dal punto di vista del **posizionamento per esempio, e dell'attività SEO, Wordpress si indicizza in maniera molto più rapida** rispetto a Joomla, che comunque se ben sfruttato regala senza alcun problema i suoi frutti.

Un **punto a favore di Joomla potrebbe andare in merito alla grafica ed alla scelta dei template**, decisamente ricca nell'ambito professionale. Tuttavia, Wordpress ha recuperato ampiamente il gap, visto che ad oggi sono diversi i professionisti che realizzano e vendono temi anche molto interessanti a poco prezzo, per i webmaster interessati ovviamente.

Inoltre, **ciò che in Joomla spesso si fa in manuale, su Wordpress viene automatizzato tramite plugin**; anche in questo caso non è molto il gap, ma per esempio per quel che riguarda il SEO o l'integrazione coi social, in pochi secondi Wordpress può essere configurato, e ottiene risultati sulle SERP in maniera molto più immediata.

E' evidente che **l'insieme di questi fattori hanno reso Wordpress più popolare e secondo noi decisamente preferibile a Joomla.** Ovviamente le nostre sono soltanto opinioni personali, visto che abbiamo provato entrambe le piattaforme, e possono essere contraddette, quando riteniamo per esempio in genere più "semplice", "immediato" e di "facile apprendimento" Wordpress.

Dal punto di vista tecnico la situazione è quella che vi abbiamo descritto, seppur vi siano stati consistenti miglioramenti di Joomla, come più volte vi abbiamo indicato. **La grande differenza la fa anche il supporto e la community nazionale ed internazionale**, poiché se si ha un problema e si chiede su un forum, ed in giornata si ha la soluzione (Wordpress), è decisamente preferibile al registrarsi su siti internazionali, tradurre e intuire in qualche modo possibili fix (Joomla).

Come di consueto, ovviamente bisogna **scegliere secondo le proprie necessità o esigenze**. La mia opinione è quella di un ferreo utente Joomla che dopo anni, scoprendo Wordpress, è migrato su questa piattaforma, decisamente più di "massa". Poi ognuno ovviamente è libero di preferire ciò che vuole, in un mondo, quello di internet, sempre più vario e concorrenziale.

Ottimizzare Wordpress: i Content Delivery Network (CDN)

In questo approfondimento vi parleremo dei **Content Delivery Network, o CDN**, una scelta non molto conosciuta ma dalle grandi potenzialità per il proprio sito internet.

Che cosa è una CDN

In primo luogo, è opportuno chiarire cosa siano i Content Delivery Network. Vi sono a tal proposito molte spiegazioni e guide in rete, spesso non di facile comprensione, e per questo motivo cercheremo di utilizzare termini e parole più semplici possibili.

Immaginiamo una **CDN come un impianto di server distribuiti sul mondo, e collegati fra loro tramite banda dedicata ad alta velocità.** La struttura dei CDN è proprio questa, ed in base al servizio scelto (poiché sono numerose le reti CDN nel mondo), si ha a che fare con più o meno localizzazioni. In questo modo, si assicura uno **scambio di qualsiasi tipologia di dati ad alta velocità, da qualsiasi parte del mondo.**

In che cosa può risultare utile un simile sistema quindi, per la gestione del proprio sito web? Sappiamo che molti file all'interno del nostro sito, come **script, immagini e codici, rimangono invariati per periodi piuttosto lunghi di tempo.** Di norma sono tutte le "fondamenta" di un sito, che difficilmente cambiano.

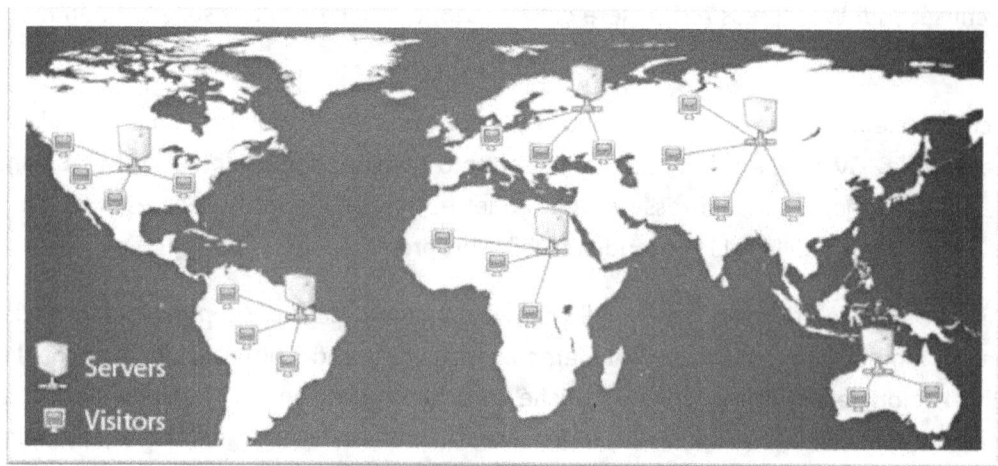

In questo modo, **caricando tutti questi file su una CDN**, ovviamente la più vicina a noi (da cui parte il funzionamento), si potrà **creare una sorta di "immagine" del nostro sito su questi server ad alta velocità**, una sorta di pre-caricamento che sfrutta ovviamente la cache. Gli **utenti così, quando si collegheranno, da qualunque parte del mondo, scaricheranno dalla CND a loro più vicina la colonna portante del nostro sito** ad alta velocità, considerando la banda passante dedicata, ed il resto (come possibili nuovi articoli, o file aggiornati di continuo) dal nostro hosting. In questo modo si riducono i consumi di banda del nostro hosting, e **si ottimizza di gran lunga la velocità di caricamento delle nostre pagine**, anche qualora un utente si colleghi a decine di migliaia di chilometri di distanza, dalla sede in cui è hostato, o ospitato, il nostro sitoweb alla fonte.

I vantaggi di una CDN

I vantaggi che risultano dall'impiego di una simile soluzione, sono ovviamente molteplici. In primo luogo, come vi abbiamo sopra indicato, **aumenta di molto la velocità di caricamento delle nostre pagine.** Questo perché i nostri utenti scaricheranno la "base" del nostro sito da un'autostrada ad alta velocità, ed il resto dal nostro hosting. Inoltre, in questo modo, si potrà **aiutare il posizionamento, a maggior ragione se il nostro sito è "affacciato" su mercati internazionali.**

A prescindere dalla sua nazionalità infatti, il nostro sito potrà essere meglio indicizzato nel mondo, e soprattutto gli utenti, anche se si collegheranno da altri continenti, caricheranno le nostre pagine in maniera semplice e veloce; questo è fondamentale qualora il nostro business sia attivo a livello internazionale, e qualora vi siano collaborazioni con enti ed aziende di varie parti del mondo. Inoltre in questo modo **si possono ridurre i costi della banda per il proprio hosting**, qualunque sia l'utenza che si connetta alle nostre pagine, ed in questo modo si possono ottimizzare tutti gli aspetti tecnici del proprio sito, per renderlo efficiente ed in una rete "d'elitè", in grado di garantire prestazioni simili a quelle di un server dedicato, ma con costi decisamente minori.

Come scegliere una CDN

La scelta di una buona CDN è ovviamente un passo fondamentale per poter sfruttare tutti quelli che sono i vantaggi di un simile sistema. Come di consueto, **un hosting che offre la possibilità di mettere il proprio sito in una rete di CDN numerosa, sarà la soluzione più ottimale**, mentre una rete CDN piccola, o con pochi punti di localizzazione in tutto il mondo, renderà sicuramente meno.

Proprio per questo bisogna **valutare e scegliere la CDN in base all'affidabilità, alla qualità ed alla bontà dei servizi offerti dall'hosting del caso.** Molti offrono infatti pannelli di gestione molto semplici ed immediati, grande quantità di banda a poco prezzo e l'attivazione dei servizi anche qualora si usi un hosting diverso.

Altri magari consigliano di trasferire direttamente il sito nei propri server, con

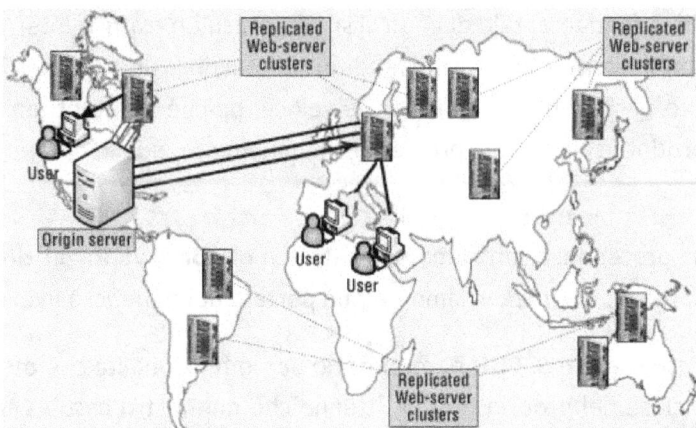

promozioni del caso, che possono agevolare il funzionamento del tutto. Come di consueto basta scegliere in base alle proprie necessità o esigenze, oltre ovviamente analizzando tutta l'offerta di settore, sia a livello nazionale che internazionale.

Il funzionamento della CDN

Configurare e gestire il proprio sito su una CDN di norma non richiede molto lavoro. In primo luogo **si trasferiscono i contenuti da gestire in cache sulla CDN scelta**; ovviamente è chiaro che si mettono tutti quei file che non richiedono aggiornamenti frequenti, e che quindi possono essere lasciati senza variazioni per una quantità di tempo importante.

Caricati i file sulla CDN, **si stabiliscono le "regole", e l'utente che si collegherà accederà alla "base" del vostro sito nel server del CDN più vicino a lui,** caricando quindi con molta più rapidità i file, ed in questo modo anche se per esempio il vostro sito sarà "hostato" in Italia e l'utente si collegherà dal Brasile, interfacciandosi comunque con la CDN più vicina, se presente in loco, offrirà le prestazioni di un collegamento di pochi chilometri di distanza, rispetto ad uno intercontinentale.

Una volta **interfacciato con la CDN più vicina, l'utente "scaricherà" tutti i file del caso, ed eventualmente si potrà interfacciare col server del vostro sito, in caso di aggiornamenti**, o indisponibilità temporanea dei server. In questo modo è garantita la connessione al vostro sito in qualsiasi momento, senza alcun problema del caso.

In questo modo, **una volta che l'utente si ricollegherà sfrutterà tutti i file in cache sulla CDN** che si caricheranno in maniera decisamente veloce, semplice ed immediata. Così si evita di intasare il proprio unico server con numerose connessioni, che possono consumare parecchia banda e diminuire drasticamente la velocità delle proprie pagine.

Il traffico distribuito sulla rete CDN piuttosto che su un unico server contribuirà a fornire i benefici che vi abbiamo descritto, in modo che senza alcun problema il vostro sito possa essere raggiunto anche da numerosi utenti da tutte le parti del mondo in poco tempo.

Conclusioni

Fra i tanti vantaggi dell'utilizzo di una CDN, vi sono **ottime prospettive in termini SEO e di geo-localizzazione, oltre che di sicurezza.** Questo "strumento" che si interpone fra l'utente ed il vostro hosting contribuisce a **neutralizzare eventuali attacchi con connessioni multiple**, grazie a filtri molto sofisticati, e riduce soprattutto le perdite di connessione, che equivalgono purtroppo a delle perdite di visite.

Ciò è fondamentale quando ci si affaccia su un traffico internazionale, e soprattutto quando si ha a che fare con i servizi internet. Un venditore di hosting, un registar, un'agenzia SEO, un e-commerce deve avere un sito perfettamente efficiente e veloce, poiché gli utenti da tutto il mondo potranno scegliere i servizi o i prodotti senza alcun problema, in un mercato, quello di internet, fra i più "liberi" in assoluto.

Utilizzare una CDN pubblica su Wordpress

In precedenza, abbiamo spiegato **i molteplici vantaggi di una Content Delivery Network,** in che cosa consiste, e come ovviamente può portare dei benefici a livello strutturale, per il proprio sito Wordpress.

Tutti i servizi di CDN però, proprio per le funzionalità che offrono, sono di norma a pagamento, e quasi mai incluse nel proprio hosting (tranne che nel nostro caso). Questo perché **consentono di poter dimezzare i tempi di caricamento delle proprie pagine Wordpress, e perché consentono di ottimizzare come non mai la velocità del proprio sito,** per ottenere dei vantaggi nella navigazione, e soprattutto dei buoni risultati e posizionamento sui motori.

Tuttavia, come di consueto, **non mancano alcune CDN pubbliche, aperte ovviamente a tutti gli interessati, in maniera gratuita.** E' ovvio, le prestazioni non sono assolutamente paragonabili ad un servizio a pagamento privato e ben gestito ed ottimizzato, ma possono comunque consentire di "assaggiare" i vantaggi di un simile sistema, e di poter poi decidere se eventualmente integrarlo sul proprio sito Wordpress.

Per far ciò, e per utilizzare una CDN pubblica su Wordpress, come di consueto, ci vengono incontro dei plugin. Uno dei più noti è **jsDelvir, che permette proprio di utilizzare i servizi del portale in questione, direttamente sulle proprie pagine.**

L'installazione del tutto, come di consueto, ricalca la standard procedura automatica o manuale. La configurazione è invece leggermente più complessa, anche se può essere completata in pochi e semplici passi. Una volta attivato tutto, bisogna **accedere al menù del plugin, e seguire le istruzioni riportate. In sostanza bisognerà interfacciare il proprio sito coi servizi del portale, database e tutto**, ed in seguito bisognerà attivare la CDN per tutti i file scansionati dal programma, idonei per essere utilizzati appunto sulle Content Delivery Network; attivato il tutto **si noteranno immediatamente i vantaggi dal punto di vista della velocità e del caricamento delle pagine, sia visivamente, che tramite software di scansione come YSlow,** in grado di fornire informazioni piuttosto soddisfacenti sulle performance delle proprie pagine.

Il miglioramento "magico" avviene perché alcuni file di struttura del sito, vengono inseriti in server ad alta velocità e con banda larga, e quindi l'utente, scaricherà la base del proprio portale (template eccetera) da spazi ad altissima velocità, ed il resto dallo spazio web e dal database del proprio hosting, **dimezzando pertanto tempi di caricamento, ed offrendo prestazioni di assoluto rilievo.**

I vantaggi non riguardano soltanto il risultato finale, ma alcuni aspetti tecnici di assoluto rilievo. **Si consumerà molta meno banda del proprio hosting, dimezzando i costi** in caso di servizi a consumo o a pacchetti, e si scaricherà quindi il server da sovraccarichi extra, rendendo il tutto molto più fluido. **Grazie al plugin poi non bisognerà agire sul codice per modificare url o altri parametri, ma la sincronizzazione sarà totalmente automatica, anche con eventuali plugin come W3 Total Cache** ed altri, in grado di ottimizzare ancor di più le proprie pagine, in quest'ultimo caso agendo però direttamente sui file.

Insomma, si tratta solo di ricevere vantaggi e benefici; perché non approfittarne subito quindi?

Installazione e configurazione di Wordpress

In questa breve guida vi spiegheremo **come installare e configurare** una delle piattaforme più usate e gestite nel mondo per la creazione di siti e blog, Wordpress, l'oggetto di questo manuale, che oggi vanta milioni di portali attualmente online, anche di personalità ed organizzazioni piuttosto famose che ricorrono al **cms** per una **semplicità di utilizzo e facilità di gestione** adatta anche ai webmaster meno esperti ma allo stesso tempo con le basi per poter realizzare produzioni di alto livello tecnico-qualitativo.

Per prima cosa bisogna assicurarsi che l'**hosting** a cui è associato il nostro dominio **supporti i seguenti requisiti**, al fine di eseguire l'installazione senza alcun tipo di problema:

1. PHP versione 4.3 o superiore
2. MySQL versione 4.1.2 o superiore
3. (Opzionale) modulo Apache mod_rewrite (per URI*pulite*)

Una volta che il nostro hosting rispecchia le sopra-indicate caratteristiche, **si può regolarmente procedere all'installazione**, dopo aver **creato il database** di cui Wordpress in seguito chiederà le credenziali.

Quindi, scarichiamo l'ultima versione ufficiale della piattaforma disponibile sul sito internazionale o su Wordpress Italia, scompattando tutti i file compressi in una cartella sul desktop.

- Ricerchiamo il file **wp-config-sample.php** e con un editor di testo come il Blocco Note, **inseriamo le credenziali** ed i dettagli inerenti al nostro database, ed infine **rinominiamo il file in wp-config.php** una volta ultimata la procedura;
- Al termine della modifica, **carichiamo tutti i file nel nostro spazio web ftp**, attraverso un client come FileZilla o per mezzo degli strumenti offerti dal nostro hosting che gestisce il sito;
- **Lanciamo il file di installazione (install.php)** navigando nel browser fino alla sua posizione (solitamente http://www.vostrodominio.it/wp-admin/install.php) e **seguiamo le istruzioni riportate** nelle varie schermate al fine di completare la configurazione del sito e delle informazioni basilari per la sua pubblicazione.

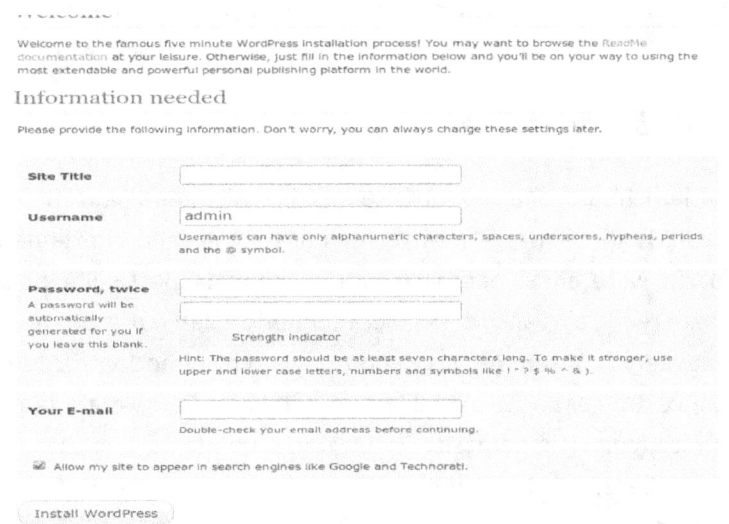

Alla fine dell'installazione, Wordpress ci fornisce i dati per il login, che successivamente possiamo modificare secondo le nostre preferenze. Inoltre, **se avevate già un sito su un'altra piattaforma** e volete trasferirne tutto il suo contenuto su Wordpress è possibile, se la vostra piattaforma vecchia rientra fra quelle per cui si può fare la conversione, attraverso degli script presenti nella cartella wp-admin con il prefisso import. Nel sito ufficiale del cms è possibile trovare la lista delle piattaforme compatibili per la conversione e tutti i vari dettagli differenziati per procedere con l'installazione.

Una volta che il nostro sito è pronto ed installato, bisognerà scegliere un template grafico fra quelli disponibili online o autoprodotti, ed in seguito si potrà procedere alla creazione dei menù, delle categorie ed in generale all'impostazione iniziale del nostro sito, per arrivare poi alla pubblicazione finale una volta completato.

(RIEPILOGO-APPROFONDIMENTO) Installazione manuale di Wordpress

Come si installa Wordpress in maniera manuale? Quali sono le procedure per poter mettere online un sitoweb con il più noto dei CMS? Queste sono domande che spesso gli utenti si chiedono quando vogliono cimentarsi come webmaster alle prime armi; proprio per questo, con questa nostra breve e semplice guida, cercheremo di spiegare **come si può utilizzare Wordpress**, una volta acquistato un servizio hosting.

Verifica dei requisiti tecnici

In primo luogo, come di consueto, è opportuno **verificare sempre se il proprio hosting offre tutti i servizi e le caratteristiche standard** del caso, necessarie per il funzionamento di Wordpress. Di seguito sono indicati i requisiti tecnici di Wordpress, per le ultime versioni:

- PHP versione 4.3 o superiore
- MySQL versione 4.1.2 o superiore
- Modulo Apache mod_rewrite
- Server Apache e Linux

Se acquistando un qualsiasi servizio, **tutte queste caratteristiche sono indicate come disponibili ed effettive, allora si può procedere ad installare Wordpress**; in alternativa bisognerà chiedere il cambio del servizio scelto, o orientarsi su di un altro tipo di hosting, visto che ad oggi la maggior parte dei siti di settore offrono piani specifici ed ottimizzati per i CMS. In questo modo non dovrete approfondire quelle che possono essere le differenze fra un hosting windows o linux, che cos'è il mod_rewrite ed altre caratteristiche; basta che ci siano, ed il vostro Wordpress funzionerà a meraviglia.

Creazione di spazio web e database

Una volta attivato il servizio richiesto, che supporti i requisiti tecnici sopra indicati, bisogna **creare il proprio spazio web ed il database Mysql.** La maggior parte degli hosting inviano direttamente al cliente i dati per accedere al proprio spazio web, ed al database; altri offrono la possibilità di sfruttare dei software gestionali come cPanel per crearli, altri ancora richiedono ulteriori dati e procedure come l'invio di apposite email per l'attivazione dei servizi. Insomma, seguendo quelle che sono le procedure adottate dal vostro hosting, dovrete creare il vostro spazio web ed il vostro database. Completata la pratica **dovrete avere a disposizione un indirizzo ftp** (come ftp.nomesito.it), un nome utente ed una password per lo spazi ed allo stesso modo un nome database, un nome utente ed una password per il Mysql (oltre eventualmente all'indirizzo, se non è hostato "in loco").

Pronti questi dati, a questo punto si può procedere direttamente all'installazione di Wordpress, che di norma può essere completata in una decina di minuti. **E' ovviamente per scontato che per avere accesso a** spazio web e database, è necessario in primo luogo aver registrato ed "acquistato" un dominio, secondo le vostre necessità e preferenze del caso.

Installazione di Wordpress

A questo punto, bisogna **scaricare il pacchetto di Wordpress più aggiornato dal sito ufficiale, ed iniziare l'installazione.** Terminato il download, bisogna per prima cosa scompattare l'eventuale archivio zip o rar, ed estrarre quindi tutto il contenuto in una cartella. A questo punto **dovranno essere caricati tutti i file scaricati nello spazio web**, in maniera semplice ed immediata. Vi basta utilizzare un software come Filezilla, o un qualsiasi gestionale per lo spazio web, e potrete copiare e caricare i file come se foste in una cartella del vostro computer, con un semplice copia-incolla. Il caricamento di norma richiede qualche minuto, a seconda della velocità del server della velocità della linea internet, ma di norma nel giro di cinque minuti al massimo, potrete procedere all'installazione.

Caricati tutti i file nella main folder dello spazio web, **basterà collegarsi direttamente al proprio sito ed iniziare l'installazione.** Digitando tecnicamente l'indirizzo nel browser, si aprirà il setup di configurazione automatica di Wordpress, che in pochi passi vi guiderà durante tutta la procedura d'installazione per completare il processo. Non commentiamo quest'ultimo poiché è già ampiamente spiegato dallo stesso programma; vi serviranno comunque tutti i dati del database Mysql che vi abbiamo detto di annotare in precedenza per l'interfacciamento, e qualche altra informazione del caso (come il nome sito, la descrizione, l'account admin ecc..). Seguendo quanto riportato in schermata, in pochi minuti completerete la procedura.

Wordpress a questo punto sarà ufficialmente installato, e potrete iniziare ad utilizzarlo secondo le vostre più disparate necessità ed esigenze. Scelto il tema, basterà semplicemente installarlo, configurarlo, e procedere poi alla personalizzazione del sito ed alla pubblicazione degli articoli.

Per ulteriori dettagli vi invitiamo a consultare le altre pagine del nostro blog, fra cui quelle linkate direttamente all'interno di questo articolo. Potrete anche chiedere delle informazioni o chiarimenti tramite i commenti, o contattando direttamente il nostro staff!

Gestione dello spazio web: Filezilla ed altri programmi

La **gestione dello spazio web** per un webmaster che ha una minima conoscenza dell'argomento, è presso che fondamentale ed utile, poiché aiuta ad **ottimizzare ed a "gestire"** appunto, come non mai, il proprio sito. Tramite l'accesso diretto allo spazio web si possono **organizzare le cartelle, installare plugin ed estensioni manualmente, così come effettuare backup, cambiare permessi** e tante altre cose. Programmi come Filezilla ed altri ci consentono di operare in maniera del tutto sicura, facile, semplice ed immediata.

Filezilla

Soluzione per la **gestione dell'FTP fra le più utilizzate**, Filezilla è un client molto semplice ed affidabile, che consente di gestire in tutta sicurezza il proprio spazio web, come se fosse l'hard disk del proprio pc. Consente di **salvare i profili**, in modo da poter gestire anche più siti con pochi e semplici click, e può **eseguire attività pianificate** come i backup, se richiesto.

E' disponibile praticamente per tutti i sistemi operativi, e fortunatamente è costantemente aggiornato, per garantire sempre la massima efficienza del caso, in settori particolarmente delicati come lo spazio web di un sito.

Ovviamente **è gratuito** e può essere scaricato direttamente dal sito ufficiale, senza alcun problema del caso.

Altri software

Meno conosciuti ma altrettanto funzionali, vi sono altri programmi per la gestione dello spazio web, utilizzabili su computer come normali software, ma anche come estensioni di browser. A quest'ultima categoria appartengono **FireFTP,** un add-on per Mozilla Firefox, e **Swish**, un simile programma ma per Internet Explorer.

Ma ancora, **WinSCP, Cyberduck** ed altri software, con più o meno funzionalità, sono in grado di offrire tutti gli strumenti standard e tradizionali per gestire con semplicità il proprio spazio web.

Dati richiesti

Per poter utilizzare i vari programmi sopra descritti, bisogna **possedere dei dati fondamentali**, che soltanto il vostro hosting vi potrà dare, per la gestione del vostro sito. In primo luogo è necessario **l'indirizzo ftp**, di norma ftp.nomedominio.it. In seguito, è ovviamente necessario il **nome utente di un account ftp**, e inoltre è obbligatoria anche la **password**, che insieme agli altri due dati in questione, consente di poter accedere in maniera standard al proprio spazio web.

Alcuni hosting hanno dei sistemi proprietari integrati o ulteriori forme di sicurezza che richiedono altri dati. Per qualsiasi informazione è comunque **necessario rivolgersi al provider utilizzato per il proprio sito**, l'unico in grado di darvi indicazioni in merito.

Come migrare da Joomla a Wordpress

Nonostante spesso e volentieri molti webmaster preferiscano non cambiare piattaforma, per evitare parecchi problemi che possono presentarsi per la conversione, il SEO ed il corretto funzionamento del proprio sitoweb, **spesso per utilizzare alcuni particolari prodotti, estensioni o funzionalità, il passaggio diventa obbligato**. In questo nostro articolo vedremo **come migrare da Joomla a Wordpress**, senza perdere dati e cercando di salvare il maggior numero di file possibile.

Plugin necessari e caratteristiche

Come di consueto, per effettuare la procedura **è necessario un plugin**. In questo caso, quello che ci serve si chiama **FJ Joomla To Wordpress**; è possibile scaricarlo gratuitamente direttamente dal sito ufficiale ed installarlo o in via manuale, oppure tramite la procedura automatica direttamente all'interno della propria dashboard.

Una volta attivato, **il suo funzionamento è molto semplice** ed immediato. In pratica **trasforma le sezioni di Joomla in categorie di Wordpress, le categorie di Joomla in sub-categorie di Wordpress e tutti i post in articoli**. Non solo, carica su richiesta tutte le immagini nella cartella WP-Upload di Wordpress, **modifica le keywords in tag, e soprattutto riedita i link**, per fare in modo da mantenere l'ottimizzazione e l'eventuale lavoro SEO già svolto, oltre ovviamente al posizionamento.

Fra le varie funzionalità avanzate, in base ovviamente al proprio template o tema, **il plugin è in grado di settare le thumbmail e le immagini più in rilievo come "in evidenza" su Wordpress, ed inoltre importa pagine, attributi ed ulteriori funzioni**, utili per effettuare un'integrazione di assoluto rilievo, in pochi e semplici passi.

Procedura di migrazione

Una volta che il nostro plugin è pronto per l'uso, bisogna **effettuare la procedura di conversione**. Come sempre, vi consigliamo vivamente di **effettuare un backup di spazio web e database**, per porre rimedio a qualsiasi tipologia di problema, prima di procedere.

Se si è pronti per iniziare, basta **selezionare la piattaforma da cui si desidera migrare** (è bene ricordare che il plugin supporta dalla versione 1.5 alla 3.0 di Joomla, mentre per quel che riguarda Wordpress, tutte le release a partire dalla 3.5.1), ed **inserire tutti i vari dati del database richiesti**, che si possono trovare nel file di configurazione di Joomla, o all'interno del menù gestionale del proprio hosting.

Il plugin, in base alla dimensione del database, **impiegherà qualche minuto per effettuare la procedura**, che è consigliato svolgere all'interno di un'installazione "pulita" di Wordpress, ovvero non già utilizzata e configurata con post, categorie ed altro.

Se la procedura andrà a buon fine, si potrà gestire il tutto successivamente, completando eventualmente l'integrazione con ulteriori dettagli, offerti dalla **versione a pagamento del plugin (url, immagini, campi personalizzati, allegati, commenti, icone ed altre caratteristiche non presenti nella versione free di FJ Joomla to Wordpress)**. Se si riscontreranno degli errori, probabilmente non sono stati inseriti correttamente i dati del proprio database, all'interno del plugin.

Conclusioni

In questo modo, si può **migrare facilmente da Joomla a Wordpress** per sfruttare tutte quelle che sono le funzionalità del noto CMS gratuito. I vantaggi di questa piattaforma li abbiamo già ampiamente citati e discussi, oltre che confrontati in un nostro post, pertanto toccherà a voi decidere se effettuare la migrazione, in maniera molto semplice ed immediata, come potete vedere dalla procedura sopra indicata, non difficile, neanche per principianti. Completato tutto, bisognerà completare l'integrazione grafica, sostituendo moduli e add-ons di joomla con plugin di Wordpress, e artifici grafici con widget e tutte le funzionalità offerte dal CMS.

Migrare da Blogger a Wordpress

La più nota piattaforma blogging di Google, conosciuta come **Blogger, offre interessanti funzionalità a tutti gli utenti, che consentono veramente in pochissimo tempo di poter mettere online un blog** perfettamente funzionante ed operativo, facile da gestire in pochi e semplici passi. Tuttavia, spesso è necessario utilizzare delle **caratteristiche e personalizzazioni avanzate non disponibili su Blogger; proprio per questo bisogna effettuare una migrazione verso Wordpress**, il CMS decisamente più completo ed ottimizzato liberamente disponibile sul mercato.

In che modo è possibile effettuare quindi una migrazione, **senza perdere post ed articoli, ottimizzazioni, immagini, SEO e quant'altro**? Semplicemente tramite una procedura particolarmente immediata di import-export, che veramente in pochi minuti consente di passare a Wordpress senza alcun problema del caso.

Prima di tutto, bisogna accedere al proprio sito Blogger, nel pannello di amministrazione del portale. Andando nel menù **impostazioni-strumenti del blog, troverete la voce esporta. Cliccatela e scaricherete un file xml che conterrà in pratica il vostro blog**, e tutti i vari link, i post e la struttura generale del tutto.

A questo punto, bisognerà installare Wordpress sul proprio sito, o acquistare uno dei pacchetti hosting già pre-configurati, come quello offerto da Wpspace. **Accedendo alla dashboard di Wordpress, bisognerà** cliccare sul menù strumenti, in seguito sulla voce importa, e poi su **Blogger**, la piattaforma precedentemente utilizzata e di cui abbiamo effettuato il backup.

Indicando il file xml che appunto abbiamo salvato, e ed effettuando l'upload e la procedura richiesta da Wordpress, **dopo pochi minuti, a seconda delle dimensioni del precedente blog, avrete a disposizione tutti i vostri articoli, le vostre pagine, link e tutto già ottimizzati**, direttamente su Wordpress.

Basterà a questo punto completare la procedura di integrazione tramite gli accorgimenti grafici e di template, e riuscirete in pochissimo tempo a **completare la migrazione da Blogger a Wordpress senza plugin del caso**, o modifiche manuali che richiedono non poco tempo e che spesso provocano problemi ed errori.

Installando i vari widget e tutte le funzionalità avanzate offerte da Wordpress, **il vostro ex blog "Blogger" risulterà ancora più vincente e funzionante.** Questo perché a livello di indicizzazione Wordpress lavora decisamente meglio, e soprattutto perché offre plugin e componenti aggiuntivi in grado di gestire praticamente qualsiasi cosa, all'interno della propria piattaforma. I vantaggi, come descritto, sono decisamente molteplici. Ovviamente bisognerà **sfruttarli nel migliore dei modi, per completare il processo di migrazione e di ottimizzazione** che sicuramente incentiverà il traffico, le visite ed eventuali guadagni del proprio sito, in pochi e semplici passi.

CAP.2 - Sviluppo dei contenuti e formazione delle pagine

Come pubblicare e scrivere un nuovo articolo

La pubblicazione di articoli o post su un sito web è forse la **parte più importante e fondamentale** per la crescita e per la stessa vita di una pagina internet. I contenuti, sono infatti quelli che vengono ricercati dagli utenti, e quindi gli articoli, le notizie e tutto ciò che viene trattato da un portale. In questo post scopriremo **come pubblicare un articolo in Wordpress**, la parte forse fondamentale e più semplice per il lancio e la gestione di un sitoweb.

La pagina che ci si ritrova davanti, una volta cliccato su "Aggiungi un nuovo articolo", all'interno della dashboard, il pannello di gestione del proprio sito, è la seguente:

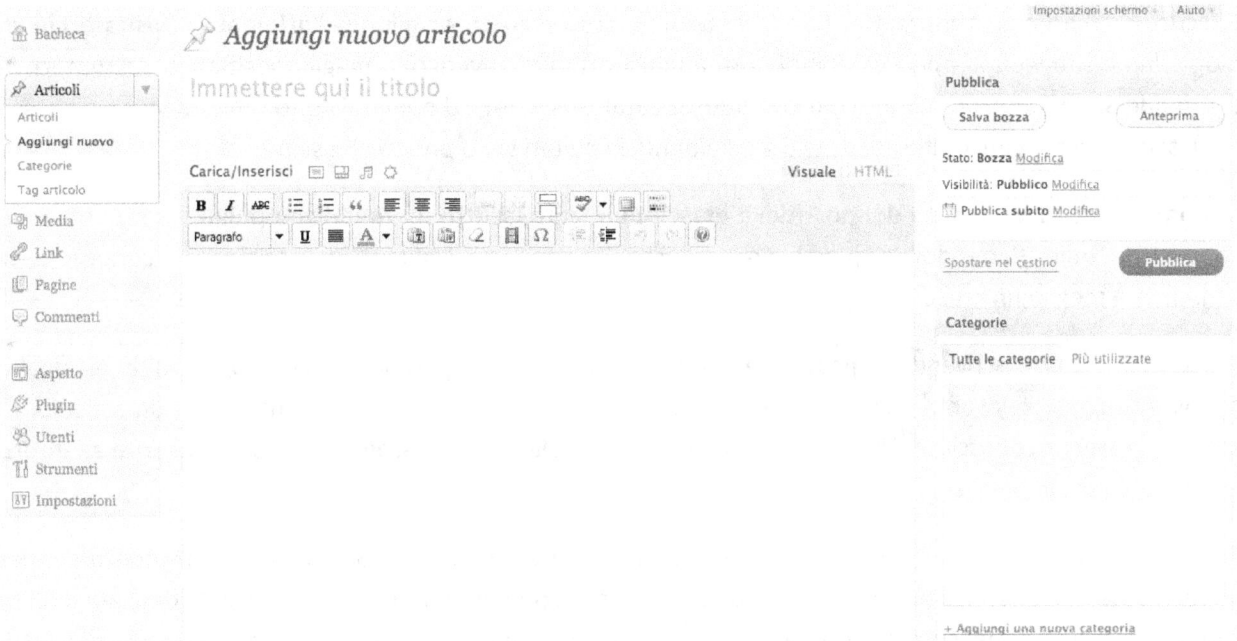

In linea di massima, qualcosa può cambiare alla destra ed in fondo a livello di template, in base ai plugin che abbiamo installato, e se possediamo funzionalità o editor avanzati. Per il resto, il modello principale è identico per tutte le versioni di Wordpress, ed è su questo che ci baseremo.

Nel **campo iniziale, come facilmente intuibile, va inserito il titolo di un articolo**. E' ovvio che quest'ultimo è la parte più importante di tutto il post, e deve riassumere in toto il contenuto dello stesso, ed in poche parole. Queste "parole" devono essere le keyword del nostro articolo, ovvero le parole chiave che un utente potrebbe ricercare, e che potrebbero far rintracciare sul web il nostro post. Come di consueto bisogna **evitare titoli troppo lunghi, o troppo corti**; basta un linguaggio semplice, modello "giornalistico", che sia chiaro, incisivo e che dia già la notizia completa, anche qualora un utente non sia interessato a leggere il resto del post.

Sotto i vari pulsanti dell'editor, anche questi variabili di numero e forma in base a vari plugin o add-on installati, vi è il **campo del testo**. E' li che dovrà essere scritto l'articolo, o eventualmente ripreso da altri editor come Word, OpenOffice ecc. Bisogna **ottimizzare il testo** e seguire il modello "internet", affinché in poche righe sia chiaro il concetto da esprimere, semplice e di immediata intuizione.

Completata la scrittura dell'articolo, basta **selezionare eventuali categorie a fianco, nell'apposito box laterale, ed inserire i tags**, le parole chiave più ripetute nell'articolo che lo dovrebbero rendere più "rintracciabile" dai motori di ricerca. A tal proposito approfondiremo successivamente questo aspetto, insieme alla formattazione ideale di un articolo "internet".

Finito tutto, basta **pubblicare il post**, tramite l'apposito tasto in azzurro presente in alto a destra. Prima di farlo è consigliabile rileggere quanto scritto e soprattutto **verificare tramite l'apposita anteprima eventuali errori di formattazione o di gestione delle immagini**. Una volta pubblicato un post, è vero, si può modificare, ma ricordiamoci che eventuali errori o problemi "permanenti" nella pagina per diversi minuti, possono infastidire i lettori istantanei e gli stessi motori di ricerca, se proprio in quel momento stanno scansionando le nostre pagine.

Come scrivere un articolo ottimizzato SEO

La scrittura di **articoli ottimizzati SEO**, consente di far **accrescere di gran lunga l'affluenza di visitatori** in un blog o in un sito web, proprio perché di norma i post ottimizzati vengono meglio posizionati sui motori. In che modo si scrive quindi un articolo con queste caratteristiche? Le opinioni sono molto diverse e spesso contrastanti, ma facendo riferimento ad alcuni punti, i risultati sono presso che sicuri.

In primo luogo, **il contenuto del post deve essere di qualità**, scritto in un italiano pulito e senza errori, e soprattutto utile. Partendo da questo presupposto, utilizzando i seguenti accorgimenti, sicuramente si ottimizzerà meglio un articolo.

Di norma, si parte scrivendo il **post ottimizzato per una o due parole chiave**. Queste ultime, meglio conosciute come keywords, devono essere ripetute ed evidenziate più volte all'interno di un articolo, in modo da essere riconosciute. Non è un caso che spesso e volentieri le **parole chiave sono inserite all'intero dello stesso titolo** o nelle parti più importanti di un post.

Successivamente, bisogna scrivere un **articolo superiore alle 400-500 parole circa**. Post troppo brevi per forza di cose non possono contenere per intero una notizia, o un argomento trattato con l'adeguata qualità (tranne che in alcune circostanze); allo stesso modo articoli troppo lunghi non verranno mai letti, considerata la rapida permanenza di un visitatore su un sito (anche in questo caso, tranne per particolari tipologie di post, come le recensioni ad esempio).

Inoltre, è necessario **inserire un sottotitolo ad un articolo, perfettamente integrato nel CMS ovviamente**, e mettere in risalto (bold) i concetti più importanti, in modo che in pochi secondi si possa avere una panoramica completa del contenuto di un post.

E' consigliato anche **l'inserimento di uno o più link, all'interno di un articolo, verso siti autorevoli** e ben posizionati, in modo che aumenti la qualità di un post, se lo stesso fa riferimento a fonti più approfondite o di grande rinomanza nazionale ed internazionale.

Coadiuvando tutte queste tecniche, facendo in modo tale che l'articolo sia sempre ricco e scorrevole, dal punto di vista della lettura, sicuramente si otterrà un posizionamento migliore, in confronto a chi non rispetta queste piccole e semplici norme, che oltre a favorire l'ottimizzazione SEO, garantiscono anche una lettura ed una comprensione più semplice ed immediata da parte del lettore.

E' ovvio che i motori di ricerca, sempre aggiornati con algoritmi in continua evoluzione, non potranno mai essere sfruttati al meglio, sotto questo punto di vista. Pertanto con una **qualità generalmente elevata e** questi accorgimenti "universali", a prescindere dai criteri che gli spyder utilizzeranno, i vostri post godranno comunque di una base sufficiente di visite e quindi di apprezzamento da parte del web.

Come realizzare un sito credibile

La piattaforma Wordpress, proprio perché largamente diffusa, necessità di importanti accorgimenti per poter essere utilizzata per il proprio business. Non tanto perché non efficiente, o poco efficace, ma perché **per "distinguere" un sito dalla massa, e per ottenere risultati, bisogna appunto attenzionare tante cose**, che dovrebbero rendere più affidabile e credibile un portale. Quali sono queste cose? Ebbene, le andremo ad analizzare uno ad uno.

-Nome a dominio efficace

La scelta del dominio, come vi abbiamo già illustrato in precedenza, è il primo passo per il lancio di un qualsiasi sitoweb online. Un nome anche di fantasia, ma particolarmente efficace, è utile per poter lanciare un business online.

Se si ha già un'attività, è un attimo riportare esattamente la dicitura della propria azienda, anche per poter farsi trovare in rete dai clienti o da partner commerciali. Tuttavia, se non si ha già un'attività lanciata in loco, e si vuole sfondare il mercato del web, bisogna scegliere un **nome a dominio efficace, che riassuma i contenuti del proprio sito, e che soprattutto dia sicurezza agli utenti** che decideranno eventualmente di acquistare prodotti o servizi da voi.

Nel post che vi abbiamo comunque indicato, troverete tutte le caratteristiche fondamentali per la scelta del vostro nome a dominio, ed anche delle definizioni importanti che vi aiuteranno sicuramente a compiere questo primo ed importante passo.

-Hosting affidabile

Dell'importanza di un hosting affidabile, ve ne abbiamo parlato molte volte in tantissimi nostri articoli. **La base su cui poggia un sito è infatti fondamentale, e se non è solida quest'ultima, non riuscirà mai a rendere un portale particolarmente efficace.**

Potrete avere il sito più bello, completo ed interessante del mondo, ma se per caricare una pagina l'utente impiegherà 20 secondi, o se per utilizzare un modulo, quest'ultimo verrà riempito di errori o problemi, è evidente che tutto ciò che avrete dedicato alla realizzazione delle vostre pagine, non servirà a nulla.

Non parliamo poi se chi cercherà di raggiungere il vostro sito, si ritroverà difronte ad un errore 404, ed all'impossibilità di collegarsi. Non solo ciò **influisce dal punto di vista SEO,** ma lo stesso utente non tornerà più a visitare una pagina inesistente, in determinati momenti della giornata per esempio.

Ecco che per esempio **la scelta di un hosting affidabile, o l'uso di particolari artifici che ottimizzano il proprio sito, come le Content Delivery Network, rappresentano il primo passo** verso la realizzazione di un sito credibile agli utenti ed efficace.

-Design unico e forte

Costruita una base di hosting e dominio consistente, **per poter realizzare un sito credibile bisogna scegliere un tema ed un design unico, dalle caratteristiche forti, in grado di attirare l'attenzione del visitatore**, che deve restare ammirato dalla qualità grafica e dalla "pulizia" nei contenuti di un portale.

Una grafica accattivante, ma allo stesso tempo semplice e ricca, costituirà il primo passo verso la realizzazione di un portale e di un business di prim'ordine. **Gli utenti non vogliono ritrovarsi in un portale "arcaico", dall'interfaccia obsoleta**; visti gli sviluppi continui di nuove interfacce anche per smartphone e tablet, bisogna restare al passo coi tempi, sviluppando un **design che sia in grado di guidare l'utente verso l'acquisto di un prodotto o di un servizio, nella maniera più semplice e naturale del caso.**

Soltanto se qualitativamente consistente ed unico un design riuscirà a rendere un sito credibile. Ricordate infatti che **la grafica e l'impostazione di un template, sono le prime cose che l'utente vedrà, pertanto l'occhio vuole sempre la sua parte,** prima della tecnica o di qualunque altro artificio del caso.

-Facilità di navigazione

Un altro elemento indispensabile per poter creare un sito credibile, è la **facilità di navigazione all'interno delle pagine. Tutti i contenuti devono essere ben collegati,** e soprattutto devono risaltare all'utente, che non deve navigare all'interno di infiniti menù, per accedere ad un dato o ad un'informazione.

A tal proposito, una **creazione di uno spazio riservato ai contatti**, consente al cliente o al partner di contattarvi in pochi secondi, una volta aperto il proprio sito. Allo stesso tempo, **la gestione di FAQ e domande frequenti legati alla propria attività, appositamente raccolte, contribuiscono sensibilmente a rendere il sito facilmente navigabile.**

Mettetevi nei panni dei vostri visitatori, immaginate ciò che gli stessi possono ricercare, e rendete il sito facilmente navigabile, affidabile e veloce. **La creazione di una sitemap potrà anche aiutarvi in questo**, pertanto basta iniziare una pratica di ottimizzazione, per raggiungere risultati come mai prima.

Pensate ai siti di Apple, o Amazon, e di quanto siano facilmente navigabili. In pochi secondi si trovano tutte le informazioni legate alla gestione di ordini o assistenza, in due minuti si può completare l'acquisto, e praticamente in poco tempo si possono acquisire tutte le informazioni di un servizio o di un prodotto. E' questo quello che voi dovrete realizzate, pertanto ogni tanto apprendere dai grandi, vi risulterà particolarmente utile!

Opinioni e commenti sul web: gestire la propria reputazione

Se si gestisce un sito Wordpress su ristoranti, alberghi, hotel ed in generale aziende che offrono la vendita di prodotti e servizi, bisognerà **monitorare le opinioni ed i commenti sul web**, per tenere sempre **"pulito" il nome del proprio brand,** e per gestire adeguatamente la propria reputazione online.

Tutti gli utenti ad oggi, infatti, prima di procedere all'acquisto di un qualcosa, controllano la reputazione di un negozio, eventuali aspetti positivi o negativi, e prontezza nelle risposte ad eventuali problemi da parte dei responsabili. E' per questo che bisogna, sul web, **stare molto attenti alla propria reputazione.**

Come si può gestire la propria reputazione online, ed in che modo questa è influenzata dalle opinioni degli utenti?

Commenti e feedback online

In primo luogo, bisogna assolutamente controllare tutti i vari siti come "Trovaprezzi", "Shoppydoo" e simili, che di norma contengono delle **schede per ogni azienda venditrice di prodotti, con tanto di commenti, stelle ed opinioni dell'utenza** (il discorso è uguale per Trivago ed altri per il settore ristorazione, soggiorni e voli).

Se vi sono dei feedback negativi, bisogna prontamente **rispondere all'utente, scusandosi in primo luogo, e spiegando che cosa è stato fatto per risolvere il problema**, e come alla fine si è conclusa una determinata situazione. In questo risulterà in toto la vostra professionalità, visto che rispondere insultando un utente, o affermando il contrario con un lessico forte, non sarete visti di buon occhio da un esterno.

Proprio per questo, commenti e feedback online devono essere sempre visualizzati, ed eventualmente controllati, al fine di poter evitare qualunque tipo di traccia "negativa" della propria reputazione

Problemi nelle SERP

Se associato al vostro brand vi è un gruppo facebook, un profilo, una pagina di un forum o anche un semplice video youtube che parla male di voi, e che si trova in prima pagina nelle SERP, bisogna **provvedere a rimuoverlo, o ad oscurarlo.**

Se quanto affermato è effettivamente infondato e frutto di fandonie, basta **richiedere al webmaster una rimozione immediata dei contenuti.** Se invece quando affermato può corrispondere alla realtà, bisogna provvedere a far scalare nei risultati di ricerca questi siti, tramite delle semplici tecniche.

Creazione di blog satelliti con le apposite parole chiavi, creazioni di profili su tutti i principali social, realizzazione di qualche articolo del caso, creazione di video e contenuti multimediali.. Insomma **qualunque cosa possa posizionarsi in prima pagina, per far cadere nel dimenticatoio questi altri collegamenti.** Questo perché già un utente se a pagina "2" nei risultati di ricerca non trova qualcosa, nella maggior parte dei casi lascia perdere.

Conclusioni

Effettuando **un'attività di controllo e di monitoraggio seria e di prim'ordine, riuscirete a gestire la vostra reputazione online,** senza alcun problema del caso. A tal proposito, programmi come "Alert" di Google, potranno aiutarvi a rintracciare qualunque notizia sul vostro brand, positiva o negativa che sia. In questo modo potrete velocemente rimediare, e costruendovi una solita reputazione sul web, riuscirete anche ad oscurare eventuali feedback negativi, che arriveranno sempre e comunque, anche se gestirete perfettamente il vostro business.

La scelta corretta del tema

Una volta acquistato il proprio sito web ed installato wordpress, il primo passo fondamentale per poter creare un portale di successo è la **scelta del tema ideale** da abbinare al proprio sito.

Il tema, o il template del proprio sitoweb, non è altro che **l'impostazione grafica** dello stesso, che ci consentirà di distribuire correttamente gli articoli, le immagini, i moduli e tutte quelle informazioni che vorremmo condividere online. Come è facilmente intuibile, **la scelta di un tema è fondamentale**, poiché la "grafica" di un portale sarà la prima cosa che salterà all'occhio dell'utente visitatore. Una pagina pulita, chiara, ricca di colori e facilmente intuibile, verrà letta con favore e piacevolmente dal visitatore; un portale confuso, troppo povero o eccessivamente inondato di immagini ed applicativi, renderà difficile la lettura e farà "scappare" anche l'utente più volenteroso.

E' per questo che **la scelta del tema è importantissima, e va fatta in primis**, visto che sulla base di ciò che sceglieremo, in seguito toccherà costruire il sito secondo le nostre necessità ed esigenze.

Trovare il tema ideale o il template perfetto per il proprio portale non è facile, poiché spesso e volentieri vi è l'imbarazzo della scelta, fra **decine e decine di proposte facilmente reperibili** sul web. Pertanto quello che vi consigliamo di fare è di abbozzare in primo luogo una sorta di anteprima di ciò che si vorrà pubblicare, e soprattutto **farsi un idea anche sul topic che tratterà il proprio blog, per poter scegliere quindi un setting ideale adatto ai contenuti** che offrirete poi all'utenza internet.

Un sito di annunci sarà profondamente diverso da un portale di notizie generalista; così come un sito di approfondimento sui videogiochi, risulterà molto diverso da una piattaforma di prenotazione voli, alberghi e vacanze. Proprio per questo bisogna scegliere bene, considerando anche ciò che si dovrà fare nel proprio sito, se una **semplice vetrina, o un blog, o una vera e propria community** online.

Utilizzando un tradizionale database di temi, potrai scegliere ed installare con un semplice click il tuo template preferito, senza alcun problema. Comincia a scorrere le nostre pagine, ed aiutati coi vari filtri presenti che ti orienteranno in maniera facile nella grande quantità di materiale a disposizione.

Come installare un tema Wordpress

L'**installazione di un tema o di un "template" in Wordpress** è il primo passo per la costruzione del proprio sito, poiché si tratta di gettare le fondamenta di quelle che saranno poi le future pagine internet personali. In che modo si installa quindi un tema, e qual è la procedura più semplice?

Installare un tema in Wordpress **non è affatto difficile**; come di consueto ovviamente in primo luogo bisogna avere le idee chiare e quindi fare una scelta. In seguito si potrà proseguire con l'installazione.

Tema scaricato da internet

Se il tema che avete scelto e che vi sembra più idoneo per il vostro sito, è stato scaricato da un qualsiasi portale o database, bisogna **seguire la procedura classica automatica, oppure manuale**.

La prima, richiede che il tema sia già pronto in un archivio .zip con tutti i vari file per l'installazione. Basta semplicemente accedere al pannello di amministrazione di Wordpress, **andare nell'apposita scheda "temi" e selezionare "installa tema"**.

La dashboard potrà chiedere poi i **dati d'accesso dello spazio web FTP**, e procederà automaticamente all'installazione del tema, che non è altro che un caricamento del contenuto dell'archivio del caso, nell'apposita cartella di Wordpress **wp-content/themes/**.

In alternativa, bisognerà fare proprio quest'ultima cosa in maniera manuale, utilizzando un programma che consenta di gestire autonomamente lo spazio web, come Filezilla, di cui vi abbiamo parlato in precedenza e successivamente bisognerà **caricare il contenuto estratto dall'archivio scaricato sempre nella directory sopra indicata**.

Nel giro di qualche secondo, in base ovviamente a quelle che sono le dimensioni del tema scelto, si completerà la procedura. In quest'ultimo caso bisognerà **poi installare e rendere predefinito il tema caricato**, scegliendolo nell'apposita pagina del pannello di amministrazione di Wordpress.

I migliori temi Wordpress: come e quali scegliere
La scelta di un tema per Wordpress, come vi abbiamo indicato più volte, rappresenta **una delle decisioni più critiche che il webmaster deve affrontare**, visto che è principalmente sul setup grafico che si fonda poi tutta la costruzione e la realizzazione di un sito.

Quali sono quindi i migliori temi Wordpress, ovviamente gratuiti, da poter scaricare ed installare secondo le proprie necessità ed esigenze? In primo luogo, come di consueto, bisogna **scegliere il topic principale delle proprie pagine, ovvero l'argomento "principale"** che verrà trattato dalle proprie pagine. E' facile differenziare un blog di cucina, da uno di informazione o da uno stesso e-commerce; pertanto, una volta stabilito quale topic sviluppare, si potrà procedere alla scelta del tema.

Gli archivi gratuiti più importanti

La prima **ricerca per trovare i migliori temi Wordpress** in base alle proprie esigenze, consiste nella **visita dei database più importanti che raccolgo centinaia di temi gratuiti,** facilmente adattabili ai propri scopi. E' opportuno guardare la struttura e la personalizzazione del template preferito, poiché anche se basato su un topic diverso, potrà facilmente essere riadattato al proprio, senza alcun problema.

Il primo passo da fare è, di conseguenza, quello di ricercare nell'archivio gratuito ufficiale di Wordpress, se vi è qualcosa di interessante. Di norma **i temi presenti, ovviamente scaricabili liberamente, non sono particolarmente ricchi di effetti ed unici;** tuttavia bisogna prendere in considerazione, come già sopra indicato, le possibilità di personalizzazione, dettate anche dall'aggiunta di plugin e widget che possono anche rivoluzionare un tema, apparente semplice, rendendolo complesso, ricco, colorato e "bello" da vedere.

I temi a pagamento professionali

Se non si è rimasti soddisfatti da ciò, e se ben circa 1700 temi, quelli presenti nell'archivio ufficiale, gratuiti, non hanno appagato le vostre necessità ed esigenze, non vi resta che **passare alla visione di vetrine professionali, che con diverse decine di euro, consentono di poter acquistare e scaricare dei temi** e dei template particolarmente interessanti, ben curati, ricchi e già pronti per l'uso, dal carattere spesso unico.

Sempre nella pagina che vi abbiamo precedentemente indicato, cliccando nella voce "Commercial", sono indicate **decine di aziende, anche internazionali, che si occupano della realizzazione e della diffusione di temi Wordpress professionali,** con tanto di servizi di assistenza tecnica del caso, o di personalizzazioni avanzate.

Come di consueto, in base al prodotto e relativi accessori associati, il prezzo varia; e così, **il costo medio di un tema professionale, può spaziare da 20€-30€ fino anche ad 80€-100€**. Alcuni siti, infatti, fra i più noti ed utilizzati, non consentono di acquistare un singolo tema, ma offrono una membership annuale, ovvero una sorta di abbonamento, che consente di scaricare e di usufruire di tutti i temi realizzati e messi in vetrina da un determinato brand periodicamente, con relativo supporto tecnico del caso.

Conclusioni

E' ovvio ed inutile dirlo che **i temi a pagamento, di norma, sono i migliori e fra i più utilizzati,** dai siti con tanto traffico. Questo non significa che i temi gratuiti sono da scartare, ma vuol dire che per ottenere risultati soddisfacenti ed interessanti, bisogna **possedere delle conoscenze tecniche** tali, che consentano una personalizzazione a 360° di un tema gratuito, che coadiuvato da appositi plugin, slideshow ed altri artifici, può risultare particolarmente efficace, unico ed interessante dal punto di vista visivo.

Se non avete queste competenze, non vi resta che affidarvi ai professionisti, poiché è evidente che tutti i temi più belli e scaricati sono realizzati da grafici ed esperti del settore. **Controllate sempre e comunque l'ottimizzazione di un prodotto, la velocità, ed eventuali certificazioni di settore**, che attestino l'assoluta mancanza di errori nel codice html o php, e la perfetta integrazione di tutte le varie componenti di un tema, che influenzeranno poi l'aspetto SEO.

Sarà poi il vostro gusto ed il vostro occhio a portarvi alla scelta più ottimale; lasciate spazio ai vostri sensi ed alla vostra immaginazione, e fatevi già in partenza l'idea di una possibile forma che potranno prendere le vostre pagine. Soltanto così riuscirete a scegliere il **miglior tema per il vostro sito in Wordpress.**

Come aggiornare un tema Wordpress

Durante l'ordinaria gestione di un sito Wordpress, capita **praticamente ogni settimana di dover far fronte ad aggiornamenti di plugin e componenti fondamentali del proprio portale**. Più raramente, accade invece di dover aggiornare il tema, procedura che può risultare particolarmente ostica e che può dare risultati imprevedibili, senza le dovute accortezze.

Gli sviluppatori dei temi, soprattutto quelli a pagamento, ogni qual volta vengono pubblicate nuove versioni di Wordpress con importanti cambiamenti, rilasciano degli **update per assicurare una massima compatibilità del loro prodotto con il CMS aggiornato**. E' per questo che risulta fondamentale effettuare i dovuti update, che contengono consuete correzioni di bug e problemi, oltre che i classici accorgimenti per poter sfruttare le nuove funzionalità introdotte con gli aggiornamenti.

Scopriamo insieme quindi **come aggiornare un tema Wordpress in maniera manuale** e con la massima sicurezza del caso. In primo luogo, come di consueto, è **opportuno effettuare una copia di backup del tutto**, per evitare di incorrere in gravi problemi in caso di errori o malfunzionamenti durante l'aggiornamento. Per far ciò bisogna accedere al proprio spazio web o FTP, tramite gli strumenti offerti dal proprio hosting o tramite programmi come Filezilla, e bisogna **ricopiare per intero la cartella del tema (wp-content/themes/**nometema**) da aggiornare sul proprio desktop.**

La procedura, che può richiedere al massimo un paio di minuti, a seconda della grandezza del tema e della velocità del server e della propria linea, ci consente quindi di avere una copia dell'attuale versione del tema installato, perfettamente funzionante.

Una volta che poi il tutto è stato copiato, bisogna **scaricare la versione aggiornata del tema, e sostituire tutti i file presenti tramite copia-incolla classico, sovrascrivendo ovviamente eventuali doppioni**. Il caricamento, in questo modo, consentirà di aggiornare il tema in maniera manuale, consentendo di usufruire di tutti i vantaggi e le correzioni del caso.

Completata la sovrascrittura dei file bisogna accedere alla dashboard Wordpress, e **verificare se effettivamente la versione del tema è stata aggiornata all'ultima release disponibile**. L'apposito menù, con una semplice ricerca del caso, ci darà la risposta. In caso di problemi o particolari errori, è possibile in un momento ripristinare la precedente versione del tema, copiando i file precedentemente salvati sul desktop come copia di backup. Qualora siano invece necessari ulteriori accorgimenti, come la sostituzione di alcuni file immagine, loghi e quant'altro, anche in questo caso si potrà attingere dal backup effettuato.

Attenzione: **in caso di modifiche manuali effettuate al codice, è opportuno riapplicarle dopo l'aggiornamento, poiché andrebbero perse**. Ripristinando le eventuali aggiunte o personalizzazioni del caso, si potrà usufruire infine del tema aggiornato, funzionante e compatibile con l'ultima versione di Wordpress, senza alcun problema del caso.

Gestione immagini su Wordpress

Uno dei temi più importanti per un blog, un sito web o qualsiasi tipologia di pagina internet, consiste nella **gestione delle immagini**. Si tratta di un fattore molto importante per la crescita di un sito Wordpress, poiché i motori di ricerca attenzionano molto le immagini, e perché spesso sono caratterizzate da importanti responsabilità, in termini di posizionamento e di traffico.

Come molti non si immaginano, la gestione delle foto e del contenuto multimediale sul proprio sito è importante in primo luogo perché **il secondo fattore di ricerca più utilizzato, è proprio la "ricerca per immagini"**. Quante volte avete utilizzato lo strumento apposito di Google, per la ricerca di contenuto multimediale? Si stima che quasi almeno una volta al giorno, ogni utente utilizzi il noto software di Mountain View, per la ricerca di immagini. Inoltre, spesso e volentieri **grazie alle immagini i nostri articoli vengono ottimizzati ed indicizzati meglio, rispetto ad altre situazione non curate o mal gestite.** E' evidente quindi che la gestione delle immagini su Wordpress è di vitale importanza, per sfruttare un'ampia richiesta di ricerca degli utenti, e per ottenere vantaggi in termini di visite e visualizzazioni praticamente senza precedenti.

In primo luogo, è necessario quindi **scegliere un'immagine autentica**, che non sia protetta dal diritto d'autore, ed effettivamente utile per il nostro post. Scelta la foto, tramite il motore di ricerca ideale, bisogna scaricarla e poi gestirla sul proprio sito Wordpress.

Prima di inserirla all'interno di un articolo o pagina, bisogna **rinominare il file immagine, utilizzando la formattazione "nome-nome1-nome2..",** che meglio aiuta i motori di ricerca. Un file immagine denominato"galaxy-s4" sarà decisamente meglio ottimizzato di un file chiamato "480x690gs4oadwrg". Molti utenti caricano infatti le immagini senza notare questo particolare, che a lungo andare può penalizzare il posizionamento, ed offrire risultati scadenti in sistemi di ricerca come Google News o simili, che difficilmente riusciranno ad indicizzare foto ed eventuali thumb con questo nome.

Inserito comunque il file all'interno di Wordpress, bisognerà **collocarlo all'interno del post.** Prima di farlo, bisogna rimuovere tioli ed eventuali descrizioni aggiuntive, ed **utilizzare soltanto il tag "alt",** molto utile per una migliore ottimizzazione sui motori e per una resa tecnica finale di rilievo. Per utilizzarlo manualmente basta riassumere il contenuto dell'immagine nell'editor Wordpress alla voce "Testo Alternativo". Oppure si può utilizzare il **codice in maniera manuale**, inserendo l'attributo ALT fra le varie possibilità di personalizzazioni nel codice, prima della chiusura. Esempio:

<IMG SRC="../images/nomefile.jpg " HEIGHT=327 WIDTH=291 ALT="**Descrizione alternativa dell'immagine** ">

In questo modo, una volta collocata l'immagine del post in maniera completa ed ottimizzata, in modo che non ostacoli il contenuto e la lettura, e soprattutto **in modo che sia perfettamente integrata col testo ed effettivamente utile**, si potranno gestire le immagini Wordpress ottimamente, con risultati, anche dal punto di vista del posizionamento, assolutamente di rilievo.

Immagini e foto sul web: come scegliere i contenuti fotografici

La scelta di **immagini, foto ed infografiche** da inserire sui propri post, è una pratica molto importante che richiede un lavoro di assoluto rilievo, se si vuole realizzare un blog di qualità, che attragga gli utenti e che sia unico nel suo genere. Proprio per questo, **la ricerca delle immagini da inserire è fondamentale, e richiede competenze, oltre che tanta fantasia.**

Come e dove si scelgono i contenuti fotografici per il proprio sito? Premesso che le immagini, insieme al testo, sono gli aspetti più visualizzati e cliccati dagli utenti e dai visitatori, è evidente che un'adeguata gestione di queste ultime, risulta fondamentale, per poter gestire il proprio business online, senza alcun problema del caso.

Il diritto d'autore

In primo luogo, quando si prende un'immagine dal web, è opportuno **verificare che non sia protetta dal diritto d'autore,** altrimenti risulta inutilizzabile. Molti webmaster non tengono conto di questi fattori, che potrebbero però causare problemi dal punto di vista gestionale, ed anche in ottica SEO.

Eventualmente, se l'immagine che ricercate può essere distribuita, seppur protetta, è consigliabile **lasciare un link di riferimento alla fonte principale,** per evitare di incappare in qualsiasi tipologia di problema.

L'unicità dei contenuti

Particolarmente importante risulta poi nella ricerca delle immagini, **l'unicità dei contenuti**. Foto già viste e scontate, non sono particolarmente efficaci. Bisogna **attrarre l'utente tramite le immagini**, che spesso se ben curate diventano più importanti del testo. Basti pensare alle pubblicità dei prodotti, alle riviste, ai magazine; l'occhio fa riferimento in primo luogo all'immagine che vede, e spesso è condizionato da quest'ultima. Proprio per questo bisogna curare questo aspetto, utilizzando dei **contenuti unici, efficaci, e che effettivamente riescano ad attrarre il lettore.**

Le fonti ufficiali

Spesso e volentieri, quando si parla di un servizio o di un prodotto, è opportuno **ricorrere alle fonti ufficiali per le immagini.** Se per esempio si scrive una recensione di un prodotto elettronico, di uno smartphone o di un tablet, l'ideale sarebbe **prendere le immagini direttamente dal sito del produttore.** Ciò non solo è indice di professionalità, correttezza e completezza dell'articolo (poiché non è raro leggere articoli e vedere immagini che purtroppo non fanno riferimento a quanto scritto nei testi, o che sono puramente indicative), ma **aiuterà anche in ottica SEO**, poiché le immagini dei produttori, di norma, o i render ufficiali, sono le prime ad essere indicizzate sui motori.

Se si pensa poi che Google Immagini, è il secondo metodo più utilizzato per la ricerca sul web, è evidente che **i contenuti fotografici risultano vitali**, a maggior ragione per tutti quei siti che pubblicano articoli e post, anche a carattere di news.

I vari siti di image-sharing

Per la ricerca dei contenuti ideali, spesso **bisogna far riferimento ai vari siti di condivisione delle immagini,** che spesso offrono contenuti liberi, non protetti dal diritto d'autore, e di primissima qualità. A tal proposito per la ricerca è consigliabile utilizzare delle parole chiavi inglesi, di carattere internazionale, in modo da avere un piano più completo possibile di scelta, ed in modo anche da poter scegliere la foto del caso migliore, secondo le nostre esigenze.

Se per esempio si vuole recensire una scheda madre di un pc, piuttosto che ricercare il prodotto tramite quest'ultima parola chiave, sarebbe meglio utilizzare "mainboard -modello-", che assicura dei **risultati di ricerca ampi, e quindi la possibilità di accedere a contenuti unici**, esclusivi e liberi.

Combinando queste informazioni che vi abbiamo fornito, e utilizzando semplici tecniche (come i segnalibri o il salvataggio dei link) che permettono rapidamente di accedere ai migliori siti per la ricerca delle immagini, da noi stessi selezionati, si potranno **selezionare i migliori contenuti fotografici per il proprio sito**, senza alcun problema del caso ed in pochi passi.

Basterà poi procedere con una **perfetta integrazione grafica, che favorisca la lettura e la scorrevolezza dei contenuti,** ed il vostro blog, sotto questo punto di vista, sarà perfettamente completo, funzionante ed efficiente.

Ottimizzare le immagini in Wordpress

Come si può facilmente intuire dai nostri gesti quotidiani, pensando un attimo a quante volte noi stessi la facciamo, **la ricerca per immagini è il secondo metodo preferito ed utilizzato dagli utenti di tutto il mondo**, dopo quella standard, che solitamente utilizzano l'apposita funzionalità di Google, per le proprie necessità o esigenze; è evidente quindi che **ottimizzare le immagini in Wordpress, sia dal punto di vista tecnico, che in ambito SEO**, rappresenta un passo fondamentale per qualsiasi tipo di blog, ed a maggior ragione per quelli fotografici, o che fanno appunto delle immagini il proprio topic fondamentale.

In che modo si possono ottimizzare quindi le immagini o le foto, e come si può fare affinché se un utente cerchi qualche foto possibilmente che sia anche caricata sul nostro sito, quest'ultima compaia per prima rispetto ad eventuali altre simili? Esistono delle **tecniche particolari al riguardo, che possono aiutare sia a velocizzare il caricamento delle pagine, che il SEO.** Andiamo a scoprirle insieme.

Premessa

Come spesso e volentieri accade nel mondo del web, spesso sono i semplici gesti a dare grandi risultati. Prima di lanciarci nella spiegazione di decine di artifici tecnici, è bene ricordare un meccanismo semplice e fondamentale, che spesso è il miglior modo possibile per ottimizzare il proprio sito: **la qualità**.

Se i vostri articoli saranno ben indicizzati, in prima o seconda pagina, e fra i risultati di ricerca principali, le vostre immagini altresì risulteranno fra le prime, o quantomeno nel "primo scroll", per la parola chiave del caso ricercata. Quindi a prescindere da quelle che sono le tecniche che in qualche modo aiutano ad ottimizzare le foto, se queste ultime saranno **inserite in pagine ben posizionate, a loro volta saranno in evidenza nella ricerca per immagini**; soltanto in rari casi immagini in post non ottimizzati si troveranno prima rispetto ad altre. Pertanto come di consueto, **pensate sempre ed in primo luogo alla qualità, ed i risultati verranno da soli.** Provate a cercare su Google Immagini "Ottimizzare le immagini in Wordpress", e troverete fra le prime posizioni le foto di questo articolo, e link al nostro sito. Non è un caso, ma è semplicemente ciò che vi abbiamo indicato in questa semplice premessa.

Ottimizzazione tecnica

Detto ciò, ed introdotto un attimo l'argomento, andiamo direttamente al dunque. In primo luogo, dobbiamo **ottimizzare tecnicamente le nostre immagini, per quel che riguarda dimensioni, aspetto, formato, tag e posizionamento.**

-Dimensioni

Quest'ambito, è particolarmente semplice. Occorre **posizionare ed inserire le immagini all'interno del template nella maniera più fluida e semplice possibile**, in modo che non risultino invadenti al lettore, che eventualmente può anche non prenderle in considerazione. Semplicemente, bisogna dare la possibilità già nel primo scroll di intravedere una parte del testo dell'articolo, oltre all'immagine.

Per quel che riguarda le dimensioni quindi, la procedura ideale è quella di **scegliere delle misure di default, da impostare direttamente nel pannello "Impostazioni media" della dashboard**. In questo modo quando caricheremo delle immagini fra le misure "predefinite" ci sarà la nostra, e con un semplice click la nostra immagine sarà pronta e perfettamente integrata col template. Bastano varie prove per trovare la misura ideale, e salvare poi la configurazione.

-Aspetto

L'aspetto delle immagini, può sembrar strano, ma deve essere anche in questo caso **più fluido possibile**. A meno che non si tratti di qualcosa di mirato, **l'integrazione visiva deve essere completa**. Foto che "spaccano" le pupille non servono, pertanto gli stessi colori devono essere ben calibrati, ed eventualmente curati, poiché dovrete immaginare poi la vostra intera pagina web, come una sorta di fotografia generale. Un **bell'aspetto nel complesso** ne renderà piacevole la visione e la lettura.

-Formato

Per quel che riguarda il formato, bisogna optare fra il **.jpg, .png e.gif**. Ne esistono anche altri ovviamente ma i più comuni sulla rete sono questi, pertanto è opportuno utilizzarli per le proprie immagini, anche per quel che riguarda **l'ottimizzazione delle dimensioni**. Le foto non devono superare, qualsiasi dimensione siano, **due o massimo tre centinaia di kb**, altrimenti potrebbero influire sul caricamento della pagina negativamente. Il formato in questo senso è fondamentale, ed a prescindere dalle varie peculiarità di ciascuno, senza andare troppo nei dettagli, bisogna soffermarsi sull'ottimizzazione.

Il web non bada molto alla qualità tecnico-fotografica delle immagini, ma alla loro **ottimizzazione e perfetta integrazione**. In questo caso quindi, utilizzando dei programmi come la suite di Adobe, potrete **ottenere la migliore qualità grafica con la massima compressione possibile**, una via di mezzo fondamentale per poter gestire le proprie foto senza alcun problema.

-Tag e posizionamento

In merito ai **tag, questi ultimi aiutano l'integrazione nel sito ed anche il lavoro seo**. In primo luogo, si consiglia sempre di **utilizzare il tag alt**, per poter dare un titolo all'immagine e di conseguenza per posizionarla meglio. O in via automatica, oppure tramite l'inserimento del codice manualmente, vi consigliamo sempre di specificare l'attributo alt in qualsiasi immagine:

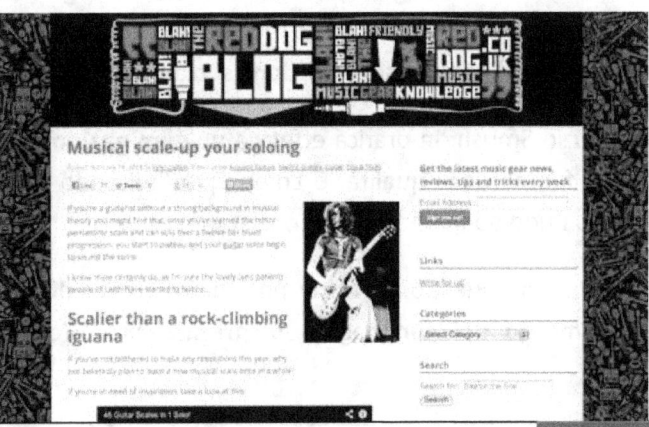

<img **alt="Nome titolo foto"** src="nomefile.gif" width="450" height="200" />

Il codice alla fine verrà qualcosa del genere, senza editor di testo. **Attenzione anche al nome del file, che sia il più possibile attinente al contenuto dell'immagine**, e non troppo generico. Se nella foto vi è un'auto della

Formula 1 ai box magari chiamerò il file da caricare "ferrari_pitstop.jpg", e non "sdfojoi.jpg", anche se l'immagine è stata presa dalla rete. Anche questo può aiutare l'ottimizzazione SEO.

Inoltre, sempre per aiutare l'ottimizzazione, è necessario **rimuovere qualsiasi tipologia di link presente nell'immagine.** In questo modo il caricamento risulterà più veloce e se l'utente, anche per errore, cliccherà sulla foto, non verrà reindirizzato chissà dove ma potrà continuare senza alcun problema la lettura.

Didascalie, descrizioni e tag accessori possono essere utilizzati, anche se non è molto consigliato, a meno che le vostre immagini non siano autentiche ed originali, scattate da voi stessi, ed inserite in apposite gallerie. E' un lavoro che non aiuta molto il SEO, e che richiede del tempo che può essere impiegato diversamente nella gestione del proprio sito.

Ottimizzazione seo (immagine in evidenza)

Concluso quindi qualche cenno in riferimento all'aspetto tecnico dell'ottimizzazione, dobbiamo andare al dunque, in termini di posizionamento, parlando della così detta **immagine in evidenza**.

Proprio quest'ultima nella maggior parte dei casi, ovvero **la prima e la più importante, sarà quella immagine che verrà poi ottimizzata ed indicizzata** da Google. Pertanto, bisogna utilizzare tutti gli artifici sopra indicati, e soprattutto prestare particolare attenzione alla qualità ed all'efficienza. In questo modo, **aiuterete in maniera reciproca il posizionamento del vostro articolo ed il posizionamento della stessa immagine**, che nel complesso, contribuiranno ad aumentare il bacino di visite al vostro portale.

Combinando tutte le notizie e le informazioni che vi abbiamo fornito, e facendo riferimento alla nostra premessa, la parte più importante, secondo noi, di questo articolo, vedrete primeggiare le foto del vostro sito anche sulla **ricerca per immagini**, vi ricordiamo nuovamente, il secondo metodo più utilizzato dopo la ricerca "web".

Ottimizzare le immagini in Wordpress con Smush

Una delle tecniche fondamentali per poter **velocizzare Wordpress**, consiste proprio **nell'ottimizzazione delle immagini**, i contenuti solitamente più "pesanti" che causano un rallentamento nel caricamento delle pagine. Tutto ciò, coordinato ad un apposito lavoro di migliorie e setting dedito proprio a velocizzare il proprio sito, può contribuire sensibilmente a **ridurre i tempi di caricamento, ottenendo benefici sia dal punto di vista SEO, che ovviamente apprezzamento da parte degli utenti.**

In che modo si possono quindi ottimizzare le immagini con il **servizio Smush di Yahoo**? La procedura, in via manuale, risulterebbe parecchio complicata da gestire, a maggior ragione se si gestisce un blog, e quindi un quantitativo di immagini molto importante, da organizzare in pratica quotidianamente. Come di consueto, ci vengono pertanto incontro dei plugin, uno dei quali si chiama proprio **WP Smush.it, in grado di ottimizzare il proprio sito Wordpress, tramite un lavoro sulle immagini di assoluto rilievo.**

Il servizio Smush, in pratica effettua un'**eliminazione dei bytes "non necessari" all'interno dell'immagine, senza far perdere qualità**, o comunque limitando di gran lunga questo fenomeno, quasi non visibile ad occhio nudo ed in una navigazione standard.

Il plugin in questione, offre un'**API in grado di effettuare automaticamente l'ottimizzazione ed il caricamento delle immagini sul proprio sito Wordpress già compresse**, senza procedure manuali o particolari perdite di tempo del caso. Si potranno pertanto sfruttare tutti i contenuti e le potenzialità del servizio Smush di Yahoo sulle proprie pagine, in maniera semplice ed immediata; vediamo come.

In primo luogo, come di consueto, **bisogna installare il plugin, o automaticamente, oppure tramite il caricamento manuale.** Abilitato, va configurato in pochi e semplici passi. Andando su Impostazioni-media, si potrà infatti impostare il plugin, indicando tutte le proprie preferenze, ed eventuali accorgimenti, in grado di garantire una perfetta integrazione del servizio Smush con Wordpress.

Tutte le immagini caricate, dopo l'attivazione del plugin, verranno automaticamente compresse ed ottimizzate. Le altre, già presenti, dovranno invece essere ottimizzate manualmente. Basta andare sulla propria galleria, nella gestione dei media, e cliccare sull'apposito pulsante "Smush It", che consente proprio di ottimizzare il tutto in maniera istantanea. Al termine del processo, di solito piuttosto breve, **il plugin mostrerà una percentuale di compressione ed ottimizzazione delle immagini.** Di norma non sarà molto alta, tranne che in alcuni casi, proprio per offrire sempre un prodotto di qualità all'utente. Nel complesso comunque, a maggior ragione per i blog su giochi o news, molto ricchi di contenuti multimediali, si potrà apprezzare una **maggiore velocità nel caricamento, sia ad occhio nudo, che tramite strumenti come YSlow**, in grado di offrire informazioni dettagliate in merito a velocità e caricamento delle proprie pagine.

Il plugin, intelligente, sarà anche in grado di disabilitare lo Smush delle immagini in caso di malfunzionamento del servizio. Anche se pertanto i server, o per guasti, o per sovraccarico, perderanno il collegamento, automaticamente sul nostro sito verranno ripristinate le immagini originali, per non offrire nessun disservizio al visitatore, sempre protagonista ed al centro dell'attenzione da parte degli sviluppatori. **Non appena i servizi verranno eventualmente ripristinati, anche il plugin dopo qualche ora riprenderà a lavorare**; in questo modo si avrà una procedura più automatica che mai, in grado di garantire risultati assolutamente di prim'ordine.

Gestione della galleria in Wordpress: NextGen Gallery plugin

Spesso e volentieri, a molti webmaster, capita la **necessità di dover organizzare e gestire una galleria di immagini all'interno del proprio sito**, per molteplici ragioni. Mostra di prodotti, slideshow, ma anche semplici immagini ed altro ancora; tuttavia, è evidente e risaputo che **Wordpress, da solo, non offre una gran tipologia di servizio, per questo particolare argomento**. Andiamo a vedere quindi come gestire una galleria con **NextGen Gallery, uno dei più famosi plugin** che offre gratuitamente funzionalità di assoluto prim'ordine.

Come di consueto, bisogna installarlo e lanciarlo o in maniera automatica, oppure manualmente. Il plugin, una volta pronto, consentirà di poter **gestire una galleria con avanzati sistemi di upload**, con la possibilità di gestire meta e seo anche per il settore immagini, con l'aggiunta di thumbnails ed altre funzionalità, che insomma lo rendono un prodotto di assoluto prim'ordine, e particolarmente all'avanguardia.

Fra le caratteristiche principali del programma, vi ricordiamo appunto **l'uploader dedicato, che tramite Wordpress o via ftp, consente di caricare le immagini desiderate,** direttamente impostabili con tutti i meta data del caso, eventualmente. Inoltre, si ha una singola schermata per la gestione totale della galleria, e questo aiuta a non perdere il filo, ed a concentrarsi maggiormente senza cambiare pagina e senza la possibilità di commettere errori, dovuti a distrazioni del caso.

Ancora, si possono **creare album, gestire le thum e tante altre caratteristiche di assoluto prim'ordine**, che renderanno poi una resa grafica e seo eccellente, una volta integrate nel sito. NextGen Gallery consente infatti di utilizzare diverse modalità di visualizzazione online, proprio per soddisfare le esigenze del più ampio numero di utenti. Si parte dalla **gestione di semplici slideshow, a vere e proprie Thumbnails**; nel primo caso, si possono personalizzare le dimensioni, lo stile di transizione, il tempo per ogni immagine e tante altre caratteristiche. Nel secondo caso si possono personalizzare i riquadri per ogni singola immagine, e le disposizioni ovviamente all'interno di quella che poi sarà la pagina o la sezione predestinata del sito, che ospiterà appunto le immagini.

Ma ancora, **si possono inserire shortcodes e molteplici funzionalità**, che rendono il plugin NextGen particolarmente utile, efficace e completo, per tutti coloro i quali hanno la necessità di dover gestire una galleria di immagini, una slide o qualsiasi tipologia di thumb del caso.

Questo importante risultato è stato ottenuto grazie ad un lavoro che ha visto gli sviluppatori del plugin impegnati per diversi anni. Non è un caso infatti che **questo prodotto sia uno dei più scaricati e dei più "antichi" per Wordpress**. Online da parecchio tempo, e forte dei suoi quasi **8 milioni di download**, è evidente come NextGen sia un must per tutti i proprietari di un sito Wordpress, che hanno la necessità di gestire una galleria immagini.

Non di meno va segnalata la possibilità di integrare al plugin altre funzionalità, alcune dei quali a pagamento, per una gestione assolutamente impeccabile della galleria, ovviamente anche in ambito commerciale o del business online, in alcune e varie circostanze del caso.

Come ottimizzare i pdf in Wordpress

A prescindere che il vostro sito sia un archivio di file o di tutorial, o che venda un apposito ebook, **a tutti sarà capitato almeno una volta di pubblicare un file pdf** sulle proprie pagine; e così, guide ben realizzate, statistiche, ma anche report dettagliati, possono **essere distribuiti ed indicizzati sui motori**, proprio come le pagine dei siti web.

Come si fa quindi ad **ottimizzare i pdf su Wordpress**, facendo in modo che appaino fra i primi posti nei risultati di ricerca? Anche in questo caso bisogna **svolgere un piccolo lavoro SEO**, che non va affidato a plugin, ma a semplici tecniche ed artifici manuali.

- In primo luogo, bisogna **scrivere il file pdf con un editor di testo come Word**. Per essere indicizzati, **i file pdf devono poter essere letti e compresi dai motori**, pertanto quelle che sono immagini o file irriconoscibili, difficilmente verranno indicizzati, anche se di buona qualità. E non è tutto, con l'utilizzo dei vari editor testuali, si possono anche **inserire un titolo, una descrizione, i tag, ed anche informazioni in merito agli autori del testo**, tutti fattori vitali per poter posizionare fra le prime posizioni il proprio file. In questo modo, utilizzando un programma apposito, si potrà salvare il pdf pronto per l'uso, coi vari parametri già impostati.
  E' inutile sottolineare che **per quel che riguarda i titoli, le descrizioni ed i tag, vale lo stesso identico discorso dei siti internet**; titoli brevi e concisi, descrizioni semplici ed immediate del tutto, parole chiavi attinenti. Insomma bisognerà svolgere il grande lavoro all'interno del file, che verrà premiato, se utile e di qualità.

- Fatto questo, e completata quindi tutta la procedura di ottimizzazione interna al file, anche delle immagini, bisogna **posizionare "fisicamente" il pdf all'interno del proprio sito; dove? Vi consigliamo il più vicino possibile alla cartella principale** (root), evitando miriadi di sottocartelle e directory, che incidono negativamente sul posizionamento. Create magari una cartella apposita

- facilmente raggiungibile dove raggrupperete tutti i file, e mettete li il pdf, in modo che subito potrà essere letto il "nome del file", e quindi indicizzato.

- A questo punto, bisogna **"collegare" file pdf al proprio sito, o meglio alle pagine del proprio sito**, in modo che possa venir letto dai vari robots dei motori. Lasciato da solo nello spazio web, un pdf non verrà mai indicizzato. Se appositamente collegato con varie pagine, o magari **con importanti parti del proprio sito, che fanno riferimento allo stesso argomento del pdf**, quest'ultimo verrà invece letto ed indicizzato. A tal proposito, il link verso il pdf dovrebbe provenire da una pagina autorevole, o la home, o comunque una delle più visitate.

Se svolgerete queste procedure con attenzione e senza troppe complicazioni, il vostro file verrà indicizzato nelle SERP senza alcun problema del caso. **Spesso non si prende mai in considerazione questa strada**, ma molti non sanno che rappresenta una valida alternativa per ottenere i primi risultati di ricerca di una specifica keywords, irraggiungibile eventualmente dal proprio sito.

All'interno del file **si possono mettere ovviamente dei link di rimando alle proprie pagine**, ben strutturati, pertanto sicuramente quest'ultimo contribuirà a far aumentare le visite al vostro portale, se scaricato, e verrà decisamente più apprezzato.

Basta **seguire le regole ordinarie del SEO** per gestire i testi ed i contenuti del pdf, come se fosse una vera e propria pagina internet del proprio sito, e pubblicarlo seguendo gli accorgimenti che vi abbiamo indicato, e che vi risulteranno sicuramente utili in ottica posizionamento.

In questo modo la vostra guida, il vostro ebook o qualsiasi tipo di file sia il pdf, potrà essere distribuito sulla rete senza alcun problema del caso. **Il discorso è uguale anche per quel che riguarda altri formati simili, come il .doc o il .ppt, rispettivamente di Word e di Microsoft Power Point**. Combinando le varie tecniche i vostri file potranno arrivare facilmente in prima pagina, a maggior ragione se non ve ne sono molti altri.

Sfruttare questa tipologia di lavoro SEO potrà risultare magari utile in futuro, se dovesse aumentare l'apprezzamento per questo alternativo uso di internet. Vi assicuriamo comunque che non sono pochi coloro che cercano file "già pronti", anche per argomenti semplici, come potrebbero essere il "calendario della serie a". **Un giorno questa scelta potrà pagare**, e magari ringrazierete l'indicazione di questo nostro post nel manuale, se avrà altresì pagato e se vi avrà aiutato nel meglio gestire il posizionamento dei pdf.

Ricordate che l'ottimizzazione di un sito si svolge nel complesso, e questo rappresenta una piccola parte di una buona ordinaria gestione, che potrà contribuire, a volte minimamente, ad aumentare il traffico, il principale obiettivo dei webmaster; perché non sfruttarla quindi?

Modificare i ruoli in Wordpress

Il noto CMS Wordpress offre la possibilità all'utente amministratore di poter **modificare i ruoli e quelle che sono quindi le capacità e le potenzialità di un determinato account**, all'interno di una certa installazione. Tuttavia, le funzionalità offerte dal normale CMS non sono adeguate per quei siti, quelle community o quelle redazioni che necessitano maggiori personalizzazioni in merito ai vari permessi. Vediamo quindi **come modificare i ruoli in Wordpress, in maniera completa ed avanzata**.

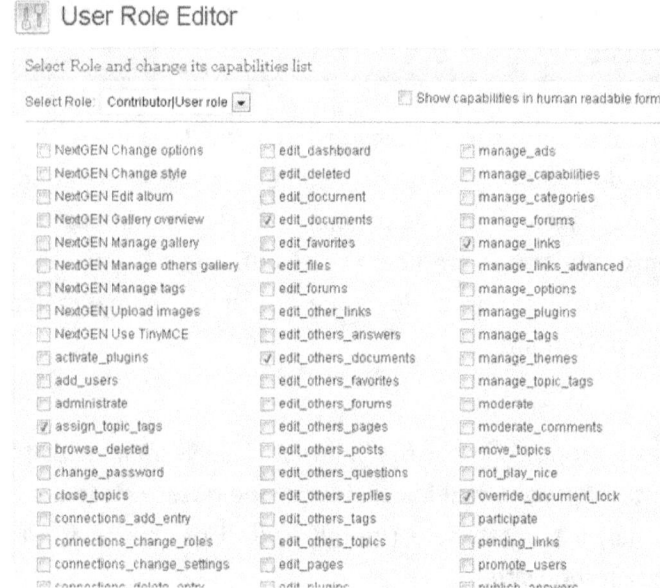

Come nella maggior parte dei casi, ci viene incontro un plugin per soddisfare le nostre necessità ed esigenze. Si chiama, in questo caso, **User Role Editor, e può essere scaricato gratuitamente direttamente all'interno della propria installazione Wordpress**, o tramite la procedura automatica, decisamente più rapida ed immediata, oppure manualmente. Una volta installato, il plugin ci permette di modificare i ruoli in Wordpress come nessun altro.

In primo luogo, grazie ad **un'interfaccia particolarmente intuitiva**, ci permette in pochi click di editare tutti gli accorgimenti del caso; inoltre, grazie ad un sistema di sicurezza interno, **blocca la modifica ai ruoli dell'amministratore.** In questo modo la propria installazione sarà sempre al sicuro, anche in caso di possibili errori di configurazione.

Per modificare un ruolo è necessario semplicemente "cliccarlo" e **scegliere tutte le abilità da assegnare o da rimuovere, apponendo un apposito tick nella casella** del permesso corrispondente.

In questo modo, scelta la configurazione ideale secondo le proprie necessità, si potrà salvare il ruolo modificato che diverrà da subito operativo con le nostre indicazioni.

Se poi i ruoli Wordpress standard non sono sufficienti, **il plugin ci consente anche di modificare e di creare addirittura nuovi ruoli, con nomi personalizzati**. Così, anche i siti più grandi ed importanti, che necessitano di suddividere vari compiti e permessi a redazioni o gruppi di lavoro piuttosto numerosi, potranno concedere tutta la libertà prevista da ogni singola mansione, agli account dei propri lavoratori o dipendenti.

Come se non bastasse, quando proprio le esigenze diventano importanti, **è anche possibile accoppiare uno o più ruoli standard o da noi creati ad un utente**, in modo da rendere la personalizzazione veramente esclusiva e presso che illimitata, senza alcun problema del caso.

La versione pro di User Role Editor offre poi funzionalità aggiuntive ed ulteriori caratteristiche, come la modifica dei permessi di ogni singolo utente a prescindere dei ruoli. Acquistando pertanto eventualmente **la versione full del plugin, è chiaro che è possibile modificare i ruoli all'interno di Wordpress nella maniera assolutamente più completa possibile, per come attualmente è strutturato il CMS.** Per qualsiasi informazioni o ulteriori dettagli, potete consultare il sito degli sviluppatori o commentare questo nostro articolo.

Aumentare le visite in Wordpress: il solo blogging non basta

Fra le innumerevoli strategie che vengono pensate per poter **aumentare le visite di Wordpress**, spesso si fa riferimento principalmente al blogging, ovvero al postare dei nuovi articoli che possano in qualche modo attirare pubblico, e al rispondere ad eventuali commenti ed opinioni dei lettori.

Tuttavia, come è emerso da alcune analisi di esperti del settore internazionali, **per poter portare avanti ed ottimizzare il proprio blog su Wordpress, bisogna assolutamente svolgere anche altri tipi di attività** al fine di aumentare le visite. Infatti la semplice scrittura dei post, anche se di qualità, spesso non è sufficiente per poter gestire il proprio business nel proprio sito in maniera ottimale; andiamo a scoprire quindi quali potrebbero essere le **attività aggiuntive e le ottimizzazioni da poter fare al proprio sito**, per aumentare le visite in Wordpress.

Contenuti dinamici: video e tutorial

In primo luogo, bisogna **rendere dinamici i contenuti**; questo non vuol dire soltanto pubblicare qualche immagine, negli articoli, e svolgere il consueto lavoro seo. Una diversificazione dell'offerta, renderà il vostro sito molto più interessante ed apprezzato, se gestito come blog ovviamente.

Quindi, invece di organizzare normalmente gli articoli, qualche volta potrete **provare a fare dei video su determinati argomenti, esponendovi in prima persona.** Ciò potrà risultare particolarmente utile in primo luogo per solidificare la vostra personalità nel mondo dell'online, e inoltre se saprete spiegare bene un argomento, o risolvere un problema, il vostro blog automaticamente acquisirà notevoli aumenti di visite, da parte di Youtube o comunque da parte del sito di video sharing in cui verranno inseriti i contenuti.

Il metodo in questione funziona particolarmente per i blog che trattano argomenti informatici, o che vogliono risolvere dei problemi, o insegnare dei metodi o ancora argomenti. Video-lezioni, vi sono nel campo dell'elettronica con recensioni di prim'ordine, nel campo dell'insegnamento, con corsi di lingue ad hoc, nel campo del blogging e del business per spiegare determinate strategie economiche.

Insomma, **invece di scrivere la milionesima recensione dello smartphone appena uscito**, che per quanto apprezzata risulterà sempre "monotona", **realizzate una video review**, con tanto di prodotto in mano e spiegazione tecnica. In questo modo riuscirete a farvi apprezzare particolarmente, sfruttando tutti quegli strumenti che il web offre, sotto questo punto di vista.

Allo stesso modo, **tutorial molto brevi, semplici ed immediati spiegati in video appositamente curati,** **renderanno sicuramente di più di un testo chilometrico**, con diverse immagini, ed ambiguità sicuramente presenti per forza di cose.

Campagne email

Hai ormai creato una tua costante cerchia di utenti e vuoi **quindi dialogare in maniera diretta con il tuo pubblico? Sfrutta le campagne email**, che sono un ottimo strumento, sia pubblicitario, sia di dialogo diretto con i propri iscritti.

Ogni persona registrata al tuo sito, potrà visitarlo secondo le proprie necessità o esigenze; tuttavia, **ogni email ricevuta dalla persona in questione, verrà sicuramente letta in qualsiasi momento** e da qualsiasi dispositivo. Ecco perché le campagne email sono fondamentali per promuovere determinati articoli o prodotti.

Con apposite immagini ed infografiche ben studiate, e relativi link ai vostri post nel vostro sito, in questo modo potrete sfruttare la potenza di questo strumento, tramite un semplice **plugin per la gestione delle newsletter**, che può essere installato in Wordpress in pochi passi.

Social network

I social network ad oggi, sono uno strumento indispensabile per poter aumentare le visite in Wordpress, tramite la condivisione dei contenuti. Tuttavia, **molti webmaster si limitano ad inviare anche su Facebook o Twitter riferimenti a nuovi post pubblicati, soltanto con qualche link e brevi descrizioni**, inserite da plugin o software che gestiscono automaticamente il tutto.

I social invece vanno sfruttati secondo le loro caratteristiche, con la creazione di appositi contenuti virali che, interessanti, possano essere diffusi dagli utenti; oppure ancora, tramite la creazione di piccole campagne che spingono gli utenti a mettere "mi piace" o a condividere i propri articoli. Ma anche, è possibile pure lanciare delle vere e proprie diffusioni di massa di fotografie, video e materiali interessanti, in riferimento anche ad eventi attinenti al topic del proprio sito, che possono **rendere interessante leggere e frequentare la vostra pagina, al pubblico.**

Ebook

Un altro strumento chiave per poter aumentare le visite, e fare anche qualche soldo, consiste nella **creazione di un ebook**. Il vostro sito contiene decine di tutorial, guide e consigli utili per gli utenti, di un qualsiasi determinato campo? Raccoglieteli insieme, organizzateli e create un ebook, che se diffuso, potrà portare a grandi risultati.

Vi è la possibilità di farsi pagare, oppure ancora si può **diffondere il proprio materiale su Amazon o librerie multimediali veramente di prim'ordine.**

Conclusioni

E' ovvio che **combinando poi tutte queste strategie**, oltre al semplice blogging, ovvero l'attività di postare articoli e post aggiornati sulle proprie pagine, i risultati arriveranno sicuramente. **Se poi a tutto ciò si aggiunge anche un lavoro SEO svolto ad hoc, è evidente che le visite aumenteranno per forza di cose**, anche in maniera piuttosto semplice ed immediata.

Ricordate che il web non è soltanto blogging, e che non si diventa un sito di riferimento, semplicemente scrivendo articoli; **offrite servizi e qualcosa di unico che non è possibile trovare in rete**, e se interessante, diverrete leader del vostro settore sicuramente!

CAP.3 - Ottimizzazione sui motori di ricerca

Che cos'è il SEO

Meglio conosciuto come **Search Engine Optimization**, o ottimizzazione sui motori di ricerca, il termine indica tutte quelle **attività e procedure che aiutano un sito web, un portale o una pagina internet ad essere meglio indicizzata, tramite un' ottimale e migliore lettura** da parte dei robots, o spider, sistemi automatici che gestiscono le SERP (le pagine dei risultati di ricerca).

Ciò può sembrare complesso, ed effettivamente l'argomento non è dei più facili, anzi. **Vi sono dei veri e propri esperti in materia**, che dopo anni di attività e continuo aggiornamento, sono in grado di capire ad oggi come funzionano i sistemi di indicizzazione dei motori, e come sfruttarli per poter posizionare meglio un sito. Tuttavia, tralasciando vere e proprie agenzie che si occupano di gestire i grandi siti, dei più noti marchi o brand, **anche personalmente si può fare del SEO**, che se ben eseguito, porterà comunque a risultati notevoli.

Cosa si fa tecnicamente per ottimizzare un sitoweb sui motori di ricerca? In primo luogo si cerca di **far conoscere l'esistenza del proprio sito**, ai vari motori. Esistono apposite pagine di segnalazione, che possono aiutare gli spider in questo. In seguito si utilizzano tutti quegli artifici, come i **permalink ottimizzati, i tags, le sitemaps**, e tante altre procedure, che se ben eseguite, nel complesso, riescono a far ottenere buoni risultati anche in poco tempo.

La continua evoluzione di internet e delle tecnologie in esso impiegato, rende **l'attività SEO illimitata e purtroppo inarrestabile**, anche a seguito dei continui aggiornamenti degli algoritmi dei motori di ricerca, che spesso e volentieri obbligano a "ricominciare", anche dopo anni ed anni di lavoro.

Proprio per questo, bisogna essere competenti in materia, dedicarsi in toto alla gestione del proprio sito, e soprattutto **disporre di contenuti di qualità, l'unica arma infallibile** ed insostituibile che da sempre ha fatto la differenza sul web. Si possono impiegare decine di esperti SEO ed avere risultati altalenanti o pessimi; sono i contenuti alla fin fine a premiare un portale, che in un modo o nell'altro, riuscirà a scalare le SERP senza alcun problema.

Un sito di qualità verrà "linkato" da altri siti, che in maniera naturale indirizzeranno in questo il traffico; allo stesso modo si alzerà il **pagerank, aumenteranno le visite**, così come la visibilità dei post e la "fama sul web". Quindi, nonostante non sia esattissimamente questo quello che avviene, si possono eseguire centinaia di procedure anche particolarissime per fare un buon SEO, ma senza **contenuti scritti in un italiano corretto, autentici, non copiati, ed effettivamente utili** non si va da nessuna parte.

Coadiuvando poi la pubblicazione di articoli di qualità ad un ottimo lavoro di posizionamento, basterà soltanto un pò di pazienza, e il proprio sito schizzerà per forza di cose in cima ai risultati di ricerca. Cosa stabilisce che il tuo sito deve essere in prima pagina, rispetto al mio, che magari tratto lo stesso argomento? Proprio l'insieme di questi fattori.

Wordpress SEO: le directory

Fra le tipiche attività SEO che ogni webmaster con il proprio blog in Wordpress svolge, vi è **l'inserimento del proprio sito nelle così dette directory;** andiamo a scoprire cosa sono e perché possono essere particolarmente importanti per aumentare il traffico, le visite e migliorare quindi il posizionamento.

Le directory sono una sorta di **archivio di migliaia e migliaia di siti, che vengono collocati e suddivisi per categoria, argomento trattato e qualità.** Queste specie di database vengono gestite interamente da esseri umani, proprio per questo indicizzano di norma siti che rispecchiano determinati standard qualitativi, a seguito di un breve periodo di verifica.

L'importanza di questo strumento, non sta nel fatto che il proprio sito possa essere visionato da utenti che navighino nella directory; questo è vero, fa una piccola "fonte" di visitatori, ma in generale il tutto consente di poter **ricevere dei link al proprio sito, per aumentare il pagerank, per ottimizzare la propria link building, ed ovviamente per aumentare la propria posizione nelle SERP.** Se si considera poi che alcune directory particolarmente famose, ma ad oggi presso che inaccessibili, come Dmoz o quella di Yahoo, vengono utilizzate dagli stessi motori per stabilire il ranking vario dei siti, è evidente che **questo strumento è fondamentale e particolarmente rilevante, per poter svolgere un'attenta attività SEO,** completa in tutte le sue parti.

Online si possono trovare degli elenchi delle migliori directory e delle più utilizzate; tuttavia, siccome **l'iscrizione richiede spesso procedure artificiose, è consigliabile preparare dei titoli, delle keywords e delle descrizioni perfettamente a tema,** in modo che si possa catalogare il proprio sito nella migliore e più attinente categoria della directory del caso. Ovviamente iscrivere il proprio sito in questi database, richiede molto tempo, visto che le procedure non sono delle più immediate, e visto che solitamente bisogna confermare gli indirizzi email, verificare gli inserimenti ecc.. E' per questo che di norma i webmaster affidano questo lavoro a degli interessati, pagando un piccolo corrispettivo. Tuttavia, vi consigliamo di **svolgere personalmente l'attività di inserimento nelle directory del vostro blog in Wordpress,** a meno che vi affidiate a persone particolarmente qualificate, e di cui ovviamente vi fidate.

Inserendo il proprio sito in centinaia di directory, è possibile ottenere i risultati che vi abbiamo precedentemente indicato, con l'aumento di traffico e di tutti i benefici dal punto di vista SEO e delle SERP. Ovviamente bisogna **coordinare anche l'attività di inserimento sui motori,** che richiede un lavoro simile, pertanto soltanto combinando directory e tutte le varie attività SEO del caso, arriveranno i risultati sperati.

Di seguito vi forniamo l'elenco di alcune delle principali directory italiane, che abbiamo acquisito dopo aver visitato appositi siti di settore:

- http://www.giorgiotave.it/directory/
- http://www.dmoz.org/World/Italiano/
- http://directoryweb.biz/
- http://www.lamiadirectory.com/
- http://seodirectory.it/
- http://www.katalogato.com/

Alcune **richiedono uno scambio link, altre no,** ma in generale indicizzando il proprio sito in questi portali, riuscirete ad acquisire i vantaggi di cui sopra vi abbiamo parlato, senza alcun problema del caso.

La tavola periodica del SEO: consigli, suggerimenti e cosa non fare

Spesso e volentieri vi abbiamo parlato delle **principali tecniche SEO, e di come ottimizzare il proprio sito sui motori di ricerca**, in termini di visibilità e posizionamento; siamo scesi nei dettagli delle cose, e vi abbiamo spiegato passo passo varie procedure, tecniche ed accorgimenti. Oggi, vi presentiamo una novità di prim'ordine, utile soprattutto ai neofiti, ed anche ai professionisti, che possono approfittare dei benefici di una ripassatina dell'argomento; **una "tavola periodica del SEO", in cui sono riassunte le attività da fare, a cui dare priorità, da fare a lungo termine e da non fare,** per il posizionamento del proprio sito

Il tutto potrà sembrarvi particolarmente curioso, ma in realtà si tratta di **un' ottima infografica che riassume la materia del SEO in pochi e semplici passi, con una facilità di lettura senza precedenti.** Ci vorrebbero pagine e pagine per commentarla, e noi prossimamente cercheremo di analizzare uno ad uno i fattori principali riassunti in questa tabella, per scendere nei dettagli, come spesso abbiamo fatto; intanto vi **indichiamo una semplice chiave di lettura, per poter interpretare le informazioni fornite in questa tavola.**

In primo luogo, sulla sinistra potete trovare in nero una **piccola introduzione**. Vi è scritto in pratica che il SEO è una vera e propria scienza, e che i motori ottimizzano le pagine con le giuste combinazioni di vari fattori; insomma vi è una brevissima introduzione all'argomento.

THE PERIODIC TABLE OF SEO RANKING FACTORS

Search engine optimization — SEO — seems likes alchemy to the uninitiated. But there's a science to it. Search engines reward pages with the right combination of ranking factors. Below, some major factors or "signals" you should seek to have.

Sempre sulla sinistra vi sono poi delle **indicazioni in blu scuro**, che va sempre più a schiarirsi. Questi sono **i fattori che vengono influenzati direttamente dal webmaster, e sono quindi i topic più importanti su cui dovremmo lavorare.** Si parte dalla qualità delle pagine, dalle parole chiave utilizzate, dai titoli, dalle descrizioni e tag, fino all'argomento crawler, velocità e url.

Retoricamente per ogni pannello è posta una domanda; **affinché il proprio sito venga ben ottimizzato dal punto di vista SEO, il webmaster dovrebbe riuscire con facilità a rispondere positivamente** alle domande indicate.

ON THE PAGE SEO RANKING FACTORS		
These elements are in the direct control of the publisher.		
CONTENT		
Cq	QUALITY	Are pages well written & have substantial quality content?
Cr	RESEARCH	Have you researched the keywords people may use to find your content?
Cw	WORDS	Do pages use words & phrases you hope they'll be found for?
Ce	ENGAGE	Do visitors spend time reading or "bounce" away quickly?
Cf	FRESH	Are pages fresh & about "hot" topics?
HTML		
Ht	TITLES	Do HTML title tags contain keywords relevant to page topics?
Hd	DESCRIPTION	Do meta description tags describe what pages are about?
Hh	HEADERS	Do headlines and subheads use header tags with relevant keywords?
ARCHITECTURE		
Ac	CRAWL	Can search engines easily "crawl" pages on site?
As	SPEED	Does site load quickly?
Au	URLS	Are URLs short & contain meaningful keywords to page topics?

Sulla destra della tabella, indicate in verdino, vi sono delle **caratteristiche del SEO che non sono influenzate dal webmaster, bensì dagli utenti, dai visitatori e da altri publisher.** Si parla quindi di qualità dei link in ingresso, pagerank, reputazione, ma anche numero di visitatori di ritorno, influenza dei social, insomma tutte quelle che sono le caratteristiche dell'ottimizzazione sui motori, ma che non possono essere controllate direttamente dal webmaster.

Anche in questo caso, **se si svolgerà un lavoro SEO adeguato, si dovrà essere in grado di rispondere positivamente alle varie domande poste dall'infografica**, che seppur poche dal punto di vista numerico, richiedono tanto lavoro per essere soddisfatte, e della durata di mesi e mesi.

OFF THE PAGE SEO RANKING FACTORS		
Elements influenced by readers, visitors & other publishers.		
LINKS		
Lq	QUALITY	Are links from trusted, quality or respected web sites?
Lt	TEXT	Do links pointing at pages use words you hope they'll be found for?
Ln	NUMBER	Do many links point at your web pages?
SOCIAL		
Sr	REPUTATION	Do those respected on social networks share your content?
Ss	SHARES	Do many share your content on social networks?
TRUST		
Ta	AUTHORITY	Do links, shares & other factors make site a trusted authority?
Th	HISTORY	Has site or its domain been around a long time, operating in same way?
PERSONAL		
Pc	COUNTRY	What country is someone located in?
Pl	LOCALITY	What city or local area is someone located in?
Ph	HISTORY	Does someone regularly visit the site? Or "liked" it?
Ps	SOCIAL	What do your friends think of the site?

Proseguendo nella nostra "scansione" della tavola periodica del SEO, **vi sono in giallo dei fattori che spesso vengono trascurati**, ma che risultano molto importanti, per una corretta ottimizzazione. **Qualcuno ha bloccato il nostro sito, escludendolo dai risultati di ricerca?** Qualche altro sito ha inserito i nostri link in una sorta di "blacklist"? Rispondendo no a queste domande, è evidente che il nostro lavoro stia proseguendo nella giusta direzione.

BLOCKING		
If searchers "block" site, hurts both trust & personalization.		
Bt	BLOCKING	Have many people blocked your site from search results?
Bp	BLOCKING	Has someone blocked your site from their search results?

Per concludere, e **ben evidenziate in rosso, vi sono tutte quelle pratiche assolutamente da evitare**, che potrebbero penalizzare il nostro sito sui motori, o addirittura portarlo all'esclusione e quindi al ban dai risultati di ricerca.

In primo luogo, tutti quelli che sono post o articoli "vuoti" e senza significato vanno eliminati; inoltre bisogna tassativamente evitare di spammare in altri siti o blog, link verso le proprie pagine, così come bisogna evitare di comprare link in ingresso, nella speranza che migliorino il ranking.

Non si risolve assolutamente il problema del posizionamento con queste pratiche, ma anzi si rischiano pesanti penalizzazioni. Nel nostro sito sono spinte troppe parole chiavi uguali? Ai motori le pagine vengono mostrate diversamente rispetto ai visitatori umani?

Rispondendo no anche a queste domande particolarmente importanti, si potrà essere sicuri di non subire alcun tipo di penalizzazioni, da parte dei motori.

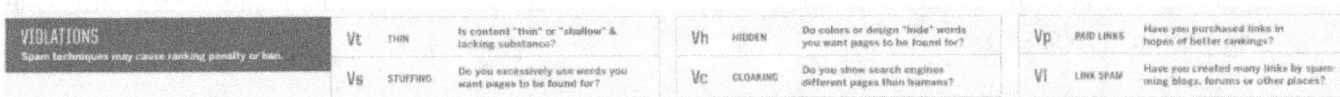

Come di consueto, **soltanto combinando tutte le strategie e le tecniche che vi abbiamo indicato, riuscirete a svolgere un adeguato lavoro SEO.** La tavola periodica sotto questo punto di vista può aiutare a ricordare le attività da svolgere e su cui maggiormente concentrarsi, e può essere un ottimo spunto per lavorare magari su argomenti fino ad ora trascurati, o presi poco in considerazione.

Potete scaricare in alta definizione la tavola periodica a questo link, che vi indichiamo per correttezza nei confronti degli sviluppatori, ed anche perché l'immagine è protetta dal diritto d'autore, ed è giusto che si ringrazino i creatori e si citi la fonte.

Il pagerank: cos'è, come influisce su un sito e perché è importante

Il PageRank, da molti riconosciuto come **uno fra i più importanti riferimenti per il posizionamento di un sito**, non è altro che un **parametro che Google**, il motore di ricerca più importante, **assegna ad ogni suo sito** indicizzato, in base a determinate caratteristiche. Tramite vari lettori di PageRank, è possibile visualizzare quale valore, di norma da 0 a 9, è stato assegnato al nostro portale dal colosso di Mountain View.

Perché **è così noto ed importante**, e come mai i webmaster spesso e volentieri lo hanno come punto di riferimento principale? E' ovvio che andando per logica, di norma, anche se non è sempre così, **un portale con un PageRank alto è meglio posizionato rispetto ad un altro con un PageRank basso**. Proprio per questo i webmaster cercano di far alzare il più possibile questo valore, solitamente utilizzato anche per assegnare un "valore commerciale" ad un portale.

Ma in sostanza, **che cos'è e come influisce nella gestione ordinaria di un sito**? Il PageRank in poche parole possiamo riassumerlo come una sorta di valore dato al nostro sito, in base alla link popularity. In sostanza, **più altri siti linkano nelle proprie pagine il nostro, più ovviamente il nostro valore di PageRank aumenterà**. Ovviamente, più siti di qualità (e quindi con PR alto) linkeranno il nostro sito, più il nostro PR crescerà; questo per scongiurare la pratica di compravendita di link, che si è sviluppata sul web non appena questo parametro è stato conosciuto ed analizzato dagli esperti.

Nel dettaglio quindi, **il nostro sito deve essere linkato da altri in maniera più naturale possibile**, magari in articoli o in contenuti, come di consueto. In questo modo, se un portale ci linkerà nelle sue pagine, vorrà dire che **"automaticamente" ci riconoscerà come un valore aggiunto, come un sito autorevole**, e proprio per questo Google ci premierà poi con il posizionamento, e con valori alti di PR.

Scoperto quindi che cosa alla fine è il PageRank, come mai da molti è ritenuto così importante? E' ovvio che **è un parametro su cui si base l'indicizzazione**; tuttavia, non è il riferimento principale da tenere d'occhio, poiché si tratta soltanto di uno strumento, seppur valido, fra molti, con cui è possibile confrontarsi per svolgere al meglio del lavoro SEO e ottimizzazione in generale.

Capita infatti che siti con PR più basso, siano davanti, in alcune situazioni, a siti con PR più alto. In primo luogo perché **il valore del PageRank che solitamente si considera, è quello della home page**, e poi perché i primi sono evidentemente meglio ottimizzati, curati e veloci, e pertanto vengono premiati da Google.

Un portale che naturalmente è ben collegato, che può essere facilmente "navigato", e che ha una struttura semplice che in pochi secondi consente di andare da una pagina all'altra, da una sezione all'altra, in maniera più naturale possibile e senza alcun problema del caso, verrà sicuramente posizionato bene all'interno delle SERP.

E' per questo che vi **consigliamo vivamente di attenzionare il PageRank ovviamente, ma senza fare eccessivo riferimento su di esso**, e senza concentrare tutto il vostro lavoro per far alzare questo valore. Col tempo, se il proprio sito sarà di qualità, aumenterà il PR da solo, così come aumenteranno le visite, e di conseguenza i rendimenti delle proprie pagine. Diffidate da chi vi venderà link, o venderà misteriosi trucchi, consigli o guide magiche per far schizzare questo tanto attenzionato valore. Soltanto col duro lavoro di una gestione ottimale di un sito, arriveranno risultati.

L'importanza della "link popularity" per il SEO

La **link popularity, o popolarità da link, è un fattore molto importante e presso che fondamentale** per ottenere un buon posizionamento sui motori di ricerca. Alla base dell'attività SEO, ciò contribuisce anche ad **ottimizzare il pagerank, ed a scalare le SERP**, fattori che incidono sull'ottimizzazione sui motori. Perché è così importante la link popularity, e come influisce sul posizionamento?

Il meccanismo è piuttosto semplice. Così come può avvenire in un "passaparola" ordinario, anche sul web è stato deciso di applicare un metodo alquanto efficace: **se un sito linka un altro portale, vuol dire lo "vota", che lo riconosce come affidabile ed autorevole, e quindi meritevole di essere ben posizionato.**

Come potrebbe essere per un saggio, piuttosto che evidenziare quindi il numero di copie vendute, per la popolarità e per il prestigio si considerano le citazioni dello stesso in altri volumi, gli spunti e l'eventuale fonte per possibili lezioni e metodi. **Sono quindi gli stessi "colleghi" dell'ambiente a riconoscere la validità di una produzione; allo stesso modo avviene fra webmaster** in internet.

Come facilmente intuibile, questo influenza il lavoro SEO, poiché un sito riconosciuto globalmente come valido, per l'argomento che tratta, verrà sicuramente premiato nelle SERP, cioè nei risultati di ricerca, rispetto ad un altro che magari tratta lo stesso topic, ma in maniera "peggiore" o "diversa".

E' per questo che **la link popularity è fondamentale per poter ottenere risultati**, e per svolgere un lavoro SEO efficace e senza precedenti. Basta quindi che un sito ci linki nelle sue pagine per avere successo?

Non è proprio così, poiché bisogna prendere sempre in considerazione altri fattori. Inoltre è necessario che **il link verso il nostro sito sia più naturale ed efficace possibile**, per offrire un "servizio" al top al visitatore. Proprio per questo, non basta che un portale metta il nostro link chissà dove tanto per farci un favore, spesso retribuito. E' opportuno che venga integrato in articoli, in commenti o in pagine comunque molto visitate, a testimonianza che sia effettivamente efficace, e non superfluo.

Inoltre, **la link popularity si costruisce soprattutto da "fonti" autorevoli**. Se il nostro sito è linkato nelle pagine di un nostro amico, che magari tratta un argomento totalmente differente, ciò non avrà alcuna importanza. Se magari portali come l'Ansa, il Corriere della Sera o siti governativi internazionali (con milioni di visite quotidiane) fanno riferimento al nostro sito, la situazione cambia radicalmente, ed i risultati si toccheranno con mano.

Non solo infatti la **link popularity ottimizza il posizionamento, ma fa alzare il pagerank, e porta anche traffico diretto,** poiché tutti gli utenti che cliccheranno sul nostro link in altri portali, si collegheranno al nostro ovviamente, facendo aumentare il numero di visite, e di eventuali introiti pubblicitari.

Proprio per questo la link popularity è uno dei fattori più importanti per il SEO, su cui bisognerebbe **puntare sin dal termine dell'installazione di Wordpress.** Nonostante il web sia molto complesso, spesso il suo funzionamento è basato su concetti ed idee elementari, proprio come quella da noi presa in analisi. E' per questo che a prescindere dalle mille tecniche e strategie, è sempre la qualità, online, a fare la differenza.

Wordpress e Penguin 2.0: e adesso?

Sono periodi concitati questi ultimi, almeno per buona parte dei webmaster di tutto il mondo. **Il motore di ricerca più noto, Google, ha infatti abilitato da poco il nuovo Penguin 2.0**, ovvero l'algoritmo che gestirà tutto il posizionamento sui motori di ricerca, con nuove regole e restrizioni.

E così, molti temono ripercussioni sulle proprie pagine, altri potrebbero invece trarre giovamenti; è questo il clima del mondo del web attuale, visto che ogni volta che vengono aggiornati i funzionamenti intrinseci dei motori di ricerca, non si sa mai cosa accadrà al proprio sito.

Per scongiurare qualsiasi problema e per ottenere un posizionamento sempre di primo livello, **andiamo a scoprire le novità introdotte dal nuovo algoritmo di Google, e i possibili rimedi** in caso di "caduta libera" nelle SERP, fenomeno che ha colpito molti quando ogni volta sono state aggiornate le "regole" per il posizionamento.

Il nuovo algoritmo

Secondo quanto affermato da importanti esperti di settore di carattere internazionale, ed in base a quanto riferito dagli stessi vertici di Google, **il nuovo algoritmo è stato introdotto principalmente per penalizzare tutti quei siti che utilizzano delle tecniche SEO "oscure"**, e volutamente ingannevoli col solo scopo di ottimizzare la posizione nelle SERP di un sito. Quindi, a rigor di logica, chi ha sempre creato contenuti autentici e svolto un lavoro di ottimizzazione "genuino", non dovrebbe ricevere alcune ripercussioni da questo nuovo sistema.

Penguin 2.0 inoltre, penalizzerà tutte le attività di link spamming che i webmaster hanno utilizzato per promuovere in prima pagina il proprio sito, quindi anche in questo caso, gli "onesti" verranno premiati, si pensa. Insomma, in generale **i cambiamenti introdotti non rivoluzioneranno quanto già avvenuto con l'ingresso di Penguin, ma Google ha voluto soltanto aggiornare e rendere ancora più efficiente** il proprio prodotto, con ulteriori accorgimenti che dovrebbero ancor più bilanciare i risultati di ricerca.

Il valore dei link

Abbiamo preso molto in considerazione la link popularity ed il valore che i motori di ricerca assegnano ai vari portali che vengono linkati da altri, e quindi apprezzati ed ottimizzati.

Tuttavia, come già sottolineato, **Google guarderà questa volta ancor più maggiormente alla qualità dei siti che appunto inseriranno link alle proprie pagine**; "cattivi vicini" non verranno apprezzati, ma anzi, contribuiranno a penalizzare in qualche modo il sito linkato, se quest'ultimo non sarà effettivamente utile ed efficace.

Chi ha acquistato link o sparso dappertutto un collegamento al proprio sito dovrà stare in guardia, poiché sicuramente arriveranno importanti penalizzazioni da parte di Google. Ovviamente non ci saranno anche in questi casi rivoluzioni particolari, poiché **già con "Panda" ed altri update, il motore di ricerca ha attenzionato questi parametri**. Tuttavia, verranno ancora inasprite le regole, per fermare la compra vendita di link, un fattore particolarmente rilevante per chi opera online un business del caso.

A tal proposito, col nuovo Penguin, **Google analizzerà anche la velocità con cui un sito riceve link**, proprio per smascherare eventuali attività fraudolente, sotto questo punto di vista. Portali che in maniera omogenea, crescente e graduale verranno sempre più linkati, saranno premiati da Google. Siti che riceveranno migliaia di link in pochi giorni, e poi il vuoto più assoluto, o comunque con varie intermittenze, saranno penalizzati quasi sicuramente dal nuovo algoritmo.

<u>*Ancore*</u>

Chi avrà **abusato dell'utilizzo di apposite keywords nelle ormai note anchor text, si vedrà sicuramente penalizzato**, poiché Google ha già richiamato i webmaster, nel non abusare di questa pratica, particolarmente efficace.

In questo modo quindi, coloro i quali hanno deciso di puntare molto su questo fattore, dovranno **provvedere a modificare tutti questi vari link, per evitare sconvolgimenti nelle SERP.** Quello che infatti il colosso di Mountain View vuole realizzare, consiste nel dare sempre meno importanza a questi artifici, che hanno in qualche modo esasperato l'attività SEO, come non mai.

<u>*Penalizzazioni in vista da Penguin 2.0? Ecco cosa fare*</u>

Se il tuo sito sta già iniziando a subire gli effetti del nuovo algoritmo di Google, è necessario principalmente attenzionare tutti i fattori che vi abbiamo indicato, e **ricostruire in toto la propria link popularity**, facendo attenzione alla qualità dei siti in cui vengono inseriti i propri link, alla velocità, ed all'affidabilità.

Già in questo modo, riuscirete in qualche modo a ripristinare la vostra posizione originaria nelle SERP. Se poi ancora non riuscirete a "risollevarvi", procedete alla **revisione di tutti gli anchor text**, in maniera che rispettino le nuove indicazioni e direttive del motore di ricerca più noto.

Ma ancora, **tenete lontana qualsiasi attività di Boot, meccanismi fraudolenti e tecniche che riescono in poco tempo a far scalare un sito nelle SERP.** Ci vuole tempo, originalità ed autenticità, poiché questi fattori, in particolare quello temporale, verranno presi particolarmente in considerazione dal nuovo algoritmo.

Se la situazione non migliorerà, non resterà che **rivolgersi ad un esperto SEO**, che analizzerà il vostro sito e vi indicherà la strada da percorrere, e le eventuali modifiche da effettuare.

Il terremoto del nuovo Penguin 2.0 sembra in procinto di arrivare. **Wordpress, come piattaforma, non sarà particolarmente colpita, con un lavoro SEO autentico ed originale**, poiché è di norma "amica" dei motori di ricerca, e solitamente aiuta spesso e volentieri nel posizionamento. Staremo a vedere cosa succederà e quali saranno gli effetti dell'introduzione di questo nuovo algoritmo: tenetevi forte!

Wordpress e il SEO: un plugin per tutto

Vi abbiamo già parlato in precedenza di quanto sia difficile sviluppare un sito e svolgere del SEO, la famosa attività eseguita dai webmaster per ottimizzare i risultati sui motori di ricerca e per scalare le SERP.

Oggi vi parliamo di un plugin, che molto apprezzato dagli utilizzatori di Wordpress, contente di **svolgere un lavoro SEO accurato** in pochi e semplici passi, per tutte quelle che sono le principali funzionalità da ottimizzare, come i tag, gli articoli, le pagine, i link eccetera.

Il componente aggiuntivo si chiama **"Wordpress SEO" by Yoast**, ed è stato sviluppato da un team di esperti insieme ad alcuni progettisti dello stesso Wordpress; non a caso garantisce importanti risultati, e dal 2008, anno della prima release, è stato scaricato da migliaia e migliaia di persone che tutt'oggi lo usano sui propri blog.

Il suo funzionamento, nel complesso, possiamo definirlo piuttosto semplice; utilizzando tutte quelle che sono **le linee guida dei principali esperti in materia**, e rispondendo alla **richieste ed alle indicazioni dei motori di ricerca** stessi, aiuta il webmaster nella gestione del proprio sito, attraverso la scrittura di **contenuti migliori, l'analisi delle pagine, l'ottimizzazione, lo sfruttamento dei meta e dei link, la sitemap, l'integrazione sociale, ed ulteriori numerose funzionalità**, che nel complesso aiutano a gestire e appunto a migliorare il proprio sito, in pochi e semplici passi.

La procedura di installazione è standard; caricando il plugin nell'omonima cartella nel proprio ftp, si installa dall'apposita pagina dell'area admin e si attiva come tutti gli altri plugin. **La configurazione invece richiede un attimo di attenzione**, poiché è impostando adeguatamente i parametri che si otterranno i migliori risultati possibili.

Per prima cosa, nella pagina principale, è possibile inserire tutti i vari campi di **titoli, descrizioni e meta** per il proprio sito, per ottimizzarlo nella maniera più adeguata in quelle che sono le directory dei motori di ricerca. Il plugin si occuperà poi di verificare nel tempo le pagine indicizzate e quelle non ancora indicizzate, e ci aiuterà a ottimizzarle tramite apposite procedure, che successivamente ci illustrerà.

Ultimata la configurazione generale, è possibile procedere al settaggio dei menù "minori", come l'analisi delle pagine, la parte avanzata ed il settore social. **L'analisi delle pagine, controllerà se per esempio tutti i tag saranno al proprio posto**, se le immagini saranno gestite correttamente, e se i vari link saranno in ordine. Allo stesso tempo verificherà la bontà del codice utilizzato, così come le keywords ed altri parametri; il plugin controllerà e permetterà di aggiungere poi i vari tag ad ogni categoria, pagina o sezione, oltre ad eventuali descrizioni, per ottimizzare al meglio qualsiasi contenuto del proprio sito.

Il menù avanzato consentirà di **gestire gli RSS, il file robots ed htaccess**, dei parametri importanti per cui è necessaria un'esperienza ed una competenza del caso, prima di agire in eventuali modifiche. Inoltre si potrà **generare la sitemap**, con varie caratteristiche, soprattutto se non si usano altri plugin che la trattano, escludendo eventuali sezioni da non pubblicare, e tanti altri parametri.

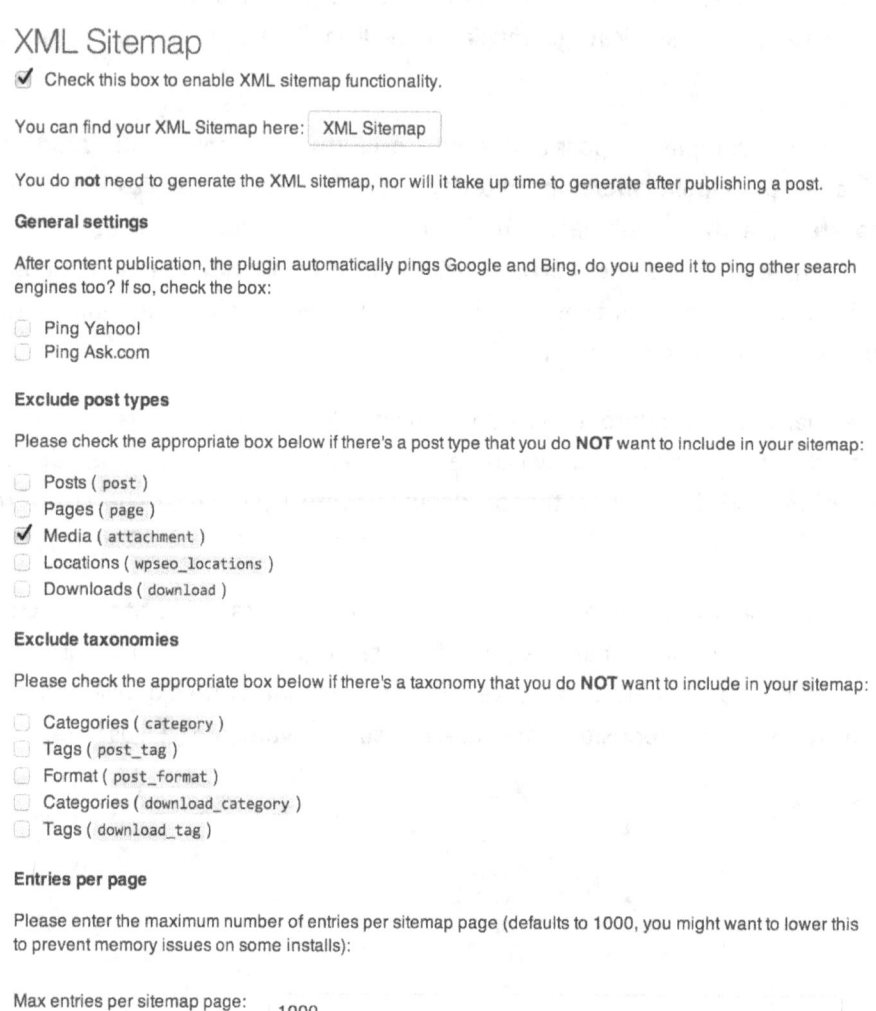

Insomma, come è possibile notare, il plugin ci aiuterà a **gestire il SEO sul proprio sito Wordpress**, dalle semplici e più immediate configurazioni, fino a quelle più avanzate che richiedono esperienza e competenza, oltre che abilità. I risultati si vedranno logicamente col tempo, e soltanto combinando tutte le varie potenzialità e servizi offerti dal plugin, si potrà svolgere un adeguato lavoro SEO in Wordpress.

Inoltre, qualora abbiate utilizzato altri tipi di componenti aggiuntivi, il programma è in grado di "assorbirne" le configurazioni, allargando quindi il campo in una materia, quella del SEO, praticamente illimitata.

Il **download del plugin è gratuito** ed ovviamente può essere effettuato in pochi e semplici secondi dallo "store" di Wordpress. E' in inglese ma può essere facilmente capito, grazie ad una gestione "managed" veramente senza precedenti, che ha sicuramente contribuito al fatto che ad oggi questo prodotto è fra i più utilizzati fra i webmaster.

All in One Seo Pack: il plugin che automaticamente ottimizza Wordpress

Particolarmente **conosciuto ed apprezzato dagli utenti**, come dimostrano i suoi oltre 14 milioni di download, All in One Seo Pack è un prodotto fondamentale per il proprio sito Wordpress, che **automaticamente ottimizza articoli, pagine e tutto in ottica SEO, per i motori di ricerca.**

Il suo funzionamento è molto semplice ed immediato; basta installare il plugin e configurare tutte le varie preferenze del caso. **Il programma poi lavorerà in maniera automatica** sfruttando tutte le potenzialità di Wordpress, e seguendo le stesse indicazioni dei motori di ricerca; tutto sarà svolto in maniera computerizzata, voi non dovrete fare niente, noterete soltanto gli effetti positivi, nel tempo, del programma, tramite l'aumento di visite ed un miglior posizionamento sulle SERP.

Qualora tuttavia voi siate già più ferrati del settore, e conosciate quindi la materia del SEO e dell'ottimizzazione, il programma offre **tantissime funzioni avanzate**, che permettono di ottimizzare praticamente qualsiasi cosa, secondo le necessità e le esigenze del caso. Ovviamente bisogna però essere ferrati sull'argomento, poiché eventuali modifiche manuali bypassano il lavoro automatico del plugin. Proprio per questo, se non avete una conoscenza approfondita del settore, è meglio lasciar fare ad All in One Seo Pack tutto il lavoro.

Abbiamo parlato molto delle funzionalità di questo software, ma in che cosa va ad agire concretamente il plugin? In primo luogo, offre la possibilità di **integrare il proprio sito Wordpress con tutte le funzionalità di Google, come Analytics**, senza la necessità di installare ulteriori componenti aggiuntivi. Inoltre, consente una **personalizzazione dei link delle proprie pagine** come nessun altro, ed è l'unico plugin ad oggi fra i migliori, nell'ottimizzazione SEO di siti e-commerce. Poi, fra l'altro, **ottimizza automaticamente i titoli di articoli e pagine per i motori di ricerca, e genera i metatag in maniera automatica**, per tutti i post e le varie sezioni del sito.

Ma non è tutto; fra le altre cose, **elimina tutti i file "copia" e i contenuti duplicati di tutti i siti Wordpress**, che potrebbero essere penalizzati, e poi, come già accennato, consente agli utenti esperti di poter personalizzare molti aspetti del SEO, in maniera del tutto manuale. Fra l'altro, **è anche compatibile con altri plugin SEO fra i più noti**, e può lavorare appunto assieme ad altri addons, per un risultato veramente di prim'ordine.

Insomma, **All in One Seo Pack è un must che tutti i proprietari di un blog Wordpress devono avere installato** ed attivato, non solo per tutti i vantaggi che porta, ma per il grande lavoro che effettua e che consente di "risparmiare" tempo al webmaster, visto che viene svolto il tutto in maniera automatica.

Secondo la rete, esistono anche prodotti superiori a questo plugin; ma di quest'ultimo, ve ne è anche una versione premium a pagamento, con ancora più funzionalità ed ulteriori dettagli. Insomma, se volete avere il massimo da Wordpress, senza pagare un esperto SEO professionista, potete affidarvi alla versione Pro di **All in One Seo Pack, sicuramente una delle eccellenze del settore plugin di Wordpress**; provare per credere!

Ottimizzazione SEO: Broken Link Checker

Fra le più note pratiche per ottimizzare sui motori di ricerca un sito web, vi è **l'analisi e lo studio di tutti i link** all'interno del proprio sito, che rimandano verso altri portali, o verso altre pagine. **Link così detti**

"rotti", che non rimandano a niente, verranno infatti penalizzati, e comporteranno un peggior posizionamento all'interno delle SERP. Ecco perché è necessario verificarli, uno ad uno; in che modo? Tramite l'ausilio di plugin, come di consueto.

Quello che fa al caso nostro per questa particolare tipologia di lavoro, è **Broken Link Checker**, uno dei più scaricati e preferiti per svolgere questa attività SEO. Il suo funzionamento è piuttosto semplice, in linea generale. In primo luogo si installa regolarmente il plugin, tramite la procedura automatica oppure tramite quella manuale, e si attiva.

Analisi del blog

In seguito, bisogna **iniziare una scansione, che ovviamente controllerà ogni singola pagina, post, articolo o immagine del nostro sito che rimandi ad altri, tramite link.** Per questo lavoro, possono passare diversi minuti o anche alcune ore, ovviamente in base alle dimensioni del vostro sitoweb. Il programma comunque vi avviserà una volta completata questa sorta di analisi, ed **inserirà tutti i "broken link" in un apposito menù che si verrà a creare automaticamente nella dashboard.**

In base ai risultati della scansione, potrebbero presentarsi alcuni link rotti, oppure diverse pagine di link. Ciò dipende ovviamente dal lavoro che si è svolto, dalla cura dedicata all'inserimento dei link, ed anche dal tempo, poiché spesso collegamenti funzionanti, dopo qualche anno per causa di forza maggiore, risultano offline (cambio url del sito, chiusura di una pagina, eliminazione dello stesso contenuto ecc). Ovviamente, non potendo controllare tutto ad uno ad uno, ci aiuta il plugin, che inserirà tutti i link rotti in una comoda lista, che ci permetterà poi di passare al passo successivo.

Azioni successive

Una volta infatti che la nostra lista è pronta, dobbiamo **agire per provvedere alla rimozione di questi link difettosi.** Il plugin offre diverse tipologie di strade: **o la modifica del link, se si ha una fonte alternativa, o la rimozione dello stesso** (anche se verrà mantenuto il testo esatto originale). Inoltre si potrà spuntare la casella "not broken", in caso di falso positivo, ovvero se in realtà il tutto è funzionante, oppure cliccare su Dismiss, una funzione che toglierà il tipico aspetto barrato del link in questione rotto, lasciando il tutto come previsto dal nostro template wordpress.

Fatta questa procedura periodicamente, si potranno **verificare così tutti i collegamenti, ottimizzandoli in ottica SEO.** Se i motori vedranno tutto "in regola", sotto questo punto di vista, non esiteranno a premiare il nostro sito. Ecco perché una verifica di questi fattori, così come di molti altri, è particolarmente importante, anche per offrire un servizio completo all'utente. Spesso i vecchi post sono proprio quelli meglio posizionati; se un visitatore, accedendovi, non riuscirà a seguire il discorso o a sfruttarne i contenuti gestiti tramite i collegamenti, ne resterà profondamente deluso e cambierà portale. E' per questo che **in ottica SEO i link "rotti" vengono attenzionati particolarmente.**

Oggi si controllano anche i link verso altri siti per gestire il pagerank, per analizzare la così detta ed ormai nota link building, e per poter in qualche modo verificare la bontà e l'onestà di un sito, in ottica SEO. Controllate quindi i vostri link, e restate al sicuro da possibili penalizzazioni del caso.

Creare la sitemap in Wordpress

La creazione della sitemap, ovvero quella pagina o quel **file che minuziosamente raccoglie tutti i link di un sito**, è un procedimento **fondamentale per ottenere un buon posizionamento** sui motori di ricerca.

Questi ultimi infatti hanno così il lavoro "facilitato", e possono meglio indicizzare un portale, con un'adeguata, costante ed aggiornata sitemap, sempre pronta per l'evenienza. **In che modo quindi è possibile creare una sitemap** e quali sono le procedure più immediate? Il tutto è piuttosto semplice, basta creare un file o una pagina con tutti i vari link del proprio sito, ordinati ed accessibili ai robot dei motori di ricerca.

La situazione si complica tuttavia quando si ha davanti un sitoweb di grosse dimensione, o dal numero elevato di pagine, che vengono costantemente aggiornate e riviste, come nel caso di un blog. In questo caso è meglio rivolgersi a **sistemi automatici che generano facilmente la nostra sitemap** senza alcun problema e periodicamente. Il plugin **"Google XML Sitemap" per Wordpress** è uno di questi, e fa proprio al caso nostro.

Il suo funzionamento è molto semplice ed immediato. Si installa il plugin normalmente, o attraverso la procedura manuale, e si procede all'attivazione dello stesso nell'apposita pagina "Plugin" presente nel pannello di amministrazione di Wordpress.

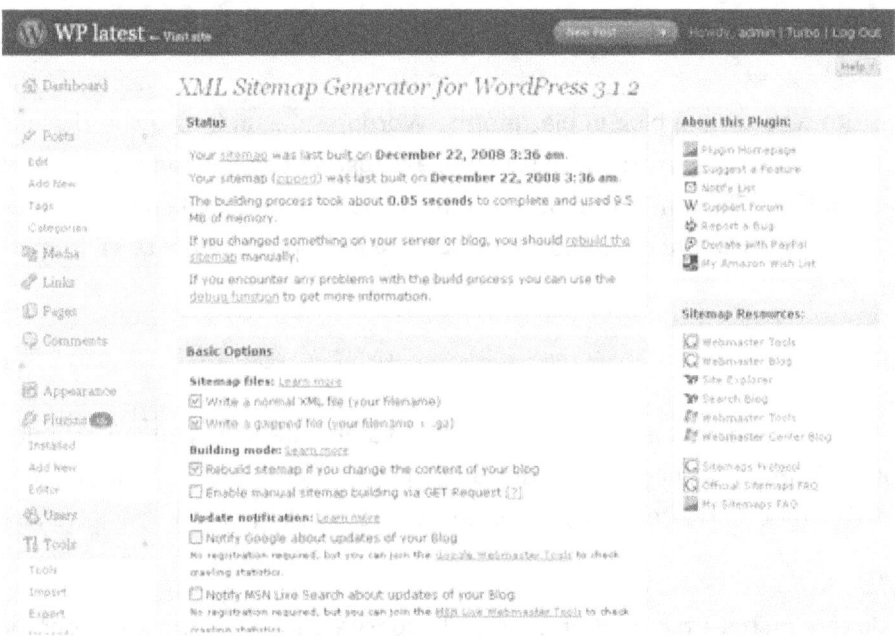

Una volta eseguita questa procedura, basta semplicemente **configurare l'add-on**, cliccando su Opzioni-XML Sitemap. Bisognerà per prima cosa **generare la sitemap iniziale**, tramite l'apposito pulsante, e se tutto andrà bene, automaticamente in maniera periodica il nostro file sarà aggiornato, proprio per facilitare il lavoro dei motori di ricerca, come sopra indicato.

In caso di errore, bisognerà **verificare che siano stati assegnati i permessi di scrittura** alla cartella contenente il plugin, poiché non potrà assolutamente funzionare senza quest'ultimi. In questo caso bisogna accedere al proprio server FTP, e modificare personalmente o tramite un editor, o tramite programmi come FileZilla i permessi (in caso di problemi contattate la nostra assistenza).

Il plugin a questo punto funzionerà e dovrà restituire una schermata simile, in cui dovrà essere indicata la data dell'ultima sitemap generata, il tempo impiegato, e varie opzioni personalizzabili del plugin stesso.

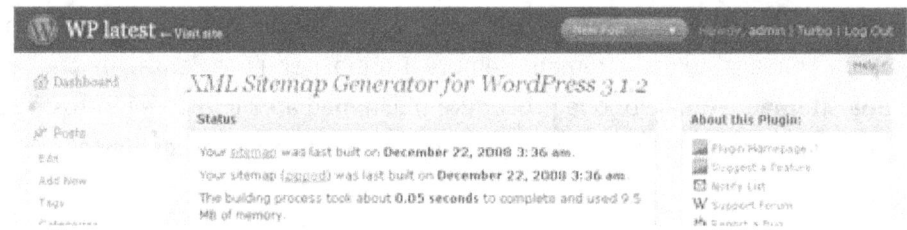

Vi consigliamo vivamente di **non modificare le varie impostazioni del programma**, che se non correttamente configurato, non funzionerà regolarmente. E' consigliabile rivolgersi ad un esperto, in questo caso, o formarsi tramite apposite nozioni e terminologie specifiche, che in inglese, non rendono di facile comprensione il settaggio del programma.

Dopo qualche giorno dal funzionamento del tutto, si potrà **controllare tramite gli appositi strumenti Google**, come il Webmaster Tools, **se la sitemap sarà stata letta, ottimizzata e indicizzata** dai motori di ricerca.

Aumentare le visite su Wordpress in 8 passi

Lo sviluppo di un sito web o di un blog in piattaforma Wordpress, è un lavoro che richiede molto tempo, abilità e passione. E così, dopo giornate di sbattimenti, **è il sogno di ogni webmaster vedere aumentare le visite ed il proprio traffico.** Che senso ha infatti un sito che non viene visto da nessuno, o un blog mai letto o commentato? Andiamo a scoprire quindi come **aumentare in maniera semplice ed immediata le visite** su Wordpress in otto passi.

1- Sviluppo dei tag

In primo luogo, il passo fondamentale per ottenere immediatamente delle visite, è **ottimizzare il titolo del sito, la descrizione ed i meta tag** per i motori di ricerca. Questi ultimi sono la principale fonte di traffico di qualunque pagina internet, pertanto è proprio su questi che si deve puntare, per ottenere un sitoweb di successo.

Bisogna **personalizzare quindi i tag** direttamente dall'apposita pagina di configurazione di Wordpress. In alternativa è possibile usare qualche plugin apposito, come indicato in questa stessa nostra guida. **Un titolo ed una descrizione chiara sono la prima cosa che l'utente vedrà**, pertanto in poche parole dovrà essere riassunto il contenuto ed i servizi offerti dal proprio portale.

2- Utilizzo dei social network

Un'altra arma particolarmente efficace per ottenere risultati immediati, per quel che riguarda il traffico, è **l'utilizzo dei social network**. Questi consentono di far lievitare le visite, proprio perché veicolano un traffico particolare, quello social, verso il proprio sito.

Bisogna quindi **creare un gruppo o una pagina su Facebook e sui principali social**, per avere un riscontro anche da questo campo. Se poi si studieranno contenuti appositi, e si invoglieranno gli utenti ad iscriversi, una volta formati dei gruppi consistenti si avrà la possibilità di giostrare a proprio piacimento una fonte di visite non indifferente.

I social funzionano praticamente "a comando". Se il gruppo o la pagina del nostro sito sarà frequentata da migliaia di utenti, non appena pubblicheremo qualcosa, le visite alle nostre pagine schizzeranno proprio in quei momenti, con un effetto lampo. Proprio per questo i social network sono importanti, e spesso e volentieri sono altresì un **ottimo strumento per restare in contatto con la propria clientela**, se per esempio si vendono prodotti e servizi. Un'attività presente "da tutte le parti", non potrà infatti che avere dei riscontri positivi.

3- Integrazione degli strumenti dei social

Fra le tecniche più efficaci per aumentare le visite su Wordpress vi è anche lo **sfruttamento dell'integrazione del proprio sito coi social.** Non si tratta di ciò che è stato spiegato nel punto due, ma del fatto che bisogna **offrire gli strumenti adeguati agli utenti**, per poter interagire coi social network.

Inserire degli appositi pulsanti che consentono di condividere un post con gli altri, o di apprezzarlo (tramite like box per esempio), non solo su Facebook, ma anche su Twitter, Youtube, Instagram ed altri social, è un qualcosa di fondamentale per **diffondere link del proprio sito**, e per allargare l'utenza ed il bacino di visitatori.

Anche in questo caso, esistono degli appositi plugin che ci aiutano in tal senso. Uno di questi è "Upso share buttons" che può essere scaricato gratuitamente e che in pochi secondi consente di poter gestire tutti i vari strumenti social sul proprio sito in Wordpress.

4- Partecipazione attiva in altri blog

Attività poco sfruttata ma assolutamente efficace, **la partecipazione attiva in altri blog consente di avere link di ritorno verso il proprio sito**, anche in pagine autorevoli, che possono far lievitare le visite.

Commentare altri articoli, magari linkando il proprio sito verso pagine con post autorevoli, efficaci e che effettivamente possono aiutare la community, renderà il vostro sito sempre più rinomato, affidabile e sicuro.

Con un'attività simile, che non cada ovviamente nello spam, si potrà ottenere anche **il rispetto e la riconoscenza di altri webmaster, che vi linkeranno poi direttamente nei loro articoli,** se i contenuti del vostro sito saranno di qualità. Questo è un primo passo per **incentivare la propria link popularity**, un fattore importantissimo per il SEO di cui vi abbiamo parlato in questo corso.

5- Sfruttamento dei feed RSS

Nonostante non siano utilizzati come una volta, a causa dello sviluppo di più moderne ed efficienti tecnologie, **un adeguato lavoro per i feed vi garantirà un'utenza presso che fissa**, se il vostro blog sarà di qualità.

Non utilizzando metodi automatici, ma **postando personalmente i nuovi feed**, magari soprattutto in occasione della pubblicazione di articoli, post e guide importanti, riuscirete ad incentivare il vostro traffico in poco tempo, come mai prima.

Anche in questo caso dei plugin ci possono aiutare, ma come consigliato, meglio andare in manuale, in un'attività che può influire molto sul SEO e sul posizionamento

6- Segnalazione su directory e motori

Vogliamo che il nostro sito sia presente in tutti i motori di ricerca? Vogliamo che le directory più importanti abbiano schede dettagliate delle nostre pagine? **Perché aspettare che ci scoprano gli spyder; segnaliamo noi l'esistenza del nostro blog**, e velocizzeremo di gran lunga il lavoro di ottimizzazione e di inserimento nelle SERP.

Un sito presente in tutte le directory, a maggior ragione nelle più importanti, non solo vedrà **lievitare il proprio pagerank**, ma anche risulterà più affidabile e di conseguenza rinomato, per un determinato argomento o topic.

Procedete alla segnalazione manuale quindi, e **diffidate di qualsiasi tipologia di sistema automatico o a pagamento**. Ci vorrà del tempo ma i risultati si toccheranno con mano.

7-Interazione con la propria utenza

Invogliate i vostri utenti a restare sul vostro blog, e "forzateli" a commentare ed a partecipare attivamente all'attività del vostro sito. **Pubblicazioni di sondaggi, ma anche conclusioni di articoli con punti di domanda**, spesso scontati, spingeranno anche il visitatore più passivo a scrivere qualcosa sul vostro blog.

Interagire con la propria utenza è fondamentale, al fine di **creare un bacino di visitatori assidui** che vi garantirà una base di traffico necessaria per poter scalare le SERP.

Create **infografiche**, che spesso se fatte di qualità sono meglio di articoli scritti, lanciate **simpatici contest settimanali, guestbook**, o architettate comunque un metodo per far ritornare il visitatore. Quando riuscirete in questo, il vostro blog "non lo fermerà" più nessuno.

8-Ottimizzazione tecnica delle pagine

Scrivete in un **blog pulito, di facile comprensione e che soprattutto si carichi in tempi rapidi**. Questi requisiti, a parte che ad oggi sono presso che fondamentali per un lavoro SEO adeguato, sono anche la base per poter aumentare le proprie visite.

Un sito troppo pieno di pubblicità o con diverse finestre di pop-up che si aprono automaticamente, non verrà più visitato dagli utenti. Oppure, articoli pieni di immagini e scritti in modo confusionario, spingeranno l'utente a cambiare sito; non parliamo poi se per caricare la pagina ci vogliono più di 2-3 secondi. **Quasi il 50% dell'utenza abbandona un portale se non ha difronte un sito ottimizzato.**

Conclusioni

Combinando questi semplici otto punti, e sfruttando quelle che sono le principali tecniche SEO, riuscirete sicuramente ad aumentare le visite al vostro sito in Wordpress. **Alcuni risultati si toccheranno subito con mano, altri col passare del tempo.**

Se comunque sfrutterete in linea di massima queste indicazioni in maniera costante, il vostro blog scalerà rapidamente le SERP, in un mondo, quello di internet, sempre più concorrenziale.

Verificare indicizzazione sito su Google

Una procedura piuttosto importante che ogni webmaster effettua continuamente, è la **verifica dell'indicizzazione del proprio sito,** ed in particolare delle proprie pagine, su tutti i principali motori di ricerca, fra cui ovviamente Google, il più importante.

Verificare l'indicizzazione del sito è importante per **vedere in primo luogo la reazione dei motori alla pubblicazione di nuovi contenuti, ed anche come vengono posizionati i vari articoli sulle SERP**; in questo modo è possibile vedere il livello di importanza che Google assegna alle nostre pagine, rispetto che ad altre.

In primo luogo pertanto, per verificare l'indicizzazione su Google, è possibile utilizzare lo strumento principale offerto dal noto motore di ricerca, **ricercando la parola chiave del proprio articolo del caso, o l'intero titolo, e vedere se viene visualizzato dai risultati di ricerca**. Se la procedura è piuttosto lunga o se non si è sicuri della possibile indicizzazione di un post, è possibile escogitare un semplice stratagemma, piuttosto funzionale.

Digitando infatti **"site:nomedominio.estensione"** all'intero del motore di ricerca, è possibile vedere se il sito ha pagine indicizzate all'interno di Google e quali. Questo stesso procedimento **può essere effettuato all'intero del servizio Google News, per verificare l'inclusione di un sito nel famoso sistema di aggregazione di notizie** di Mountain View.

Un altro possibile metodo per verificare l'indicizzazione di un proprio articolo all'interno di Google, può essere quello di visualizzare lo **stato di indicizzazione della sitemap del proprio sito.** In questo caso è necessario registrarsi presso gli "Strumenti per webmaster" della stessa Google, indicare tutti i propri siti di cui si è proprietari, procedere alle verifiche del caso ed inviare la sitemap.

Se dopo qualche giorno o comunque in **generale se lo stesso strumento offrirà un report nel quale verranno indicate alcune pagine indicizzate, allora vorrà dire che i propri articoli sono effettivamente presenti sulle SERP di Google.** Si tratta di un importante sistema di verifica, di norma fra i più utilizzati e fra i più affidabili, visto che permette di verificare il numero di pagine effettivamente da noi segnalate a Google tramite la sitemap, ed il numero reale di articoli che poi il motore di ricerca indicizza all'interno dei risultati di ricerca, per una specifica keyword o per un gruppo di esse.

Verificando quindi con questi metodi sopra indicati, tutti perfettamente idonei all'attestazione o meno dell'indicizzazione di un sito su Google, si potrà **verificare con una sicurezza presso che assoluta l'indicizzazione di un proprio sito sul più noto dei motori di ricerca**, di norma la fonte principale di traffico verso le proprie pagine, a meno di nicchie particolari.

Errori di scansione Google? Risolviamoli con un plugin per i redirect 301

Solitamente, quando **migriamo da un dominio ad un altro**, oppure quando cambiamo un sito, lo rinnoviamo, o lo acquistiamo online da un utente che lo ha sviluppato in precedenza, una volta creato il portale in Wordpress ed inseriti i primi articoli, **il motore di ricerca Google inizia a rilevare parecchi errori di scansione "non trovati".**

Si tratta di tutte quelle pagine precedentemente indicizzate del vostro "dominio", che non sono adesso più raggiungibili, perché voi stessi avete aggiornato il sito, o perché appartenevano a vecchie gestioni e vecchi proprietari. **Come è possibile limitare il fenomeno degli errori 404?** Tramite un'attività di monitoring proprio di questi errori, e tramite **l'applicazione di redirect 301**, che in questo modo reindirizzano gli utenti della pagina "404" automaticamente verso la nostra home page, o verso una sezione del nostro sito scelta secondo le nostre necessità ed esigenze.

Sono questi dei sistemi per **evitare la perdita di visitatori generata da un link indicizzato, e soprattutto per evitare penalizzazioni da parte dei motori**, che non sempre vedono di buon occhio i siti con tante pagine 404 o con link rotti verso fuori e all'interno.

Con il plugin per Wordpress "Redirection", che può contare già quasi su un milione e mezzo di download, è possibile **arginare ed isolare il problema**. Si tratta infatti di un plugin che in primo luogo consente di **organizzare i redirect 301, e poi anche di monitorare le pagine 404;** queste ultime possono facilmente essere mappate con dei redirect 301, proprio per evitare problemi e penalizzazioni da parte di Google.

Il plugin in alternativa può **modificare il link rotto del caso con un nuovo link**, magari verso una pagina con stessi o simili contenuti, ma dall'url diverso, ed offre la possibilità di **generare dei log di tutti i vari redirect del caso, personalizzabili secondo le proprie preferenze.**

Fra le caratteristiche principali del plugin dobbiamo anche segnalare la possibilità di effettuare un redirect automatico quando cambia l'url di una pagina o di un post, la possibilità di effettuare redirect 301, 307 e 302 secondo le nostre preferenze in maniera manuale per qualsiasi tipo di pagina o file, la possibilità di reindirizzare i file index vari, ed anche l'ottima **funzionalità di lavoro appositamente integrata in Wordpress, che non richiede quindi la conoscenza e la modifica manuale di .htacces** e file simili. La lingua italiana è supportata dal prodotto, grazie ad una traduzione della community.

Il funzionamento è molto semplice. Si installa rapidamente in maniera automatica oppure in via manuale e si attiva. A questo punto verrà effettuata **un'associazione fra Wordpress ed il plugin**, ed in seguito si potranno **impostare i redirect direttamente da una comoda interfaccia grafica**, in pochi e semplici passi.

Migliorare indicizzazione articoli grazie ad Autorship

Il noto servizio di Google che ormai da diversi mesi consente di **notare e verificare facilmente la proprietà di un articolo o di una pagina web, grazie alla foto che viene immediatamente mostrata nei risultati di ricerca**, relativa al profilo Google Plus dell'autore del caso, è uno strumento importante che consente di migliorare l'indicizzazione sui motori.

Secondo infatti quanto registrato di recente, con dati e statistiche alla mano, **gli articoli nei quali è presente l'associazione dell'autore al post tramite il servizio Autorship di Google, vengono meglio posizionati rispetto a post più anonimi o dall'attendibilità dubbia.** E' pertanto fondamentale ad oggi utilizzare questo servizio offerto dal colosso di Mountain View, per poter ottimizzare come mai prima l'indicizzazione sulle SERP dei vari post.

In che modo è possibile far ciò e come bisogna comportarsi? In primo luogo, è opportuno **rendere identificabile l'autore di un articolo o di una pagina, all'interno di Wordpress, o tramite apposito box, oppure tramite una firma** al termine dell'articolo, con link al profilo Google Plus dell'autore; in questo modo si identifica la paternità del post del caso. A tal proposito è pertanto sconsigliato utilizzare account generici di "Redazione", poiché l'associazione con autorship non sarebbe applicabile.

Una volta che di conseguenza su Wordpress è stato possibile identificare l'autore ,se possibile anche con apposita foto, magari uguale a quella utilizzata sul profilo Google Plus, **bisogna attivare il programma autorship, collegandosi direttamente alla pagina delle impostazioni del proprio account Google.** Indicando che si svolge attivamente il ruolo di autore presso un apposito sito, linkato alla sua home page ovviamente, si potrà interfacciare il proprio profilo Google Plus con quelle che sono le varie pagine e gli articoli pubblicati, e firmati ed identificati pertanto dallo stesso autore.

Di norma, **in pochi giorni il colosso di Mountain View completerà l'associazione dei due profili, modificando i risultati di ricerca,** e mostrando quindi la foto dell'autore dell'articolo, accanto a quest'ultimo, con tanto di link verso il profilo Google+ dello stesso articolista.

I vantaggi di Autorship come facilmente intuibile sono molteplici. In primo **luogo si ottiene notorietà, poiché migliorando l'indicizzazione degli articoli sui motori, il proprio sito riceve più visite** e quindi un bacino di utenza più importante e consistente. Inoltre, lo stesso autore potrà anche "influenzare" i risultati di ricerca, mettendoci la sua faccia, e garantendo quindi la paternità di quanto scritto, con relative responsabilità. Il dialogo fra blogger e utenti sarà quindi sempre più consistente, e permetterà anche al social network Google Plus di contare su un traffico sempre più di rilievo.

CAP.4 - Possibilità di guadagno e monetizzazione del traffico

Come posizionare i banner in Wordpress

Il **posizionamento dei banner in Wordpress** rappresenta ad oggi una delle sfide più difficili per ogni webmaster che vuole monetizzare il proprio sito ed il proprio traffico. Essendo principalmente pay per click i guadagni provenienti dai banner, ovvero in base ai click che vengono effettuati dai visitatori, per ottenere dei rientri consistenti bisogna **posizionarli nelle zone più "calde" di un sito**, ovvero dove cade l'occhio dell'utente, senza interferire ovviamente con la resa grafica finale che deve essere sempre e comunque armoniosa e più naturale possibile.

La heat zone

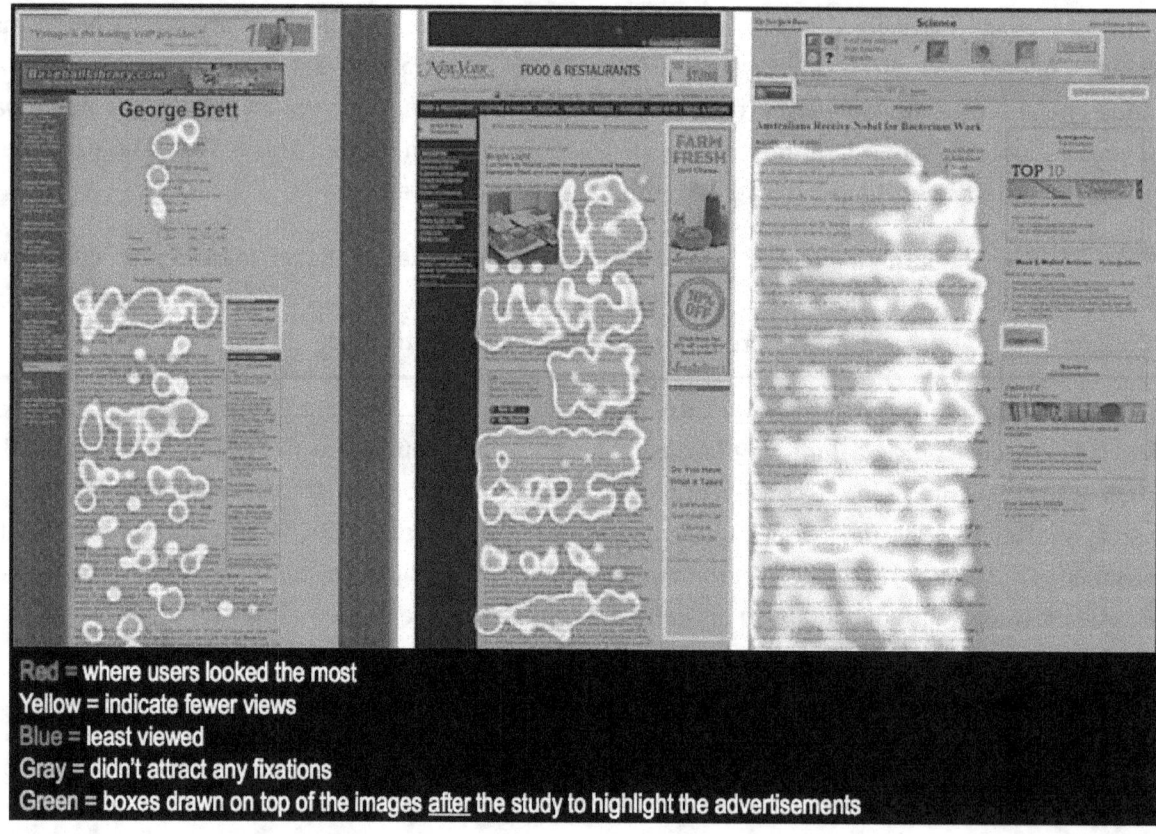

Nell'immagine allegata potete osservare quelle che in gergo sono dette le **"heat zone"**, o zone calde di un sito. Come la stessa legenda ci suggerisce, in rosso sono evidenziate le zone più "viste" dal visitatore in un portale, mentre in blu o in grigio, le meno osservate. E' facile intuire che **l'occhio dell'utente cade ovviamente nella zona iniziale e centrale di un articolo**, quello che alla fine il lettore ricerca, mentre per quel che riguarda i moduli laterali, o aggiuntivi, questi ultimi non vengono ricercati eccessivamente, poiché di norma meno attraenti.

In quest'ottica, è ovvio che il posizionamento dei banner, dovrebbe avvenire proprio dove si concentra il nostro colore rosso. E' chiaro quindi che a prescindere da tutto, per ottenere un buon posizionamento, bisogna **inserire almeno un banner in alto a sinistra, dove "cade l'occhio" inizialmente**. Successivamente un altro **in mezzo al testo**, che se interessante, costringerà in qualche modo l'utente a passar sopra il banner. Il terzo, verrebbe a tutti in mente di metterlo subito dopo il testo. Tuttavia quest'ultima non sempre è la soluzione migliore, poiché l'ideale sarebbe posizionarlo in un'altra zona del sito, magari sempre attraente, dove è presente la likebox per esempio, o una galleria immagini, o la stessa sidebar insomma (la così detta "navigation zone".

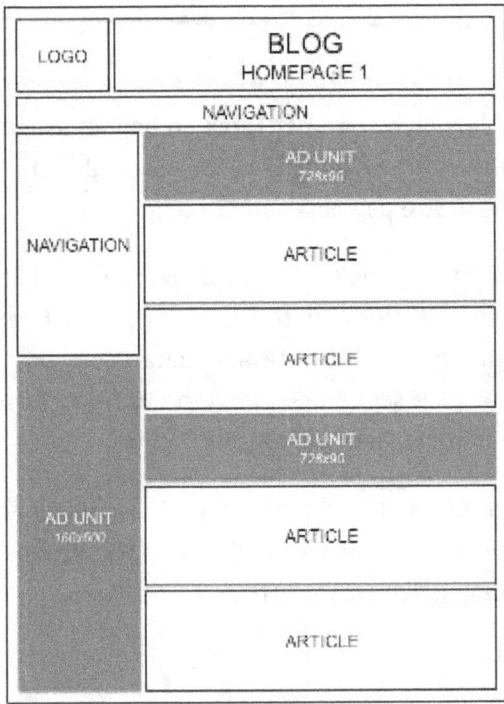 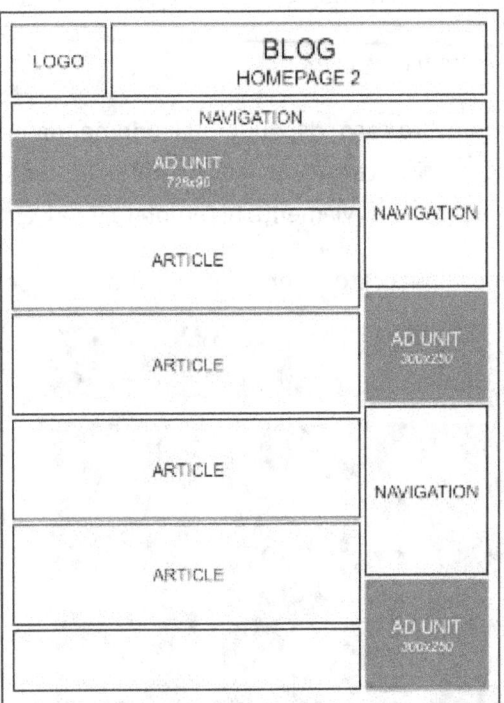

Provando vari posizionamenti e soluzioni si potrà scoprire nel tempo la migliore posizione per i banner che genererà un CTR più alto.

Meglio più visite o più guadagni?

Questo connubio è spesso sintetizzato da varie posizioni, che solitamente dividono il web. E' meglio **concentrarsi sulle visite**, e quindi su una lettura più ottimale, semplice e scorrevole del blog, oppure bisogna **concentrarsi di più sul posizionamento dei banner**, magari sacrificando lo "stile" di una pagina?

Rispondere non è facile, ma è ovvio che in qualche modo i due filoni di pensiero sono strettamente collegati. Bisogna secondo una logica oggettiva **premiare entrambe le posizioni**, forse con un pizzico in più quella che riguarda la resa grafica, e la scorrevolezza della lettura.

Con **più lettori e di conseguenza più traffico, per forza di cose aumenteranno i guadagni**. Ciò può essere positivo per un portale che ha un bacino costante di utenti "assidui"; magari va contro ogni logica, per quel che riguarda siti visitati occasionalmente, o comunque non dalla stessa cerchia di utenti frequente, ma che generano comunque del traffico.

Come di consueto bisogna **adattare il tutto in base alle proprie necessità o esigenze**. Tuttavia bisogna sempre ricordarsi che qualsiasi rendimento proviene dalle visite, pertanto si dovrebbe privilegiare la posizione del lettore, piuttosto che quella del guadagno. Posizionare dei banner malamente, o addirittura rendere troppo piena di pubblicità una pagina, distoglierà l'attenzione e ci farà perdere utenti e prestigio.

Al contrario, una **pagina fluida e ricca di contenuti di qualità**, spingerà l'utente a ritornare, quando avrà bisogno del contenuto offerto dal vostro sito.

E' per questo che in conclusione, bisogna sempre **privilegiare l'utente**, e magari sfruttare qualche posizione "particolare" per i banner soltanto in alcuni periodi dell'anno, o magari in assenza di grande traffico, per sopperire alle variazioni costanti di visite (e quindi di rientri), legate per forza di cose a periodi di vacanza, o a determinati momenti dell'anno, in base ovviamente al topic trattato dalle vostre pagine.

Banner grandi o piccoli?

Anche in questo caso, rispondere alla domanda non è facile, poiché **non per forza un banner grande viene più cliccato** rispetto ad un ads piccolo. Le dimensioni di norma dovrebbero ricalcare gli standard del settore, adeguati ovviamente al template ed al layout delle vostre pagine.

Un banner "quadrato", per esempio, è ottimo per essere inserito nella sidebar di Wordpress. Allo stesso modo, un così detto "letter box" o "leader board" può essere molto redditizio, se adeguatamente posizionato. Nell'immagine seguente si possono vedere i formati più noti ed utilizzati per l'advertising online.

Come di consueto, integrando graficamente un banner con il proprio layout nel **modo più naturale possibile** si otterranno i migliori risultati.

Conclusione

Non esiste una strategia valida per tutti, che possa andar bene anche con dei principi generali. Come di consueto, spesso a farla da padrona, nel web supertecnologico, sono **semplici concetti basilari**, di facile comprensione, che alla fine risultano essere la chiave del successo.

Per i banner, la situazione non cambia assolutamente; integrare le grafiche nel modo più semplice, chiaro e scorrevole. Effettuare varie prove per scoprire quali banner rendono meglio e ottimizzarli poi per ottenere il ctr più alto possibile; alla fin fine, si tratta proprio di far questo!

Quante visite occorrono per guadagnare decentemente con internet?

Uno dei fattori più importanti per la **monetizzazione di un blog**, consiste nel **traffico ricevuto e nella conseguente e diretta generazione di guadagni.** Quante visite occorrono quindi per guadagnare una cifra da potersi definire decente (almeno qualche centinaio di euro al mese) con internet?

Come facilmente intuibile, **molto dipende dall'argomento e dalla tematica trattata dal proprio sito.** Esistono di norma dei settori, come il gossip o la politica, in cui è necessario parecchio traffico per guadagnare tramite il pay per click e simili. **Alcune tematiche, come il vino o i formaggi, può sembrare** strano, possono rendere decine di migliaia di euro di incassi, tramite degli ecommerce, anche con qualche centinaio di visite giornaliere.

Per poter guadagnare coi banner, pertanto, sono necessari almeno in media **200-300 visitatori unici giornalieri**. Se, considerando sempre Adsense, riusciamo a generare un CTR pari a circa il 2%, potremmo guadagnare un paio di euro al giorno, con tematiche economiche, di forex, di mutui o prestiti, in cui il costo per ogni click è elevato, ed in cui il webmaster percepisce anche 50 cents per un click su un annuncio.

Se si vuole guadagnare con un affiliazione, **è opportuno organizzare il proprio sito a seconda della nicchia e dell'argomento trattato, in modo da generare un numero più alto di leads-conversioni-vendite**, gli strumenti attraverso i quali è possibile accedere ad un guadagno.

Come pertanto è possibile intuire, non c'è un numero di visitatori prestabiliti per guadagnare decentemente con internet. **Un blog di informatica per esempio, potrebbe generare anche 10€ al giorno di introiti, con un traffico pari a circa 2500 unici giornalieri.** In sostanza, più visite un sito riceve, e maggiori sono le possibilità di generare introiti. Un portale di gossip e politica potrebbe necessitare anche di 20mila visite al giorno, per guadagnare la stessa cifra. Un blog di economia, potrebbe avere anche la metà delle visite indicate, per generare un simile profitto o anche più.

Quello che vi possiamo consigliare pertanto per poter guadagnare come si deve, è di **curare nella maniera più consistente possibile, la qualità delle vostre pagine.** Con contenuti effettivamente utili alla comunità ed al mondo del web, riuscirete ovviamente a generare più visite e più traffico. Con l'aumento delle visite, in base alla vostra nicchia, riuscirete poi a generare dei guadagni decenti, in grado di soddisfare qualche piccolo piacere nella stragrande maggioranza delle circostanze, o di pagare le rate del mutuo, in particolari situazioni di business.

Monetizzare Wordpress: i banner pay per click (ppc)

La **monetizzazione di un sito** è una pratica svolta da quasi la totalità dei webmaster, che con un traffico di rilievo possono **ricavare qualcosa tramite l'inserimento di pubblicità**, o per finanziare gli stessi costi di gestione di un portale, oppure per trarre qualche guadagno, a volte con vere e proprie attività online.

Esistono tanti tipi di pubblicità inseribili nei siti, e come è facilmente intuibile, **bisogna scegliere il metodo più efficace per trarre guadagni**, e di conseguenza per monetizzare al meglio il proprio traffico. Uno dei più noti ed anche fra i più utilizzati è il così detto **"pay per click", o abbreviato PPC**; in sostanza, il webmaster che inserirà il banner pubblicitario nel suo sito, **verrà pagato ogni qual volta un utente visitatore cliccherà sulla pubblicità inserita**, e quindi aprirà altre pagine ed insomma renderà efficace la pubblicità stessa.

Esistono vari servizi riconciliabili a questa tipologia di advertising, così come esistono numerose agenzie e compagnie che offrono questo tipo di servizio. La più nota è sicuramente **Google, con il suo programma "Adsense"**, ad oggi il più grande network pubblicitario al mondo, che ogni giorno ha un giro di affari di migliaia e migliaia di dollari. Ma anche Yahoo in passato, Virgilio Banner, EADV, Simply, Juice ADV, sono tutte attività impegnate nel campo dell'online, ed offrono delle **vetrine pubblicitarie a tutti quegli imprenditori, società o aziende che vogliono sfruttare il grande mondo di internet**, al posto dei più tradizionali metodi, per fare appunto pubblicità.

Il funzionamento del sistema è molto semplice. Vi è un merchant, che è colui il quale si rivolge all'azienda pubblicitaria, mettiamo caso Google, che paga appunto per aver fatta pubblicità sui vari siti. Vi sono poi gli inserzionisti, o i webmaster, che inseriscono la pubblicità del caso nel loro sito, e che guadagno in base ai click e ad altri numerosi fattori, che analizzeremo successivamente.

In questo modo **il webmaster avrà una certa percentuale di guadagno, Google, nel nostro esempio, un'altra, e il cliente un'altra ancora**, derivante dai proventi della pubblicità.

Perché il meccanismo funziona, e oggi è una vera e propria industria globale, che fa si che servizi o colossi come Facebook, Skype ed altri, siano tutti gratuiti (nonostante dietro ci lavori centinaia di persone)? Proprio perché possiamo ritenerlo quasi perfetto, poiché grazie all'efficacia di internet, la "targhetizzazione" del traffico ed altri fattori, si riesce a **fare pubblicità mirata ed efficace** appunto.

Non vi è capitato mai di ricercare su Google per esempio il modello di un cellulare, e di trovare poi sui siti, o a fianco alle pagine pubblicità specifiche per il modello ricercato, magari con prezzi interessanti effettuati dai più noti shop e brand nazionali ed internazionali? E' proprio questo il meccanismo, che dal nostro punto di vista, quello del webmaster, ci premia ogni volta che un utente clicca sulle nostre pubblicità.

E' ovvio che per **guadagnare e monetizzare Wordpress**, è necessario un bacino piuttosto cospicuo di traffico, così come un efficace posizionamento dei banner. A tal proposito è possibile fare riferimento a precedenti articoli, da cui ci si può fare un idea del complesso mondo dell'advertising online.

Monetizzare Wordpress: i topic che rendono meglio

Monetizzare un sito internet è un attività che richiede molto tempo, studio e dedizione da parte del webmaster. Tuttavia, nonostante vi sia tutta la buona volontà del caso, **bisogna investire su determinati "temi" per poter avere dei rientri cospicui**, poiché nel mondo dell'advertising online, **alcuni topic rendono meglio di altri**; andiamo a scoprire il perché.

Il funzionamento della pubblicità online, ve lo abbiamo già accennato in passato. In breve, un inserzionista pagherà Google o chi per lui che gli farà la pubblicità sui vari siti aderenti al suo programma, e i publisher, i webmaster che pubblicheranno appunto queste pubblicità sulle proprie pagine, verranno retribuiti in percentuale, a seconda del loro "rendimento".

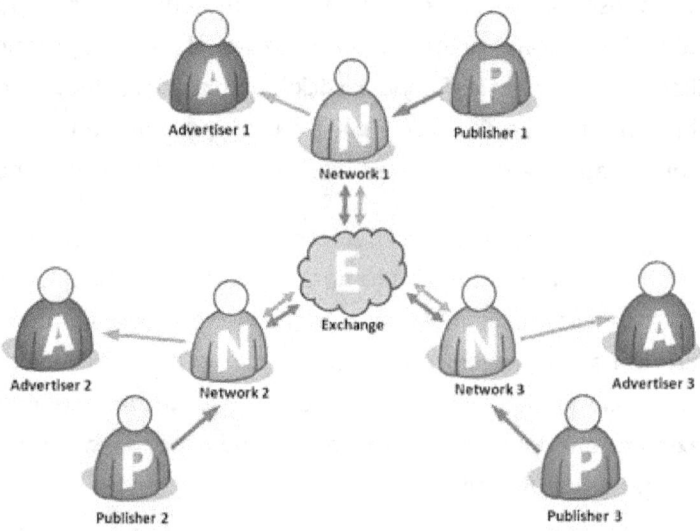

Tuttavia, come avviene nell'economia reale, **vi sono alcuni settori in cui gli inserzionisti "pagano" Google meglio**, per avere dei rientri, mentre altri in cui per forza di cose, o perché vi è meno concorrenza, o per innumerevoli altri motivi piuttosto complessi, pagano un po' meno. **Di conseguenza la percentuale di guadagno si alza e si abbassa, anche a parità di click e visite, in base all'argomento trattato** dal proprio sito web.

Quali sono quindi gli argomenti, i topic che rendono meglio? Una ormai nota frase, divenuta una massima nel panorama dell'advertising online, può riassumere in poche parole il concetto: **"dove si parla di soldi si guadagna meglio"**. E' evidente quindi che in tutti quelli che sono i siti di "case", "mutui", "prestiti", "finanziamenti", "investimenti", "forex", "trade", "borsa", "mercati finanziari" ecc.. i banner rendono meglio, qualunque tipologia siano (o ppc, o ppi, ma anche affiliazioni).

Ma ancora, non essendo soltanto questi i settori in cui oggi vengono investiti parecchi soldi, bisogna attenzionare tutto ciò che riguarda il **gioco online, un altro ambito ad oggi molto redditizio**. Poker room, ma anche **casinò, scommesse online, bingo e simili tipologie di portali** che offrono questo tipo di servizi, o che ne parlano, ad oggi smuovono un giro di affari di miliardi di euro. E' per questo che magari un portale che analizza delle possibili strategie per vincere al poker, avrà dei rendimenti decisamente superiori dei sui banner, a maggior ragione per le affiliazioni (con cui si guadagnano anche centinaia di euro per ogni utente che si registra ad un sito di giochi online).

Si può quindi notare che il **mondo della pubblicità online non è affatto distaccato da ciò che avviene "sulla terra"**, poiché lo stesso è influenzato e di molto, da quelli che sono i guadagni ed i proventi di un particolare settore, che per forza di cose viene poi "spinto" anche online.

Se volete monetizzare Wordpress quindi, dovrete prendere in considerazione anche questo, poiché andare su settori di nicchia non è facile e potrà comportarvi un rendimento minore, rispetto ad argomenti come quelli sopra indicati, che come facilmente intuibile, rendono e di molto, rispetto ad altri.

Un click in un banner di "economia" può far guadagnare al webmaster anche 0,50€. Piuttosto, uno stesso click per un negozio di articoli di pesca, magari farà rientrare soltanto un paio di centesimi al webmaster. E' per questo quindi che bisogna tenere in conto questo fattore, uno dei più importanti, se si vuole guadagnare con internet, e se si vuole appunto **monetizzare Wordpress**.

Monetizzare Wordpress: i programmi di affiliazione

Molto conosciuti e largamente diffusi sia nel nostro paese che nei siti esteri, **i programmi di affiliazione sono un'ottima forma di guadagno "alternativa"** o comunque diversa dai banner pubblicitari, che ad oggi è alla base dell'attività economica di migliaia e migliaia di siti in tutto il mondo.

Forse più noti coi termini anglosassoni **"Partner programs"** o **"Referral programs"**, offrono una **percentuale di guadagno al webmaster che veicolando il traffico riesce a vendere prodotti o servizi**. A differenza dei banner, in cui il rendimento si ottiene o per click o per visite, in linea di massima, con le affiliazioni si guadagna indirizzando gli utenti verso i siti dei partner, e "vendendo" per così dire qualcosa.

Un esempio pratico. Navigo su un sito di recensioni di libri, vedo un banner di Amazon che ha dei prodotti che mi interessano, clicco sul banner, accedo su Amazon ed effettuo un acquisto. Questa mia pratica avrà fatto guadagnare al noto brand una cifra, ed una percentuale al webmaster per mezzo del quale sono riuscito a raggiungere lo store, e ad acquistare qualcosa.

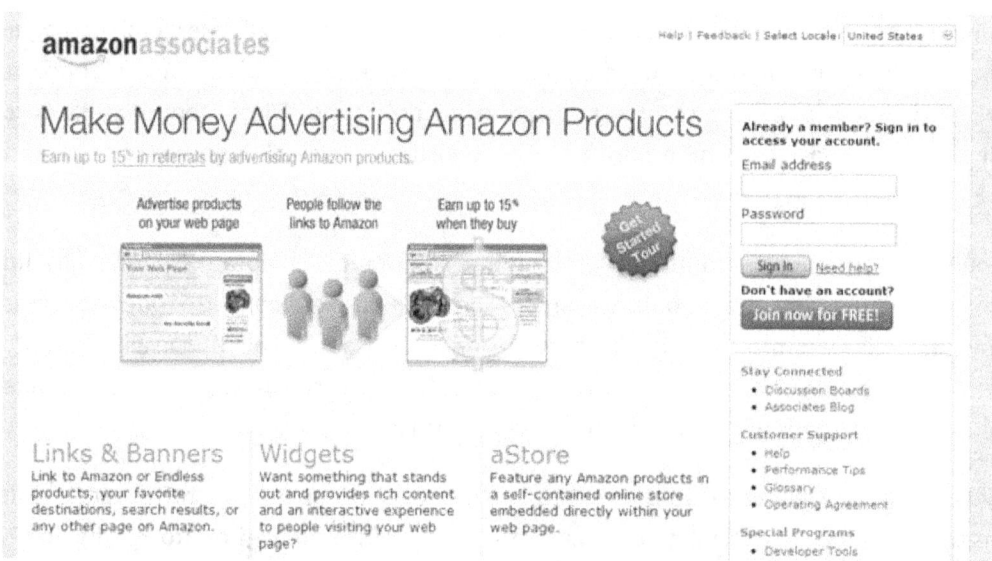

Lo stesso procedimento, può avvenire per **la vendita di servizi, o di "azioni", come lo scaricamento di una brochure, di un coupon, o la registrazione ad un determinato sito** o servizio di newsletter. Insomma il webmaster che aderisce a programmi di affiliazione, guadagna proprio in questo modo, grazie ad un sistema ingegnoso, tuttavia non privo di falle.

Il visitatore che proviene da un portale che ospita dei banner di programmi di affiliazione, verrà "tracciato" tramite cookie ed altri strumenti, ed una volta confermata la provenienza di un visitatore (acquirente) da un determinato sito, quest'ultimo verrà pagato. Vi abbiamo parlato di un sistema non privo di falle poiché **a volte capita che alcune vendite non vengano tracciate**, o che non vengano pagate. Questo perché con i programmi di affiliazione spesso si lavora quasi direttamente col merchant, ed eventuali piattaforme di "garanzia" non offrono le dovute coperture del caso, a maggior ragione in determinate situazioni. E' per questo che si sono viste molte lamentele da parte di utenti, per fatture non pagate anche di diverse migliaia di euro, o per eccessivi ritardi nei saldi.

Proprio per questo, **il sistema delle affiliazioni va in prima cosa provato, poi collaudato e sperimentato**, proprio per evitare di incorrere in simili problemi, una volta "fatte le ossa" nel settore.

Zanox e Tradedoubler: le principali piattaforme delle affiliazioni

Conosciute in tutto il mondo, e molto affollate proprio per la **presenza di centinaia di programmi e dei brand più famosi al mondo,** le piattaforme i in questione, ovvero Zanox.com e Tradedoubler.com, sono ad oggi un punto di riferimento per qualsiasi webmaster che lavora con le affiliazioni.

Il funzionamento del tutto, di norma, è molto semplice ed immediato. Si cerca una campagna attinente ed interessante da inserire nel proprio sito, **si invia la richiesta al merchant tramite la piattaforma**, e non appena lo stesso risponderà positivamente (può capitare anche il contrario), si potranno inserire i banner o sfruttare tutti i vari sistemi (come texlink ed altro) per iniziare la collaborazione. **Ogni brand ha le proprie regole, che bisogna scrupolosamente seguire,** per evitare di non essere pagati quando verrà il momento, pertanto è necessario stare molto attenti e verificare la compatibilità delle proprie intenzioni con quelle del merchant.

Col tempo poi si avranno dei risultati, se le affiliazioni renderanno sul proprio sito, e come per ogni agenzia pubblicitaria, **si potrà richiedere il saldo una volta superata una certa cifra**, tramite i classici sistemi di pagamento.

Perché scegliere le affiliazioni

Questa domanda, che tanto affligge i webmaster, è stata ricca di pagine e pagine di risposte, che tuttavia ad oggi non riescono comunque a convincere e ad essere soddisfacenti per tutti. Meglio i banner o le affiliazioni? Perché scegliere queste ultime eventualmente?

In primo luogo, è opportuno fare una premessa. **L'utilizzo delle affiliazioni come metodo di guadagno, per monetizzare Wordpress, richiede una specifica e differente gestione di un sito**, a differenza dei classici banner. Bisogna infatti scrivere post mirati, utilizzare determinate keywords, e fare tante procedure particolari che servono proprio a "spingere" gli utenti nei siti dei merchant (vedremo in seguito come sfruttarle bene).

Detto ciò, molti ritengono che **le affiliazioni consentono di gestire una rete di vendita compatta**, e questo è anche vero. Altri sottolineano il fatto **che si viene retribuiti solo ed esclusivamente con risultati alla mano**; e ciò è altresì vero. Numerosi webmaster ritengono questo metodo fondamentale, per poter accrescere le visite al proprio sito o blog. Insomma, i vantaggi delle affiliazioni sono molti, così come gli svantaggi, che come vi abbiamo in precedenza indicato, sono altresì importanti.

Merchant che non pagano, o che pagano "coi loro tempi", sono all'ordine del giorno. Allo stesso modo, il lavoro e lo sbattimento per monetizzare le affiliazioni, è decisamente superiore rispetto ad altre forme di rendimento online.

Insomma, come di consueto, **è opportuno orientarsi in base alle proprie necessità ed esigenze**. Un dato è comunque certo; bisogna partire da una base solida, ovvero da un sito con diverse centinaia di visite giornaliere, altrimenti le affiliazioni renderanno forse anche peggio dei banner. Se il cliente clicca insomma, ma non compra, non si verrà pagati. Inoltre bisognerà avere una grafica ed una scorrevolezza naturale delle pagine, poiché a differenza dei normali ads, **spesso i merchant verificano scrupolosamente i siti dei propri partner, prima di autorizzare a pubblicare i propri brand.**

Provare, attendere, verificare ed ottimizzare. Se i risultati arriveranno, ben venga. Altrimenti bisognerà monetizzare Wordpress con altri metodi e soluzioni del caso.

Monetizzare Wordpress: meglio pay per click, o pay per impression?

Una domanda che tanto affligge i webmaster, e che è oggetto di continui studi, statistiche e report, è **l'efficacia dei metodi pubblicitari pay per click e pay per impression**, alcuni fra i più usati (al di fuori di affiliazioni). In quale settore è meglio investire, e soprattutto con cosa si guadagna di più?

Rispondere non è facile, e soprattutto bisogna fare delle premesse. **Il pay per click, o PPC, come facilmente intuibile, richiede che l'utente clicchi sulla pubblicità**, per generare il guadagno, e quindi che faccia un'azione. **Il pay per impression, o PPI, di norma richiede soltanto che la pagina venga aperta** e che il banner venga visualizzato dal browser, e non per forza dall'utente (ne quantomeno cliccato), per generare guadagno.

Proprio per questo, i due metodi di advertising sono differenti, e soprattutto bisogna **valutare i punti di forza del proprio sito**, per poter effettuare una scelta adeguata. **Il banner ppc**, che di norma è fra i più utilizzati, ha il vantaggio di poter essere **inserito da qualsiasi parte**, nel proprio sito web, e può di conseguenza essere più integrato nella maniera più "naturale possibile". **Il banner ppi, di norma va inserito dentro il così detto "primo scroll",** ovvero deve essere visualizzato all'apertura di una pagina, senza che l'utente utilizzi la rotella del mouse per "scendere"; di conseguenza richiede un **maggior "sacrificio" di spazio e lavori di ottimizzazione** ed integrazione più importanti.

Premesso ciò, ed effettuate le scelte migliori in base al template del proprio sito, che tipologia conviene usare alla fine? **Il pay per impression, pagando di norma per millesimi a visita, è più idoneo sicuramente a siti che generano grandi quantità di traffico,** e quindi di visite uniche. Per guadagnare delle cifre importanti sono necessarie migliaia e migliaia di visite giornaliere reali, pertanto il metodo è riservato già ad una nicchia più ristretta di siti web. **Il pay per click, se ben ottimizzato, può rendere anche quanto il ppi** su siti web con traffico ridotto, o di settore, poiché si possono guadagnare anche fino a 40-50 centesimi di euro a click, in base ovviamente alla tipologia ed alla qualità del sito in possesso.

E' ovvio quindi che **la scelta ideale ricadrebbe proprio su quest'ultimo metodo,** anche perché bisogna considerare che le concessionarie pubblicitarie che pagano per impression a cifre ragionevoli, ad oggi, si contano sulle dita di una mano. Tuttavia, se si ha la possibilità di **combinare entrambe le tipologie più diffuse di ads,** con le modifiche e gli studi adeguati, si potrebbero generare dei buoni rientri e si potrebbe monetizzare il proprio sito in Wordpress come mai prima.

L'unico metodo sicuramente funzionante è quello di **fare continue prove, per diversi periodi di tempo,** in modo da capire la combinazione migliore per tipologia di banner, da utilizzare sul proprio sito, oltre ovviamente alle posizioni che eventualmente generano più o meno CTR (percentuale di click). Soltanto il tempo vi darà la risposta più giusta, e con tanta pazienza riuscirete anche a voi a staccare i primi pagamenti da Google e dalle varie agenzie pubblicitarie, che hanno sempre delle soglie minime, qualunque sia il metodo di guadagno, per retribuire i webmaster.

Wordpress e gli e-book: come venderli sul web

Una delle **fonti di guadagno più cospicue** disponibili sul web da parte dei webmaster, sono gli **ebook**. Si tratta di norma di manuali, o "libri" in formato elettronico, che contengono spesso e volentieri del materiale utile per realizzare un progetto, di qualsiasi tipologia.

Sul web ne esistono molti, dalle tematiche più disparate. Vi sono ebook su come guadagnare online, ed anche altri su come perdere peso in pochi giorni per esempio. Insomma esiste un materiale veramente importante di manuali e di questo tipo di prodotti, d**i norma venduti in siti monopagina, che includono tutte le varie caratteristiche dell'ebook del caso.** Come si vendono questi prodotti, ed in che modo possono essere piazzati sul web?

In primo luogo, è opportuno **realizzare un ebook che sia effettivamente utile, con un tema di prim'ordine, ed in grado di trasmettere vere informazioni al cliente,** che può quindi trarre giovamento dall'acquisto del vostro prodotto. Inoltre, è opportuno posizionare l'ebook in un portale idoneo, che ne esplichi caratteristiche e punti di forza, in grado di invogliare il lettore all'acquisto del prodotto.

Bisogna pertanto **realizzare un sito web anche monopagina, che includa in primo luogo un'introduzione all'argomento, con tutte quelle che sono le domande frequenti** ed i concetti effettivamente più ricercati dall'utenza. Poi bisogna sviluppare un testo anche approfondito, in cui si rimandi all'ebook per trovare tutte le risposte ai vari quesiti in precedenza indicati.

A questo punto è **possibile inserire il link di download, o comunque un riferimento per un eventuale pagamento e per lo scaricamento immediato del prodotto.** E' opportuno utilizzare un sistema di transizioni online immediato, come PayPal, così come una sezione di download intuitiva, che consenta lo scaricamento del materiale all'utente che ha effettuato il pagamento, in pochi minuti.

Una volta che la pagina sarà pronta e che il tutto sarà effettivamente in regola, con le adeguate modifiche e con tutti i perfezionamenti del caso, **sarà possibile iniziare a promuovere il proprio sito, con un'attività importante di link building e di segnalazione nelle varie directory del caso.** Scalando le SERP dei motori di ricerca con le keywords più attinenti al materiale dell'ebook, si genererà più traffico e si avrà quindi la possibilità di vendere il proprio manuale in maniera sempre più consistente. Indicando poi una base di prezzo, almeno in un primo momento, effettivamente accessibile (anche una decina di euro), l'utente interessato sarà disposto anche a versare questa "minima" cifra, per accedere al materiale.

E' ovvio che **il guadagno si costruirà sulla cospicua vendita di massa del prodotto**, che in alcuni casi, se ben realizzato, può rappresentare un vero e proprio business del caso.

Wordpress ed ecommerce: un binomio perfetto

Wordpress ed ecommerce, non sono soltanto due parole in rima tra loro, ma un vero e proprio **connubio che sta riscuotendo sempre più successo nel mondo del web.** Sono infatti numerosi i siti online e i portali che utilizzano la piattaforma Wordpress per vendere i loro prodotti; andiamo a scoprire insieme le cause di questo incredibile successo.

In primo luogo, **associare una piattaforma ecommerce a Wordpress, è una procedura particolarmente semplice ed immediata**; basta infatti scegliere un tema ad hoc, magari anche premium ed a pagamento, associando un software gestionale gratuito o anch'esso a pagamento, ben curato, che consente di gestire l'attività senza alcun problema. **Con poche centinaia di euro insomma si può mettere online il proprio negozio in maniera istantanea**, risparmiando parecchio su quelle che possono essere le spese di gestione e di mantenimento di una sede fisica sul territorio (è forse questa la prima chiave di successo?).

Inoltre, **il commercio elettronico, traduzione della parola ecommerce, nel nostro paese sta riscuotendo sempre più successo**, visto che, numeri alla mano, sono sempre più numerosi gli utenti che preferiscono acquistare online, piuttosto che in negozi fisici. Il motivo? In primo luogo **il prezzo; i prodotti sul web costano decisamente meno**, già per il motivo che vi abbiamo sopra indicato. Nessuna spesa per la gestione di un negozio, ma solo quella per un eventuale magazzino e centro spedizioni-imballaggi.

Poi, considerando ciò che il web offre (a livello di strumenti tecnici) che consente ad un sito di poter posizionare i propri **prodotti a prezzi veramente competitivi, oltre alla possibilità di fare pubblicità mirata**, nel complesso il tutto rende molto più efficiente un negozio online, per tanti e tanti fattori. **Pagamenti sicuri, spedizioni veloci, consegna sotto casa immediata, assistenza tecnica e telefonica di prim'ordine.** E' per questo che un ecommerce funziona particolarmente, se ben gestito ed ottimizzato.

In che modo si può installare un ecommerce in Wordpress, e quali sono i software principali per la gestione del proprio negozio online? Fra quelli gratuiti, non possiamo non segnalarvi **WooCommerce, Ecwid shopping Cart, Jigoshop ed Eshop; fra quelli a pagamento, vi segnaliamo ShopperPress e Shopp**, che sono due software particolarmente interessanti, che con un paio di decine di euro, si possono regolarmente acquistare con una licenza, ed eventuali servizi di assistenza dedicati (alcuni programmi esistono sia in versione free che con licenza commerciale).

Quale sia il migliore non è facile stabilirlo, poiché si dovrebbero prendere in considerazione parecchi fattori. Tuttavia **con una breve ricerca sul web si possono anche provare vari software**, per stabilire eventualmente una posizione ed un'idea verso qualcuno in particolare, e procedere poi al relativo acquisto.

Solitamente, è possibile che **acquistando un apposito template per ecommerce a pagamento, vi siano già associati dei software gestionali**, o che comunque ve ne siano consigliati alcuni. E' per questo che comunque in un modo o nell'altro si può gestire il proprio negozio online senza alcun problema.

Se volete poi usufruire di servizi professionali, e siete dei webmaster alle prime armi, **è sicuramente consigliabile rivolgersi ad esperti, almeno per quel che riguarda l'installazione e la configurazione** di tutto lo store; magari all'inserimento dei prodotti ed all'attività SEO potrete pensare voi stessi. In questo modo sempre **con pochi soldi avrete un'installazione professionale che potrete gestire secondo le vostre necessità ed esigenze, ed in più avrete anche dei riferimenti di assistenza** per qualsiasi problema del caso, utili ovviamente qualora sia necessario.

Wordpress ed ecommerce per tutti i motivi che vi abbiamo indicato, vanno proprio molto d'accordo. Sono infatti numerosi i siti particolarmente famosi, che usano il CMS gratuito come base per i propri store e per il proprio business online. Lanciatevi anche voi in questo mondo, facendovi aiutare magari inizialmente, e cominciate a gestire il vostro negozio sul web, se avete dei progetti validi in merito.

Ricordate che ovviamente **anche se la vendita viene offerta su internet, pur di attività si tratta, pertanto è necessaria la Partita IVA** e tutte le varie pratiche burocratiche e legali, uguali a quelle di riferimento per la gestione di un ordinario negozio sul territorio. Per l'apertura e per lo svolgimento di queste procedure, vi rimandiamo ad esperti o a siti settoriali, che sicuramente non hanno a che fare con il nostro Wordpress o il web, bensì col fisco e con le leggi dello stato.

Installare un ecommerce sul proprio sito Wordpress

Se hai un'attività online o vuoi comunque **vendere qualcosa attraverso il formidabile strumento del web**, è necessario che tu installi un e-commerce per la gestione dei prodotti, degli articoli, degli ordini, dei pagamenti e di tutte quelle che sono le procedure ormai tradizionali per concludere un acquisto sul web.

Per poter gestire tutto questo sistema, ovviamente in maniera piuttosto automatizzata, è necessario **installare una piattaforma e-commerce sul proprio sito Wordpress.** Ovviamente come di consueto ci aiutano dei plugin, che se appositamente configurati, possono offrire dei risultati particolarmente soddisfacenti.

Uno dei più noti, che fa al caso nostro ed è scaricabile gratuitamente, si chiama **WooCommerce**, plugin che consente di poter gestire un piccolo ecommerce online, all'interno del proprio sito Wordpress.

Ovviamente il prodotto in questione possiamo **classificarlo come di base, introduttivo**. Se vorrete basare il vostro business online in maniera professionale, dovrete utilizzare delle piattaforme a pagamento, decisamente più ricche e complete, ed anche con un servizio di assistenza dedicato di prim'ordine.

Per approcciarsi al sistema, comunque, e per capire come funziona il mondo delle vendite online, WooCommerce va più che bene, visto che offre tutte le normali caratteristiche di una piattaforma e-commerce, senza alcun problema del caso.

Gestione dei prodotti

Per quel che riguarda la gestione dei prodotti, il plugin offre una **pagina completa di tutti i prodotti inseriti all'interno del sistema**, ognuno dei quali personalizzabili con un comodo editor, in molteplici campi. Si possono inserire varie fotografie, descrizioni, il prezzo ovviamente, e tutte quelle che sono le principali notizie ed informazioni in riferimento ad un articolo da pubblicare poi sul proprio sito.

Vi è anche la possibilità di inserire **prodotti "virtuali", come servizi per esempio, o anche "scaricabili", come software, giochi in cloud**, o tutti quegli applicativi che dietro pagamento possono essere scaricati direttamente online (file musicali, ebook eccetera).

Come di consueto, non mancano le possibilità di **personalizzazioni, particolarmente di prim'ordine**, anche all'interno di uno stesso ordine (vendite di un prodotto di colori o misure diverse per esempio). Insomma, **le funzionalità offerte da WooCommerce possono aiutare a soddisfare le necessità di qualsiasi cliente**, se quest'ultimo sarà informato bene ed adeguatamente, sul prodotto che andrà ad acquistare.

Gestione degli ordini

Appositamente gestiti in un'altra pagina, ordinati per data e secondo le proprie esigenze, **gli ordini si possono gestire facilmente, con tutte le funzionalità più classiche offerte da un e-commerce**. Si possono inserire note o dettagli aggiuntivi, si può informare il cliente sullo stato del suo ordine (pagato, in spedizione, spedito ecc..), si possono verificare eventuali indicazioni dello stesso compratore. Insomma si hanno tutti gli **strumenti necessari per poter elaborare tranquillamente gli ordini**, e per tenere aggiornato il cliente, procedura ad oggi fondamentale nel mondo del web, e particolarmente efficace, oltre che sintomo di professionalità, rapidità e correttezza.

Statistiche e performance

Fra le varie possibilità offerte dal plugin, vi sono **interessanti funzioni di verifica, analisi e di statistica**, che consentono di poter accedere a dei dati particolarmente utili per la gestione del proprio business. SI possono vedere i prodotti più acquistati, **interessanti grafici su rendimenti e campagne pubblicitarie**, gestione di coupon, informazioni sugli acquisti, e sulle procedure effettuate dai clienti e molto altro; si ha la possibilità insomma di analizzare il proprio store, e di vedere cosa funziona meglio, cosa peggio, e soprattutto cosa vogliono i clienti e cosa acquistano di più.

In questo modo si possono gestire campagne mirate, periodi di promozioni sui prodotti più acquistati, e tutte caratteristiche che soltanto il mondo dell'online può offrire in maniera automatizzata, senza alcun problema del caso. Ma ancora, **riepilogo vendite, resoconto sugli incassi**; non manca veramente niente al webmaster, per la gestione del proprio business.

Curiosa è anche la possibilità di gestire i coupon, per appositi prodotti, o categorie di prodotti, con tutte le varie e più importanti funzionalità del caso. Ma non è tutto, su **WooCommerce si può gestire il proprio inventario dei prodotti, opzioni di pagamenti, tasse (come l'IVA), spese di spedizione**, e tutto quello che è necessario in un normale e-commerce.

I clienti

Interessanti funzionalità vi sono anche dal lato "cliente", quello che è poi il protagonista all'interno del vostro business. **Tramite il suo account, quest'ultimo potrà vedere lo stato dei suoi ordini, potrà**

personalizzare la sua dashboard, ed usufruire di tutti i vari servizi offerti da WooCommerce, in termini di informazioni e statistiche.

Ma non solo, tramite apposite campagne sui social, per ogni "mi piace" potrete offrire sconti e promozioni, e rendere il cliente protagonista come mai prima, senza alcun problema del caso.

Conclusioni

Ottimo per iniziare per **poter gestire un medio-piccolo business online, WooCommerce è una piattaforma gratuita, open source ed in continuo sviluppo**, ricca di centinaia di estensioni da scaricare, fix e numerosi componenti aggiuntivi per una migliore personalizzazione del caso.

Facilmente integrabile anche in appositi template e temi già prestabiliti, il prodotto è sicuramente il migliore, fra i plugin gratuiti, per installare un ecommerce sul proprio sito Wordpress in pochi e semplici passi.

Inserire Google Adsense in Wordpress

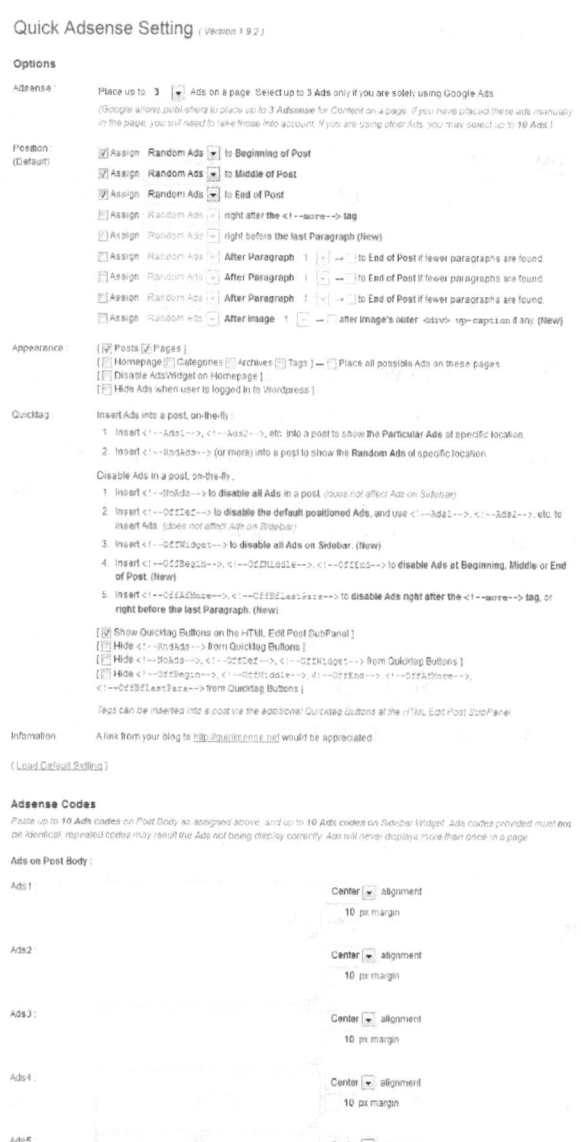

Una delle attività più frequenti di blogger e webmaster è quella di **inserire i banner di Google Adsense** o di altri programmi di advertising, per monetizzare in qualche modo il traffico del proprio sito. C'è chi ci riesce, riuscendo ad abbattere quelli che possono essere i costi di hosting e server annuali, e c'è chi addirittura ne trae un vero e proprio guadagno, facendo di internet un'attività primaria vera e propria.

In questo post andremo a scoprire **come inserire facilmente i banner nelle pagine di Wordpress**, un CMS che ci semplifica di molto anche queste attività grazie alla sua struttura semplice e di facile comprensione.

La prima cosa da fare, è **installare eventualmente un plugin adeguato** che possa aiutarci a gestire automaticamente la pubblicazione dei banner, senza alcun problema. Ne esistono decine, che cambiano anche a differenza della posizione che si vuole assegnare ad un determinato annuncio. Uno dei più semplici ed immediati è "**Quick Adsense**", che ci consente di inserire i **banner in mezzo agli articoli**, in pochi e semplici passi.

Basta infatti installare il plugin, attivarlo come di consueto nel menù Wordpress e configurarlo su "Opzioni-Quick Adsense". Occorre scegliere la **posizione dei vari banner**, il numero di pubblicità da mostrare per post e le pagine-categorie in cui dovranno apparire. Fatto ciò bisognerà esclusivamente **incollare il codice del banner**, prelevabile direttamente dal pannello di configurazione Google Adsense, accessibile tramite il proprio account Adsense ovviamente.

Se non si vuole procedere ad inserire i banner all'interno degli articoli, comunque una delle posizioni più redditizie a maggior ragione per i blog, per **posizionare degli ads all'interno del proprio sito in maniera fissa**, come ad esempio nella sidebar, in alto o in posizioni alternative, bisogna procedere all'intervento manuale che consiste o nell'inserimento stesso del banner nel codice del template, oppure nell'utilizzo di artifici, come moduli e widget, già integrati in Wordpress, adeguatamente modificati come "banner"; andiamo a scoprire come fare.

Inserimento diretto nel template

Questo rappresenta il metodo più difficile, ma anche allo stesso tempo più diretto. Bisogna **modificare il codice del template**, all'interno di wordpress o dello stesso server, tramite un editor di testo. Cliccando dal pannello di controllo su "Editor" e ricercando il template, o dal template stesso procedendo alla modifica diretta, ci si dovrà trovare una schermata simile alla seguente:

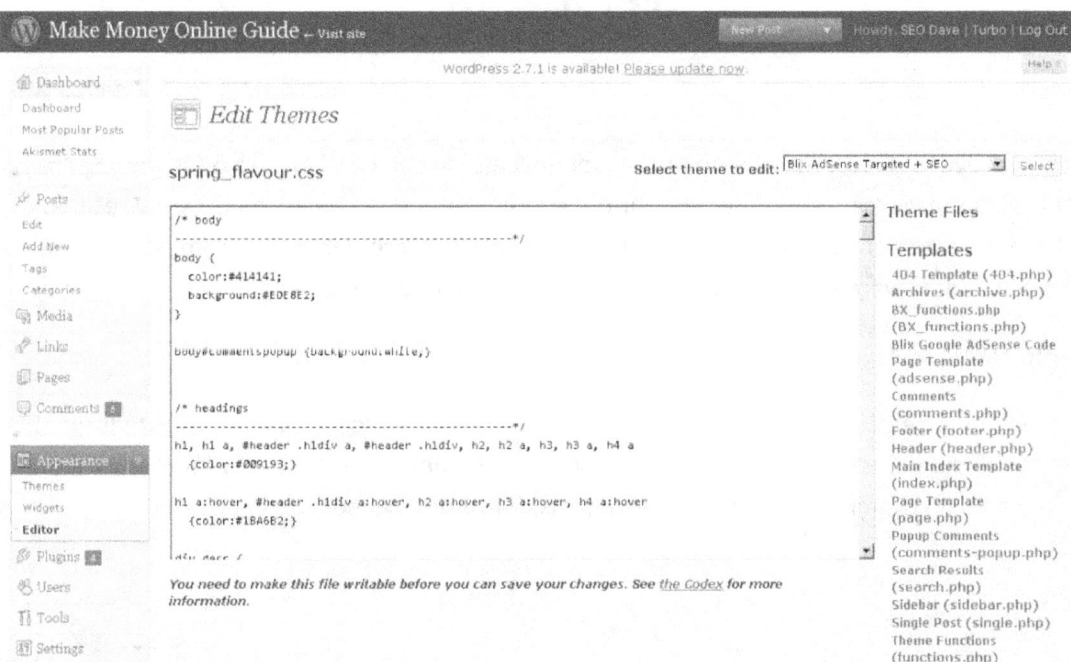

Bisogna ovviamente **scegliere il file principale del template, solitamente template.xxx**, oppure in assenza di questo si dovrà cercare il file più "vicino" alla posizione ideale del banner da inserire. "Header" se lo si vorrà mettere in alto, o "Footer" se lo si vorrà mettere in basso. A tal proposito sono necessarie delle conoscenze basilari del CSS e del CMS, per capire come agire.

Una volta trovato il file desiderato, e ricercata all'intero dello stesso la posizione nella quale inserire il banner (dopo un certo modulo per esempio), bisognerà **incollare il codice di adsense, senza compromettere la formattazione del template** (altrimenti si avranno quasi sicuramente degli errori grafici). E' consigliabile fare un backup del file o del testo dello stesso prima di agire in tal senso.

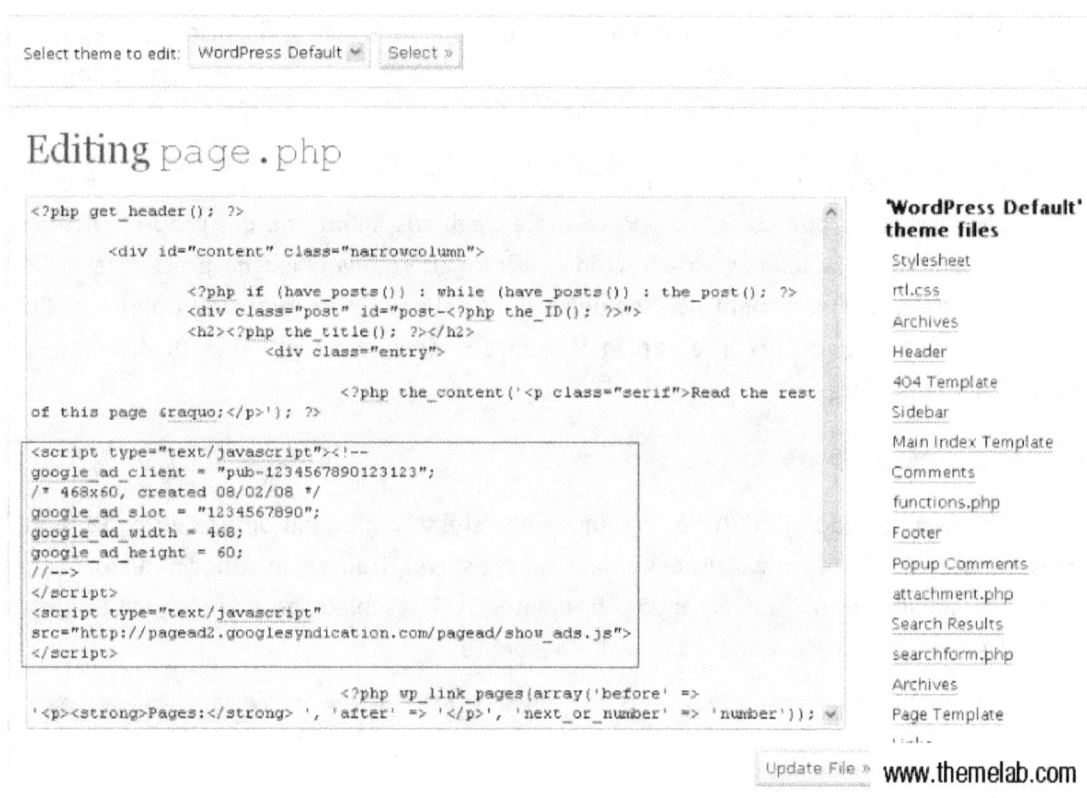

Dopo alcune prove, e dopo aver trovato la posizione ideale, anche con **l'ausilio di alcuni tag tra i più noti**, per centrare il banner (<center>) o per staccarlo da un contenuto precedente (<br>) per esempio, si potrà salvare il file ed osservare le modifiche effettuate senza alcun problema. Sono necessari di solito alcuni tentativi, anche per trovare la posizione più "redditizia" per il proprio banner.

Inserimento tramite widget

Se pensi di non essere sicuro per quel che riguarda il primo procedimento, quest'ultimo ti risulterà sicuramente più semplice ed efficace. Bisogna **inserire il banner nella sidebar** o in altre posizioni, tramite l'ausilio del pannello di amministrazione di Wordpress, funzione "Widget".

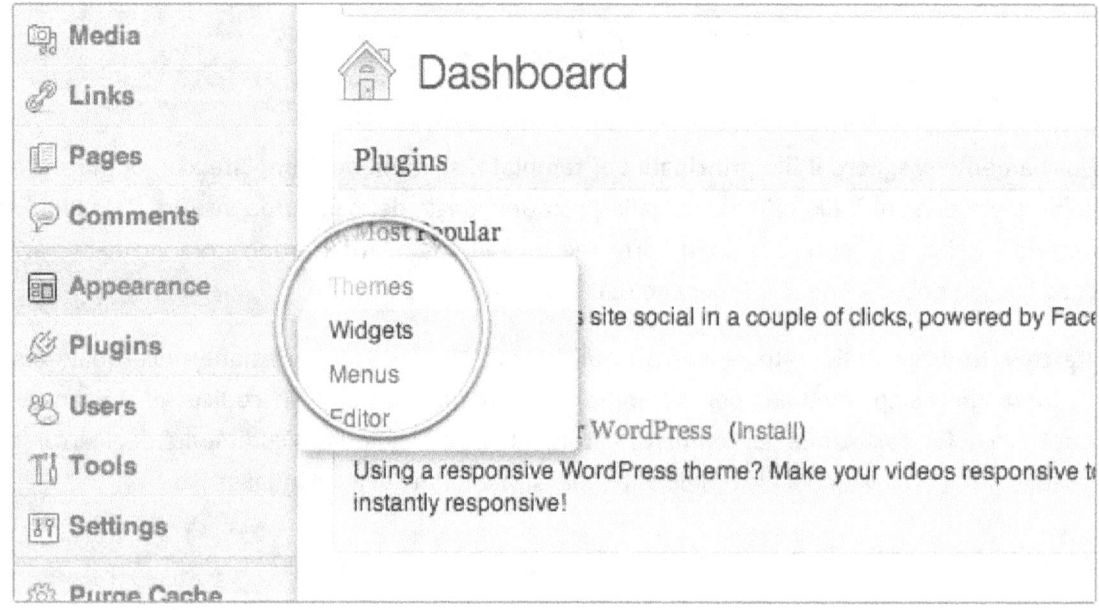

Occorre semplicemente, dall'apposito menù, **creare un widget di testo personalizzato**, inserire all'interno di esso un codice di Adsense, le cui dimensioni non eccedano la larghezza, per esempio, della stessa sidebar, e posizionarlo secondo le proprie necessità o esigenze.

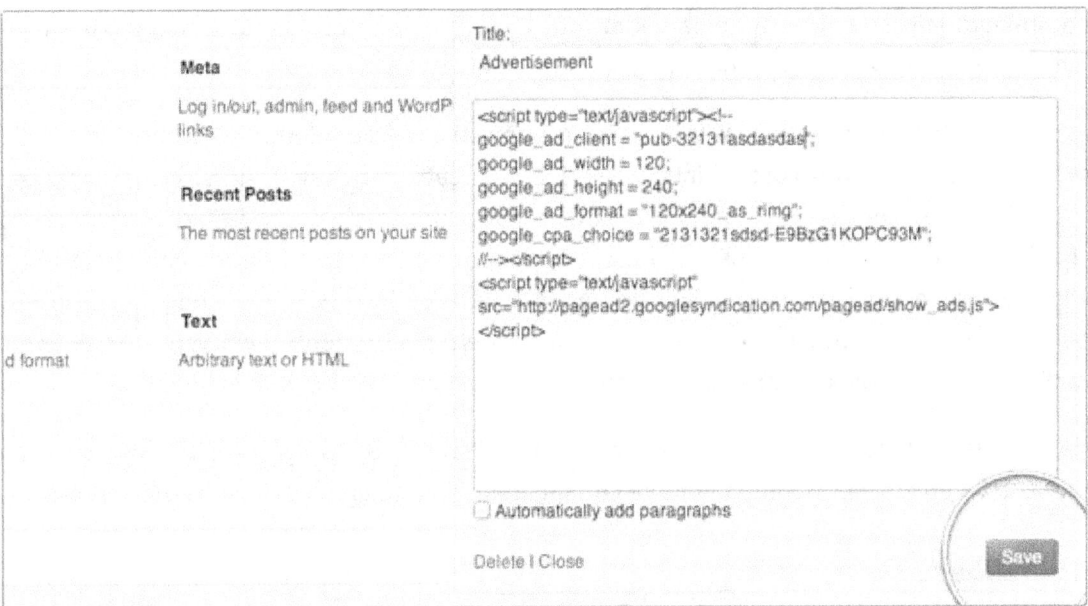

Fatto questo, solitamente anche in questo caso dopo alcune prove tecniche di verifica, il banner sarà visibile sul nostro blog senza alcun problema.

Combinando queste due procedure, e con un minimo di esperienza nel campo di internet, si potranno **inserire i banner veramente in qualsiasi posto**, per monetizzare il proprio sito. E' bene ricordarsi comunque di mettersi nei panni di un visitatore, e studiare le posizioni migliori, che non diano fastidio alla lettura, e che non rallentino eccessivamente il caricamento della pagina. A tal proposito approfondiremo in un altro articolo come posizionare adeguatamente un banner, e tutti gli aspetti "negativi" derivanti per forza di cose dal loro utilizzo, che vanno sistemati o quantomeno ottimizzati il più possibile, per un resa migliore generale delle proprie pagine, sotto molteplici punti di vista (rendimenti, posizionamento, visite..).

Come monetizzare Wordpress se bannati da Adsense

Monetizzare il proprio sito è una pratica molto complessa e dispendiosa, che se ben curata può portare ad interessanti risultati. Tuttavia spesso e volentieri capita di poter incappare in **problemi non indifferenti come il ban da Google Adsense, un vero e proprio incubo per i webmaster** che basano tutti i propri introiti sul noto programma di Mountain View, di solito.

Cosa fare quindi se si viene bannati da Adsense? **In che modo si può guadagnare comunque** qualcosa? La risposta non è semplice, ma vi invitiamo comunque a non perdervi d'animo, poiché Google non è il solo gestore di pubblicità sul web, ma ve ne sono anche altri che spesso e volentieri per determinati e particolari siti web, rendono anche meglio.

Richiesta di revisione

In primo luogo, essendo l'importanza di Google indiscussa, ed essendo lo strumento Adsense per forza di cosa uno dei più efficienti e redditizi del settore, è opportuno **richiede una richiesta di revisione**.

Se si è stati bannati per problemi al sito, o per violazioni del regolamento inerenti sempre alla gestione tecnica del proprio portale, si può essere riammessi. Basta **risolvere il problema che ha causato il ban** (mancanza di contenuti, contenuti duplicati, immagini non consone), e chiedere una richiesta di revisione.

Google esaminerà la vostra richiesta e se vedrà tutti i vari problemi evidenziati prontamente risolti, non esiterà più o meno facilmente a riammettervi al programma.

Se invece **si è stati bannati per click non validi o per attività fraudolenta**, ci spiace dirlo così, ma **la richiesta di revisione sarà qualcosa di inutile.** Se avete cliccato per sbaglio sui vostri banner, anche per provare, ed il vostro sito-account è stato bannato, purtroppo non c'è nulla da fare. Potete sperare che magari qualcosa succeda, ma **nel 99,9% dei casi gli account non vengono ripristinati.** Spesso capita che molti si lamentino perché l'attività invalida non è stata fatta da loro ed usino tante giustificazioni più o meno valide sui forum; **cercate di spiegare a Google con tanto di strumenti tecnici che non siete stati voi i responsabili,** se è vero, nella migliore maniera possibile, e sperate in una possibile revisione.

Tuttavia, se quest'ultima non venisse accettata, non resta che rivolgersi alle altre concessionarie pubblicitarie del mercato, per poter comunque continuare a monetizzare il proprio sito Wordpress.

Ppc, ppi, popunder..

Se volete continuare a monetizzare il vostro sito coi classici sistemi pubblicitari pay per click, per impression, o tramite i popunder (che su Google non esistono), **potete registrarvi a Juice ADV**, un ottimo network pubblicitario fra i primi in Italia, che paga abbastanza bene (tranne in alcuni periodi dell'anno), ed offre **rendimenti più o meno simili a quelli di Adsense**, grazie anche alla possibilità di usare nuovi formati di advertising.

In alternativa, se volete **spingere in toto sulle impression, potete tentate di iscrivervi a Virgilio Banner**, un programma particolarmente interessante ed unico in Italia, che consente di guadagnare solo ed esclusivamente per impression. L'iscrizione e l'approvazione di un sito a Virgilio Banner non è comunque semplice, pertanto vi consigliamo anche di "documentarvi" in merito, anche per quel che riguarda tempi di attesa e di attivazione. Se tutto andrà a buon fine, in pochi giorni il vostro banner sarà attivo, e dovrà essere posizionato per forza all'interno del primo scroll.

Se volete spingere su metodi pubblicitari più invasivi, ma decisamente più redditizi, come **popup e popunder, potete provare Heyos o Bidvertiser. Vi sono anche Simply e Oxamedia**, ma ognuno di questi va provato sul proprio sito. In alcune situazione infatti i programmi riescono ad offrire rendimenti costanti ed interessanti, altre volte pagano così poco che è meglio sfruttare la posizione di un determinato banner diversamente, o con altre concessionarie pubblicitarie.

eADV, tutta italiana e che ultimamente si è rinnovata, Payclick e Pnet offrono interessanti possibilità di guadagno, legate comunque "al momento", in base alle campagne pubblicitarie attive ed a disposizione.

In generale comunque, registrandosi a tutti i principali network, e inserendo le campagne più efficaci nei momenti migliori, **si potranno sicuramente eguagliare i guadagni di Adsense, se non superarli**, in base ovviamente agli argomenti trattati dal proprio sito.

Le affiliazioni

Se poi invece di continuare ad utilizzare i classici metodi di guadagno, **vorreste "cambiare aria" e passare alle affiliazioni, Zanox e Tradedoubler fanno al caso vostro.** Consentono infatti di poter interagire con centinaia di campagne e merchant, che possono rendere più o meno bene sul proprio sito.

Ovviamente con le affiliazioni il lavoro di ottimizzazione che va fatto per poter incentivare i guadagni è profondamente diverso dai metodi più tradizionali; a tal proposito, anche in base all'argomento del proprio sito, abbiamo scritto alcuni consigli e tips che potrebbero risultarvi utili, qualora decideste di usare il metodo di guadagno delle affiliazioni.

Conclusioni

Come se non bastasse, esistono anche dei **network pubblicitari come AddyON**, che consentono di gestire ancora più pubblicità, non solo per siti web, ma anche per applicazioni di smartphone e tablet.

Quello che vi consigliamo è di **provare ogni programma che vi abbiamo indicato per un periodo di tempo minimo**, in modo che possiate valutarne l'eventuale convenienza.

Combinando poi le migliori campagne di tutti i vari concessionari, ed ottimizzando la gestione dei banner come non mai, **l'incubo del ban di Adsense sparirà in fretta, anche perché potrete guadagnare decisamente bene**, senza alcun problema del caso.

Magari la gestione dei pagamenti, delle fatture o in generale dell'assistenza non sarà di prim'ordine come quella di Google, ma comunque **i guadagni saranno assicurati, ed in alcuni casi verranno saldati anche con Paypal o metodi molto più semplici ed all'avanguardia**, che non richiedono alcun tipo di verifica del caso, o l'invio di chissà quali dati, indirizzi ed informazioni, come avviene per esempio nel caso di Google Adsense.

Bannati da Adsense? Niente panico quindi, le soluzioni le trovate in questo post e con una semplice ricerca sul web; le alternative esistono e possono essere sfruttate senza alcun problema del caso, in maniera semplice ed immediata. Approfittatene quindi, e magari rimpiangerete il fatto di aver "perso tempo" dietro alcuni programmi di affiliazione, piuttosto che altri.

Guadagnare con Wordpress: ADRotate e la rotazione dei banner

Fra le possibilità di **ottimizzazione dell'advertising pubblicitario**, una delle più utilizzate, è proprio la **rotazione dei banner**. A maggior ragione se sul proprio sito c'è poco spazio per quel che riguarda la possibilità di mostrare le pubblicità, oppure se si vuole spingere particolarmente su una posizione, nelle proprie pagine, particolarmente redditizia, ma con più di una tipologia di banner, la rotazione diventa fondamentale.

In sostanza, **si sfrutta una posizione del proprio sito per mostrare banner di più agenzie**, secondo le proprie necessità ed esigenze. Si può ruotare fra banner per tempo, si può ruotare per visualizzazioni o click. Si può ruotare in maniera casuale o ad orari prestabiliti. Ottimizzando questo aspetto, **tenendo conto delle statistiche per quel che riguarda ovviamente i rendimenti**, si può massimizzare uno spazio sul proprio sito come mai prima, grazie a questo sistema ormai collaudato e molto efficace in alcune circostanze.

Come si può inserire un simile sistema di rotazione all'interno del proprio sito Wordpress? Come sempre ci vengono incontro dei plugin, uno dei quali è **ADRotate, che consente facilmente di gestire i propri banner all'interno del proprio sito Wordpress**, con caratteristiche e funzionalità di assoluto prim'ordine.

Guadagnare come sappiamo non è assolutamente facile, ma gestendo adeguatamente quelle che sono le pubblicità e gli spazi all'interno delle proprie pagine, si può **ottenere il massimo dal pay per click e dal ppi**, le principali forme "ideali" da mostrare con ADRotate e plugin simili.

Installando come di consueto il plugin all'interno della propria piattaforma, in pochi e semplici passi si attiva e si può configurare. Basta **scegliere e creare i nuovi moduli di banner da ruotare**, ovviamente nei formati e caratteristiche più note, ed iniziare a gestire il tutto, secondo le proprie necessità ed esigenze.

Il plugin mostrerà poi interessanti **report su rendimenti, click ed impression**, per spiegare quindi al webmaster quale circuito rende di più, in quali orari e soprattutto in quali circostanze. In questo modo pertanto, si potrà sfruttare al massimo uno spazio sul proprio sito, anche con diversi circuiti pubblicitari.

Infine come di consueto bisognerà **inserire il codice nella posizione desiderata, utilizzando il plugin per la rotazione come da noi impostato**. Si potranno utilizzare shortcodes, widget ma anche direttamente codici php per mostrare i banner sul proprio sito, per una massima integrazione possibile, anche dal punto di vista tecnico.

Del plugin ADRotate ne esiste anche una versione a pagamento con interessanti caratteristiche aggiuntive ed assolutamente di prim'ordine. Potete verificarne i dettagli e tutte le informazioni del caso recandovi nell'apposita sezione del sito degli sviluppatori, o nella pagina all'interno del database Wordpress.

Per qualsiasi informazione potete comunque chiedere a noi, tramite i commenti oppure contattandoci direttamente all'email dell'assistenza.

Guadagnare vendendo link su Wordpress

Fra le possibilità di guadagno nel mondo di internet, vi è la **compravendita di link**, un mercato ad oggi meno attivo rispetto al passato, ma comunque sempre rilevante, visto che assicura un giro di affari assolutamente di prim'ordine.

Per poter acquistare o vendere link **è necessario ovviamente possedere un sito o blog da promuovere**, oppure un portale di qualità in cui vendere gli spazi per i link. Di norma, tutti quei siti ben visitati, che riescono ad essere sempre in testa nelle SERP e che garantiscono page rank elevati ed un'ottima fonte di linkbuilding, sono i privilegiati di questo tipo di mercato. Tuttavia anche siti ben realizzati e ben posizionati, possono comunque vendere dei link.

La pratica è piuttosto semplice. **Il webmaster che vuole promuovere il suo sito, acquista uno spazio su un altro sito più noto, famoso e visitato, ad un determinato prezzo. In questo spazio verrà inserito un link** verso il sito da promuovere, un collegamento quindi, in grado di portare visite e soprattutto di trasmettere il pagerank, e tutti i vantaggi SEO del caso. I motori di ricerca promuovono e mettono in evidenza tutti quei siti che vengono linkati da fonti autorevoli e ben conosciute. E' per questo che acquistando link, è possibile sia guadagnare in termini di popolarità, che ampliare il proprio parco utenti.

Di norma, l'acquisto di link da parte di un webmaster ha una **durata temporale prestabilita**. Il sito che ospita i link, di qualità, non dovrebbe avere più di 4 o 5 link fissi nella sua homepage, per non subire eccessive penalizzazioni. Pattuito quindi il corrispettivo e tutte le varie modalità di pagamento, sarà possibile usufruire di tutti i vantaggi sopra indicati, in ottica posizionamento.

Il costo di un link può variare da un paio di euro fino a decine di euro al mese, a seconda del sito che ospita appunto i link. **Più è visitato, più ha un pagerank ed una notorietà di rilievo, e più ovviamente si farà pagare per la vendita di link.** Ricercando comunque in forum specializzati come Alverde e simili, si potrà facilmente trovare l'annuncio ideale secondo le proprie necessità ed esigenze, e concludere l'acquisto.

I vantaggi per il webmaster che vende sono ovvi; **incassi pubblicitari senza particolare lavoro da fare**, se non inserire un semplice link all'interno della propria homepage, e rendite quindi continue e costanti, praticamente senza niente da fare "in cambio".

Insieme ai banner pubblicitari ed alla vendita di guestpost, il mercato dei link completa le possibilità di guadagno con il web, che non si limitano solo a questo, ma sono veramente disparate nei vari settori.

Guadagnare con i popunder su Wordpress

Uno dei metodi più efficaci per **monetizzare il traffico**, nonché piuttosto redditizio (anche se alcune volte fastidioso), consiste nell'uso di **Popunder**. Si tratta di **pubblicità che si apre automaticamente non appena ci si collega in un sito**, che di norma pubblicizza un intero portale affiliato, di qualsiasi argomento.

Questa tecnica spesso e volentieri risulta invadente, a maggior ragione nei siti che solitamente utilizzano più di un advertiser e più di un popunder. **Tuttavia alcuni network ed alcuni webmaster utilizzano i popunder automatici che si aprono dietro la pagina letta**; in questo modo il visitatore non viene distolto dal contenuto del sito principale, e poi si ritroverà semplicemente una finestra aperta in background, che potrà visitare o meno a seconda dell'interesse dell'argomento del caso.

La differenza fra questo formato ed i tradizionali banner di Adsense, consiste nel fatto che **i popunder sono retribuiti per CPM, ovvero ad un costo per mille impression**, mentre i banner di Adsense per click. Le retribuzioni dei popunder variano di norma da 0.5€ ad anche 1€ per mille impressions. Adsense invece, per dare un'idea piuttosto generalizzata, può offrire 10 cents ad ogni click in media.

Come facilmente intuibile si tratta di metodi per monetizzare il traffico opposti, che non possono essere utilizzati tra l'altro insieme, visto che Adsense vieta l'utilizzo di queste forme di pubblicità.

Inserire un popunder all'intero di un proprio portale Wordpress è piuttosto semplice. In primo luogo bisogna **registrarsi presso l'agenzia che offre questo tipo di servizio pubblicitario, e farsi approvare il sito**, come conforme alle varie regolamentazioni interne del caso. Successivamente bisogna **inserire il codice del banner all'interno del template, modificando il file index oppure direttamente all'interno della dasbhboard** wordpress, con l'editor manuale.

A seconda della struttura e dell'organizzazione del proprio template, basterà inserire il codice fra i tag di testa principali, e poi basterà salvare semplicemente le modifiche, per rendere operativo il popunder. Quest'ultimo, a seconda del network pubblicitario e della struttura del codice, **si aprirà automaticamente non appena un visitatore si collegherà al nostro sito web.**

Per ogni mille visualizzazioni si verrà retribuiti secondo il prezzo indicato dal network pubblicitario. E' evidente che questa **forma di advertising è sicuramente consigliata a quei siti che generano tanto traffico, ma che non riescono a monetizzare col payperclick.** Se si considera che con un paio di click (che si ottengono sicuramente in un portale che genera migliaia di impressioni giornaliere tranne che in particolari circostanze), si riesce a generare un guadagno pari o superiore al popunder, è preferibile questo metodo, anche perché la pubblicità, perfettamente integrata nel sito, è molto meno invasiva di finestre che si aprono automaticamente. Come sempre, bisogna **provare e vedere quale metodo si riesce a monetizzare maggiormente.**

Guadagnare con i Guestpost su Wordpress

Uno dei metodi più utilizzati per **guadagnare online**, consiste nella **vendita di Guestpost**. Si tratta di un meccanismo piuttosto semplice ed utile, sia per il webmaster che effettua appunto la vendita, che per colui il quale acquista questa particolare tipologia di servizio.

Un guestpost non è altro che un articolo su un blog affermato, che tratta ovviamente un'apposita tematica per **presentare e sponsorizzare un altro blog,** magari più settoriale, approfondito e dedicato alla tematica trattata.

Pagando ovviamente al webmaster del portale più autorevole un corrispettivo per la redazione dell'articolo, quest'ultimo pubblicherà poi il post sulla sua home page e sulla categoria dedicata, **solitamente con dei link in uscita verso il sito da pubblicizzare,** inseriti o in apposite keyword, oppure nella maniera più naturale possibile, per favorire anche un miglior risultato dal punto di vista SEO.

I vantaggi di questo tipo di servizio sono molteplici. Per il webmaster che compra il guestpost, ciò contribuisce ad **arricchire la link popularity del sito da pubblicizzare,** che se linkato da una piattaforma autorevole, acquisisce anch'esso una certa importanza nei confronti dei motori di ricerca. Inoltre, se il blog che ospita il guestpost è molto visitato, **tramite i link potrà portare del traffico anche sul blog da pubblicizzare.** Per concludere, tutti i possibili indici di pagerank e simili risulteranno influenzati positivamente dal fatto che una fonte autorevole "raccomanda" di visitare un blog, che per il motore di ricerca, diventa altrettanto autorevole come la fonte iniziale.

Può sembrare un ragionamento complesso, ma in realtà è molto semplice. Se il sito dell'ANSA o del Corriere della Sera, in uno dei suoi articoli, farà riferimento ad un nostro blog, è chiaro che agli occhi dei motori di ricerca, il nostro sito verrà considerato come più qualitativo, e di conseguenza ottimizzerà posizionamento e SERP di tutte le sue pagine. Piuttosto che aspettare questo processo "naturalmente", quasi mai realizzabile se non in particolari eccezioni, **con il guestpost si forza ovviamente il tutto, pagando.**

Il webmaster che ospita il guestpost, avrà anch'egli altri vantaggi del caso. In primo luogo **un rientro economico,** che può variare da qualche euro fino a diverse decine di euro, a seconda dell'autorevolezza del sito posseduto. Inoltre potrà **arricchire di contenuto le proprie pagine "senza lavorare",** garantendo quindi news sempre aggiornate ed articoli nuovi, con cui guadagnare, e con cui continuare il processo di relazione con i motori di ricerca. Se il sito linkato dal blog autorevole sarà di qualità, gli stessi motori apprezzeranno il tutto.

E' evidente quindi come questa sorta di **simbiosi può risultare estremamente vantaggiosa** per entrambi i webmaster ed i siti, e non è un caso che questa pratica viene effettuata da tempo nel mondo di internet, e soprattutto sul mercato americano, dove un guest post può arrivare a costare anche diverse centinaia di dollari, a seconda del portale in cui è ospitato.

Guadagnare con l'affiliazione di Amazon su Wordpress

Chi ha dei **siti web che trattano argomenti legati a prodotti, può monetizzare e di gran lunga il proprio traffico grazie all'affiliazione di Amazon**. Si tratta di un sistema classico di pay-per-sale, che offre una commissione sulla vendita al webmaster che attraverso il proprio sito genera delle vendite.

E' possibile guadagnare in percentuale fino a 10€ per ogni vendita effettuata, ed anche di più, in alcune circostanze, per particolari categorie di prodotti, o se si genera un traffico di vendite assolutamente non indifferente. Si tratta quindi di un **validissimo sistema che rappresenta l'alternativa al noto pay-per-click**, ed un'ottima possibilità di guadagno per chi possiede dei siti di settore, magari esclusivi, contenenti recensioni e commenti su prodotti disponibili sullo store di Amazon.

Hai un **sito dedicato ai libri che non riesci adeguatamente a monetizzare**? Con l'affiliazione di Amazon, ti basterà inserire un riferimento all'interno del tuo articolo o recensione, tramite i classici banner o anche con link appositi, per reindirizzare il visitatore alla pagina di acquisto del prodotto. Le conversioni che potrai generare saranno importanti, se sarai in grado di sfruttare la tua nicchia.

Ma ancora, parli di **giardinaggio e simili settori piuttosto difficili da monetizzare con i tradizionali strumenti**? L'affiliazione di Amazon anche in questo caso può essere un ottimo strumento per garantire dei risultati di prim'ordine, e guadagni come mai prima.

Vendendo dai 3 ai 5 prodotti giornalieri, si potrà generare un piccolo stipendio mensile assolutamente non indifferente, a seconda, chiaramente, delle commissioni sulle vendite generate. **Ecco perché può risultare decisamente più vantaggioso del tradizionale Adsense un simile sistema,** collaudato e coadiuvato dalla notorietà e dall'affidabilità Amazon, che non farà pensare due volte l'utente interessato all'acquisto, procedura che potrà essere completata in pochi minuti.

Ogni volta che qualcuno accederà ad un prodotto Amazon tramite un link sul vostro sito, se effettuerà un qualsiasi acquisto entro 24 ore dal click, verrà conteggiato all'interno del vostro account, e riceverete quindi la commissione. Se invece dopo aver cliccato da voi, l'utente non completa l'acquisto ma si ricollega ad Amazon tramite altri strumenti, perderete le percentuali di commissione. **La situazione ideale è quindi click-acquisto-pagamento all'interno di una stessa sessione**, combinazione piuttosto complessa quanto realizzabile, a seconda degli argomenti trattati dal vostro sito.

Una volta effettuata la spedizione del prodotto Amazon vi accrediterà le commissioni, che potrete farvi saldare mensilmente, raggiunta la quota minima eventuale prestabilita. In alternativa, come per tutti i programmi di affiliazione, il vostro saldo verrà "conservato" finchè non raggiungerete la soglia pagamento e finchè non riuscirete a farvi accreditare quanto dovuto.

Come determinare il valore di un sito Wordpress

Nel mondo di internet, **un sito web può rappresentare una fiorente attività commerciale**, se adeguatamente gestito e monetizzato. Ecco perché da decenni a questa parte, si è sviluppato un **vero e proprio mercato di compravendita di siti e domini,** proprio per le potenzialità di guadagno offerte dal mondo del web, assolutamente di rilievo, in alcune circostanze. In che modo è possibile quindi determinare il valore di un sito?

In primo luogo, di norma si prende in considerazione **il fattore "traffico" per poter stimare il valore di un portale.** Si tratta di un semplice accorgimento consistente nel fatto che siti più visitati, valgono ovviamente di più rispetto a siti poco visitati, e quindi meno conosciuti all'interno del web. Tralasciando allora possibili nicchie che possono essere redditizie anche con pochi utenti, proprio perché tali, **in generale più un sito è visitato, e più aumenta il suo valore.**

Le visite devono ovviamente essere autentiche e **certificate da un software di analisi come il noto Google Analytics.** Per determinare il valore di un portale, è necessario infatti utilizzare questi strumenti per verificare la bontà del traffico ricevuto e l'autenticità di esso, e per **verificare che le visite non provengano da autobot e simili soluzioni, assolutamente dannose** e non proficue.

Una volta stabilita con certezza la provenienza dei visitatori verso un sito (quanti per traffico diretto, quanti per traffico dai motori e quanti per traffico dai social), è opportuno **analizzare i possibili guadagni già registrati del portale, per determinare il prezzo.** Una regola piuttosto generalizzata ed utilizzata nelle compravendite, determina il valore di un sito **moltiplicando il guadagno mensile per dodici mesi.** Se un portale quindi genererà 100€/mese di introiti, il suo valore potrà essere approssimativamente intorno a 1200€.

A queste considerazione generali vanno aggiunti altri parametri, come la **bontà dei link in ingresso e della link popularity**, quindi, del portale da acquistare, **il pagerank** (anche se non è molto influente ormai), **possibili indicizzazioni in directory storiche come Dmoz, e l'eventuale presenza in Google News**, tutti strumenti e fattori che possono anche far raddoppiare o triplicare il valore di un sito, rispetto alle indicazioni generali che vi abbiamo indicato in precedenza.

Un portale con molti link di qualità in entrata, con pagerank elevato, ed indicizzato su tutti i motori ed anche su Dmoz e simili, è decisamente più di valore, rispetto ad uno stesso sito, magari con gli stessi guadagni, ma privo di queste caratteristiche. **Se poi il blog del caso è anche presente in Google News, ciò dimostra un'ulteriore qualità e bontà del lavoro fatto, premiato dallo stesso Google**, che verifica personalmente i siti utilizzati ed indicizzati nel suo servizio News, che permette di scalare le SERP e di **quadruplicare le visite, in media, rispetto al normale.**

Considerando tutti questi parametri si può facilmente concludere un accordo di compravendita, in un mercato, quello del web, sempre più in fermento.

CAP.5 - Perfezionamenti tecnico-grafici, plugins

I principali e migliori plugin indispensabili per Wordpress

La gestione di un sito o blog in Wordpress, rappresenta l'attività più difficile di un webmaster, che dopo aver creato il proprio portale, deve occuparsi di inserire i post, di aggiornarlo costantemente e di ottimizzarlo sui motori di ricerca; tuttavia, queste pratiche sarebbero impossibili da gestire, senza l'ausilio di determinati plugin. **Quali sono i migliori e gli indispensabili componenti aggiuntivi** per gestire ottimamente un sito in Wordpress?

Captcha Free Plugin, il miglior antispam

Ottimo plugin antispam che consente di **proteggere il proprio blog da attacchi e commenti indesiderati**, il captcha free plugin sostanzialmente suddivide in **due step tutte le procedure di autenticazione** e del post di commenti, tramite un semplice artificio, bloccando quindi tutte quelle procedure automatiche di bot, che spesso causano la "comparsa" di commenti di spam, o di account registrati con nick particolarmente curiosi.

Ai semplici dati standard richiesti per l'autenticazione e la gestione del proprio account, **il plugin aggiunge un semplice sistema di domande casuali, solitamente logico-matematiche, di livello elementare**, particolarmente immediate per l'utente, ma insuperabili dai motori, che fra grafica e testo, non riuscendo ad elaborare questo step, non possono procedere all'autenticazione e vengono quindi neutralizzati, in maniera molto semplice ed immediata.

L'utente risponderà in questo modo facilmente alla domanda 2+2=?, senza interpretare particolari e lunghi codici, spesso incomprensibili, ed allo stesso modo verranno **bloccati tutti i vari spambot**, che causano soltanto problemi dal punto di vista gestionale e SEO.

Abbiamo provato l'efficacia di questo plugin proprio su nostri blog, e **vi possiamo assicurare che funziona assolutamente**; potete scaricarlo e configurarlo in pochi secondi direttamente dall'archivio plugin di Wordpress internazionale, o direttamente ricercandolo all'intero della dashboard, tramite l'apposita funzione.

WPTouch, per gestire Wordpress "multipiattaforma"

Con la diffusione sul mercato di dispositivi mobile di ultima generazione come smartphone e tablet, che stanno riscuotendo sempre più successo, **avere un sito multipiattaforma che sia ottimizzato per i sistemi operativi mobile più diffusi, è qualcosa di fondamentale**, se si vuole sfruttare anche il traffico mobile, sempre più consistente ed importante.

E così, se il vostro sito non dispone di un template ottimizzato per i dispositivi mobili, oppure una eventuale creazione dello stesso richiede un lavoro particolarmente complesso, o quantomeno difficilmente realizzabile, ecco che entra in funzione il plugin **WP Touch**, che ci aiuta a superare tutte queste difficoltà.

Tramite dei modelli già prestabiliti e facilmente personalizzabili, si potrà **ricreare una grafica simile a quella standard del proprio sito, ma già ottimizzata per dispositivi portatili,** che potranno navigare molto facilmente sulle vostre pagine, senza alcun problema del caso. Menù, articoli, immagini e tutto saranno già settati per essere visualizzate al meglio da smartphone e tablet. In questo modo potrete sfruttare anche questo traffico web, sempre più in crescita e sempre più consistente, vista la larga diffusione di massa, e continua, di questi dispositivi

Contact Form 7, un modulo di contatto ad hoc

Installare un Contact Form sul proprio sito in Wordpress, è **fondamentale per essere contattati eventualmente dagli utenti del proprio sito,** ed anche per i motori di ricerca. Un modulo apposito di contatto, che indichi eventualmente i recapiti dei vari responsabili del proprio blog, degli articolisti e dello stesso webmaster, è sintomo di **estrema professionalità e disponibilità al dialogo con la propria utenza**; ecco perché un contact form è fondamentale, anche per combattere il fenomeno dello spam.

Indicando scritti chiaramente degli indirizzi email, pubblicati liberamente sul web, in pochi giorni si subirà la ricezione di una valanga di email spam, gestite da robot che leggendo il vostro indirizzo su internet, lo inseriranno automaticamente in apposite liste, utilizzate per l'invio di email pubblicitarie.

Utilizzando un contact form, riuscirete a limitare questo fenomeno, poiché il vostro indirizzo non potrà essere "percepito" dai robot automatici, ma questi ultimi potranno inviarvi spam, soltanto tramite lo stesso contact form, solo se riusciranno a bypassare eventuali ulteriori misure di sicurezza aggiuntive (come il plugin antispam di cui vi abbiamo parlato in precedenza).

Tramite **Contact Form 7 personalizzerete in pochi secondi il vostro modulo, che potrà essere inserito su qualunque pagina** del vostro sito, tramite il semplice utilizzo di un codice apposito.

Newsletter, creazione e gestione delle mass mail

Tramite l'omonimo plugin, scaricabile sia gratuitamente che a pagamento, in una versione avanzata e più completa del programma, potrete **gestire e creare il vostro database di email**, sia tramite gli utenti registrati al vostro sito, che tramite tutti gli inserimenti manuali di coloro i quali vorranno restare eventualmente aggiornati, sui contenuti delle vostre pagine.

In questo modo, potrete gestire uno strumento particolarmente importante e vantaggioso, che se ben utilizzato, anche nel campo del marketing, potrà portarvi a risultati effettivi, in termini di visite, o di vendita di prodotti e servizi.

Le email, anche se di pubblicità, vengono comunque lette dall'utente, nella maggior parte dei casi, se non processate da eventuali software di controllo. E' per questo che la **pubblicità tramite email, come avviene per gli SMS, risulta particolarmente efficace**, e può essere quindi utilizzata per molteplici scopi.

Google Analytics for Wordpress: monitoraggio e statistiche d'eccellenza

Poter visualizzare tutti i dati e le statistiche del proprio sito, per quel che **riguarda visualizzazioni, visite uniche, risultati di ricerca e quant'altro, è un qualcosa di fondamentale** per poter migliorare il proprio blog ed il proprio business sul web.

Soltanto **monitorando il traffico si potrà capire se il lavoro svolto è stato effettivamente efficace o meno**, e soltanto controllando nei dettagli tutte le statistiche, si potranno migliorare i contenuti, analizzando le parti del proprio sito che vengono più visitate ed apprezzate dagli utenti.

In che modo si può quindi integrare il miglior strumento di analisi del settore, conosciuto come Google Analytics, nel nostro sito Wordpress? Tramite l'uso di **plugin, che una volta configurati tramite il codice di** tracciatura personale, lo inseriscono automaticamente in tutte le pagine e consentono quindi l'**acquisizione** dati, senza alcun problema del caso.

Installando questi cinque componenti aggiuntivi, la base del vostro sito Wordpress sarà sicuramente più completa, solida ed affidabile. In questo modo potrete gestire ottimamente il vostro sito, concentrandovi su tutti gli aspetti di ottimizzazione e redazione dei post, una volta **sistemata la grafica, risolto il problema dello spam, e monitorati tutti i vari dati del caso.**

Fast Secure Contact Form: il plugin ideale per un modulo di contatto

Vi avevamo parlato qualche tempo fa di diversi sistemi per poter **installare sul proprio sito un contact form**, e di tutti i vantaggi derivanti da una sua applicazione, oltre che sintomo di professionalità e completezza per qualsiasi blog e sitoweb. Oggi vi presentiamo un'alternativa, il plugin **Fast Secure Contact Form**, che include ulteriori funzionalità e caratteristiche rispetto ai normali tool che vi abbiamo descritto in precedenza.

Come di consueto, **il plugin si installa direttamente o in via manuale o automaticamente** all'interno della dashboard, in pochi e semplici passi. Fatto ciò, deve essere attivato ed ovviamente configurato.

In primo luogo, a differenza di altri plugin di settore, assicura la **possibilità di creare più di un modello di contact form,** in modo da poter personalizzare anche più pagine e forme di contatto, non solo verso il webmaster, ma anche verso qualche altro tipo di settore, sia del proprio sito, che eventualmente del proprio business.

Poi, consente di poter personalizzare vari campi e di sfruttare alcune funzionalità importanti, da integrare al modulo dei contatti. Fra queste vi è la possibilità di **allegare al messaggio uno o più file**, secondo i limiti da noi prestabiliti, o di sfruttare apposite interfacce grafiche per la **prenotazione di un colloquio o di una chiamata telefonica ad un ideale supporto utenti,** utile per alcuni particolari siti o per i venditori che offrono al cliente anche questa particolare tipologia di assistenza.

Ma ancora, a differenza di altri prodotti, Fast Secure Contact Form può inserire la **possibilità di confermare un link in un'email, per evitare qualsiasi tipologia di spam.** Insomma è un prodotto veramente completo, che assicura risultati di prim'ordine, in tutte le circostanze.

Fra le funzionalità più avanzate vi è anche **un tool per il backup del tutto**, che può risultare fondamentale in alcune circostanze, e la possibilità di inserire un redirect al termine dell'invio di un'email, per esempio, o una volta completata la procedura del caso. E' possibile **inserire anche più di un indirizzo email al quale essere contattati,** per cercare di distribuire il traffico nei settori più attinenti ed è possibile integrare il prodotto con altri come akismet o captcha, per tenere lontani i bot il più che possibile dalle proprie caselle email.

Come facilmente intuibile **Fast Secure Contact Form ricalca in toto le caratteristiche che il suo stesso titolo riporta; veloce e sicuro**, rappresenta infatti uno dei migliori prodotti gratuiti del settore, per Wordpress, e presto supererà sicuramente il rivale Contact Form 7, che per quanto semplificato, a meno di personalizzazioni manuali a livello di codice, non può assolutamente offrire le funzionalità e le prestazione di questo nuovo software, che è già stato **scaricato da quasi 4 milioni di blogger e webmaster**, che ne hanno apprezzato in toto le funzionalità. L'applicativo è compatibile con le ultime versioni di Wordpress, ma richiede che quest'ultimo sia già aggiornato almeno alla v.3.4.2 per poter assicurare le prestazioni e tutte le caratteristiche sopra indicate pienamente operative e funzionanti senza alcun problema del caso.

Wordpress SlimStats: l'alternativa di Google Analytics

Per quel che riguarda **l'attività di monitoring del proprio sito**, in termini di visite, visualizzazioni di pagina, provenienza degli utenti e quant'altro, abbiamo da sempre dato per scontato **la bontà e l'ottima efficienza del sistema Analytics di casa Google,** facilmente configurabile nel proprio sito Wordpress. Oggi però vi parliamo di un'alternativa al noto servizio di Mountain View, un **plugin per Wordpress che offre importanti informazioni e statistiche similmente al sistema Google**, ma in maniera più semplificata.

Si tratta di SlimStats, un prodotto assolutamente di prim'ordine, che può contare già su centinaia di migliaia di download. Si installa in pochi e semplici passi, o tramite la procedura manuale, oppure in maniera automatica, e **si configura secondo le proprie necessità ed esigenze.** Non richiede infatti l'inserimento di codici, come Analytics, all'interno del template o di altre pagine, ed allo stesso tempo funziona all'interno del proprio sito, senza la necessità di creare e gestire un account Google.

Insomma si tratta di un prodotto ideale per coloro i quali non vogliono strumenti di analisi avanzata per poter ottimizzare il proprio sito ed eventualmente monetizzarlo, e necessitano soltanto di **informazioni dal punto di vista delle visite, qualche statistica sulla provenienza, sui browser utilizzati, e sui contenuti più letti.**

Il plugin infatti, è dotato di diverse pagine e schermate, ognuna delle quali contenenti apposite informazioni. La prima, "Right now", ci offre una **panoramica degli utenti attualmente collegati sul nostro sito, la loro provenienza, il loro indirizzo ip** ed ulteriori accorgimenti del caso. Cliccando sulla pagina di riepilogo "Overview" si ha un riassunto di tutte le principali informazioni raccolte dal programma, dalle visite (suddividibili in giorni, settimane e mesi) agli accessi unici ed alle pagine più visitate; si tratta di un ottimo strumento per avere un quadro ed un'idea completa del proprio portale. Accedendo su "Content" sarà possibile **visualizzare i contenuti più ricercati** all'interno delle proprie pagine, mentre su "Traffic Sources", il plugin fornirà una panoramica del traffico che arriva al nostro sito, se organico (dai motori), se diretto o se proveniente da campagne o referrals; ciò aiuta a capire da dove vengono i propri visitatori, e come ottimizzare quindi il blog per spingere in uno o nell'altro settore.

World Map e Report personalizzati completano la dotazione del programma, assolutamente di prim'ordine, ed ottima alternativa al più noto Analytics di Google, decisamente più adatto ad un pubblico esperto ed anche pratico degli argomenti trattati. **Il costo? Zero, visto che il plugin è assolutamente gratuito** (anche se alcuni componenti aggiuntivi scaricabili sono a pagamento).

Velocizzare Wordpress con W3 Total Cache

Plugin molto conosciuto e **scaricato quasi 2,5 milioni di volte, W3 Total Cache è uno dei migliori prodotti per poter ottimizzare e velocizzare Wordpress** in pochi click, senza effettuare modifiche manuali del caso, accorgimenti particolari o cos'altro.

Sfruttando tutte quelle che sono le potenzialità del noto CMS, dalla **compressione gzip fino all'ottimizzazione dei codici,** W3 Total Cache nella maggior parte dei casi dimezza proprio il caricamento delle pagine, offrendo agli utenti un sito particolarmente rapido ed immediato, ed offrendo anche ai motori di ricerca un prodotto valido ed efficiente, sicuramente meglio posizionabile nelle SERP.

Se si pensa infatti che **la velocità di un sito è uno dei valori chiave per poter ottenere successo sul web**, ecco che plugin come W3 Total Cache sono presso che indispensabili, visto che essendo adatti sia ai principianti che agli esperti, consentono di poter ottimizzare come non mai Wordpress.

Il funzionamento del tutto è molto semplice; come sempre **si installa il plugin o automaticamente oppure in via manuale all'interno del proprio sito. Attivato, bisogna lanciarlo per poter iniziare l'ottimizzazione** del tutto; vediamo in cosa consiste il lavoro di questo indispensabile add-on.

In primo luogo, migliora in alcuni casi anche di dieci volte il caricamento delle pagine, che può essere analizzato tramite appositi strumenti come Google Page Speed o Yspeed. Un risultato pari all'80% o comunque almeno più che sufficiente, verrà sicuramente raggiunto, anche su siti Wordpress particolarmente pesanti o con temi eccessivamente ricchi di immagini, script e codici piuttosto complessi.

Inoltre, **ottimizza le performances del proprio sito davanti a Google**, in particolare nella funzione "site perf..", che va ad incidere anche dal punto di vista SEO, e che diventa fondamentale per un'adeguata riuscita del proprio business.

Ancora, **W3 Total Cache riduce il caricamento di tutti i codici ottimizzando html, css e javascript**, alcuni elementi che se non adeguatamente curati, rallentano e non di poco il caricamento del proprio sito.

Insomma, come è possibile notare, il lavoro immenso del plugin è **fondamentale per poter ottenere degli ottimi risultati di ottimizzazione e velocizzazione.** Il prodotto viene consigliato da tutti i più importanti hosting internazionali e webmaster Wordpress, visto che va ad incidere anche nel caching e addirittura nelle versioni mobile del proprio sito, per un servizio completo e dai risultati assicurati.

Se appositamente settato, **W3 Total Cache consente anche di poter sfruttare i Content Delivery Network, o CDN**, di cui vi abbiamo abbondantemente parlato in un altro articolo sul nostro blog; in questo modo si otterrà un risultato di prim'ordine, e non sarà difficile essere siglati con A dai vari web analyzer, e superare abbondantemente il 95% su Google Page Speed, ovvero raggiungere dei risultati quasi d'eccellenza.

Scaricate subito W3 Total Cache e provatene immediatamente i benefici sul vostro blog Wordpress. In poco tempo riuscirete ad ottimizzare il tutto, e soprattutto offrirete un prodotto veramente unico ai vostri utenti, che in pochissimi secondi potranno navigare all'interno dei vostri menù, senza alcun problema del caso, e soprattutto molto velocemente sia da normali pc desktop, che da moderni smartphone e tablet, che con connessioni leggermente più lente, a volte faticano a caricare portali particolarmente "pesanti".

Auto Post Thumbnail: un comodo plugin per generare automaticamente una Thumb

Vi segnaliamo oggi un comodissimo plugin per generare automaticamente una Thumbnail all'interno dei propri post in Wordpress. Spesso e volentieri, per la stragrande maggioranza dei temi, è necessario configurare delle così dette "Immagini in evidenza", che servono poi per distinguere e caratterizzare un determinato post all'interno della home o di altre categorie, insieme a titolo e breve descrizione.

Tuttavia, o a volte si dimentica a mettere l'immagine in evidenza, oppure fra problemi col loader ed altri artifici, **si finisce per utilizzare sempre una delle immagini già inserite all'interno del nostro articolo o della nostra pagina, come Thumbnail.**

Per accorciare quindi i tempi della redazione e della pubblicazione di un articolo, esiste un **comodo plugin che in maniera automatica, inserisce la prima immagine pubblicata nel nostro articolo**, qualunque essa sia, anche come Thumbnail. In questo modo, per esempio, per i portali inseriti in Google News non vi sarà il rischio di lasciare un articolo senza immagine, e quindi praticamente in maniera sicura di non indicizzarlo. Coloro i quali gestiscono un blog o un portale di notizie, con diversi articoli giornalieri pubblicati per esempio, potranno altresì evitare di inserire immagini in evidenza manualmente, e potranno quindi **ridurre i tempi di redazione di pubblicazione di un post.**

Il plugin, denominato Auto Post Thumbnail, si può scaricare in pochi secondi direttamente all'interno della dashboard di Wordpress, oppure in maniera manuale. Si installa rapidamente secondo la procedura tradizionale, e si attiva. Farà poi tutto in maniera automatica, senza la necessità di configurare qualcosa, o di settare particolari parametri.

Ovviamente **il plugin funzionerà per tutti i post inviati e realizzati a partire dalla data di attivazione** dello stesso. Eventuali altri articoli già postati e pubblicati non verranno assolutamente modificati, in modo da non causare problemi dal punto di vista SEO, e di non modificare ciò che eventualmente è già stato fatto e studiato in precedenza.

E' chiaro che in alcune circostanze, se si vuole utilizzare una Thumbnail personalizzata, che non sia ovviamente un'immagine già inserita nel proprio articolo, è possibile farlo. Basta durante la redazione del post inserire un'immagine in evidenza preferita, ed inviare normalmente l'articolo. **Il plugin funziona infatti se vi è almeno un'immagine all'interno di un articolo, e se non vi sono già inserite Thumbnail** del caso. In alternativa lascerà invariato il lavoro del webmaster, che potrà comunque sfruttare questo automatismo secondo le proprie necessità ed esigenze del caso, con una personalizzazione assoluta di tutte le varie funzionalità del prodotto.

Blindare la propria installazione Wordpress con BulletProof Security

Uno dei temi più importanti e noti durante la gestione di un sitoweb, riguarda la **sicurezza**. Spesso e volentieri infatti, sfruttando quelli che sono dei bug del CMS o possibili falle in plugin, template e simili componenti, **i malintenzionati, periodicamente, effettuano attacchi di massa verso installazioni di Wordpress**, causando non pochi problemi ai webmaster disattenti.

Vediamo quindi **come proteggere e blindare la nostra installazione** non con un antivirus, ma con una sorta di Firewall che agisce direttamente sui nostri file, per impedire poi successive intrusioni e la perdita di dati o dell'intero sitoweb.

Il funzionamento del plugin è piuttosto semplice. Sfruttando quelle che sono le caratteristiche di Apache e dei server Linux, **costruisce un solidissimo e blindato file .htaccess** , ed in questo modo riesce a prevenire ed a bloccare tutte le più note **minacce XSS, RFI, CRLF, CSRF, Base64, Code Injection ed SQL Injection**, che di norma passano sempre per questo file. L'importanza di questo .htaccess è nota, e visto che è il primo file del nostro sito con cui eventuali malintenzionati avranno a che fare, visto che tutto "passa" da lui; è opportuno quindi proteggerlo in maniera completa, per evitare qualsiasi tipologia di problematica.

Il plugin però non si occupa solo di gestire il file .htaccess. Effettua anche un **controllo di tutti i permessi dei propri file e delle proprie cartelle**, modificando e rendendo più sicure le folder dell'amministrazione o i file di configurazione, spesso anch'essi soggetti ad attacchi, come la home page d'altronde. Allo stesso modo, **BulletProof Security si occupa di verificare la sicurezza anche dei file readme o i più semplici**, che spesso vengono sfruttati per le loro vulnerabilità.

Inoltre, grande importanza viene data alla **fase di login, strumento attraverso il quale passano molteplici minacce tramite i così detti "attacchi bruti" verso gli account Amministratori**, che hanno poi tutti i poteri per gestire o "distruggere" il sito. Bloccando infatti un account dopo alcuni tentativi di login, BulletProof Security riesce quindi a limitare le incursioni dei bot che risultano quindi inefficaci. Per garantire comunque la piena sicurezza e la gestione completa del proprio sito, **BulletProof Security utilizza anche un comodo sistema di alerts via email,** che ci informa in caso di account bloccati o eccessivi tentativi di login.

Insomma, come facilmente intuibile, sono molteplici le caratteristiche di questo prodotto, che può contare già su quasi 1 milione di download, proprio per la sua efficacia. **Modalità manutenzione impostabile per alcune pagine ed altri accorgimenti completano la gamma di un plugin, BulletProof Security, assolutamente di prim'ordine.** La semplicità di configurazione e la totale assenza di modifiche manuali rendono il prodotto idoneo anche ai principianti, che passo passo potranno configurarlo ed attivarlo, grazie anche ad un'intuitività senza precedenti.

Migliorare la ricerca Wordpress con Relevanssi

All'interno del proprio sitoweb, ogni webmaster solitamente inserisce una **casella di ricerca per dare la possibilità all'utente di trovare un articolo, un argomento o una pagina** che non essendo più in home page o comunque in evidenza, risulta difficile da trovare manualmente. E così, di norma si usa la tradizionale funzionalità di Wordpress, che tramite un Widget o una più avanzata integrazione sul template, consente di ricercare per parole chiave un determinato argomento sul proprio sito.

Tuttavia, come facilmente intuibile, **provando la casella di ricerca standard di Wordpress, i risultati spesso non sono eccelsi.** Questo perché, nonostante il plugin faccia comunque il suo lavoro, non ha delle caratteristiche e delle funzionalità avanzate, che potrebbero sicuramente renderlo più completo. E così, per **siti web che necessitano di una casella di ricerca ottimamente funzionante (siti di archivi, directory, download e quant'altro), tramite il plugin Relevanssi** è possibile usufruire di un'ottima ed innovativa modalità di ricerca, decisamente più completa rispetto a quella tradizionale di Wordpress.

Il plugin, come facilmente intuibile, si può scaricare in maniera automatica direttamente dalla propria dashboard, oppure in via manuale. Una volta installato, si configura in pochi e semplici passi, e può essere utilizzato da subito senza alcun problema del caso. Quali sono le novità di questo prodotto e quali innovazioni introduce rispetto alla normale modalità di ricerca di Wordpress?

In primo luogo, **i risultati di ricerca, vengono mostrati in ordine di importanza** e non per data; ciò può aiutare quindi gli utenti a ritrovare più facilmente il contenuto desiderato. Inoltre, in caso di ricerca avanzata, **il plugin è in grado di ricercare soltanto una parte di una parola**, se non riesce a trovare corrispondenze con un termine completo. Ancora, consente di **ricercare documenti per titolo o per parti di**

titolo, se non si ricorda il tutto. Inoltre, è in grado di **ricercare delle frasi con parentesi, virgolette e quant'altro**, che tutti gli altri plugin non supportano.

Insomma, come facilmente intuibile, le migliorie introdotte da Relevanssi sono molteplici. Se poi fra le caratteristiche avanzate vi è pure **l'opzione "Forse cercavi" modello Google**, la possibilità di cercare commenti, tag e campi personalizzati con tanto di testo in evidenza, e molteplici ed ulteriori funzionalità, come il **supporto multilingua**, è evidente che l'utilizzo di questo plugin amplifica e di non poco quelle che sono le caratteristiche di ricerca all'interno del proprio sito Wordpress.

Servirà sicuramente a chi ha necessità di gestire un ottimo sistema "search" all'interno del proprio sito, ma **Relevanssi è idoneo anche a tutti quei portali standard, o di news**, che contenendo numerosi articoli, vogliono offrire al visitatore la possibilità di trovare in pochi secondi dei contenuti indicizzati.

Modificare avatar Wordpress con il plugin "User Photo"

Una delle pecche di Wordpress per quel che riguarda la gestione degli utenti, consiste nell'**impossibilità di modificare l'avatar del proprio profilo**, da utilizzare poi per commenti, o per la redazione di articoli. O meglio, in realtà è possibile modificare solo l'avatar dell'amministratore, andando a sostituire quello di default, ma se si gestisce una redazione, o un parco di utenti registrati per i commenti, è chiaro che ciò non basta; vediamo insieme quindi **come modificare l'avatar di Wordpress con il plugin "User Photo"**.

Come di consueto, è necessario in primo luogo scaricare ed installare il plugin, o manualmente, tramite l'apposita procedura indicata, oppure in maniera automatica. Prima di attivarlo, è **opportuno verificare che il template sia predisposto ad ospitare la modifica,** che va a creare una specie di box per ogni autore o commento, in cui inserire l'avatar, ed eventuali descrizioni e dettagli aggiuntivi. **Il componente infatti introduce i seguenti nuovi tag:**

- userphoto_the_author_photo()
- userphoto_the_author_thumbnail()
- userphoto_comment_author_photo()
- userphoto_comment_author_thumbnail()

E' obbligatorio che questi ultimi appaiano all'interno della sezione script del php, i primi due vicino `the_author()`, e gli altri due vicino `comment_author()`. In futuro, promettono gli sviluppatori, `userphoto_the_author_photo()` e `userphoto_the_author_thumbnail()` potranno essere utilizzati ovunque, con appositi ed ulteriori requisiti.

Attivato il plugin, il suo funzionamento è istantaneo, semplice ed immediato. **Dopo una breve configurazione** che può essere eseguita direttamente nell'apposita schermata di riepilogo del plugin all'interno del menù "Strumenti", **cliccando sulla gestione degli utenti e quindi su ogni singolo utente, si potrà caricare rapidamente l'avatar**, secondo le proprie preferenze e rispettando le dimensioni indicate, e poi ulteriori campi di descrizione, se preferiti. **Si genererà in maniera automatica anche la Thumb** che sarà poi quella che si vedrà all'interno dei post o dei commenti, ed in questo modo chiunque potrà personalizzare il proprio profilo, senza la necessità di utilizzare le ormai classiche ed obsolete immagini "default" di Wordpress, decisamente non adatte sia per presentare la redazione, che ovviamente per gli utenti i quali vogliono identificarsi o vogliono comunque essere riconoscibili.

Esistono, è opportuno sottolineare, **anche altre tipologie di plugin che bene o male arrivano allo stesso risultato**. Questo a parer nostro ci è sembrato uno dei più completi, ed è per questo che ve lo stiamo segnalando. **L'accoppiata perfetta del prodotto è con template premium** che non includono queste funzionalità, ma che essendo già predisposti, facilitano l'integrazione ed il funzionamento del plugin in pochi e semplici passi.

Per qualsiasi informazione è possibile consultare il forum degli sviluppatori all'interno della directory Plugin ufficiale di Wordpress, o visualizzare i commenti degli utenti, spesso indicanti la soluzione di bug o eventuali fix.

Modificare il pannello amministratore Wordpress

Uno degli aspetti forse più trascurati durante l'ordinaria gestione del proprio sito Wordpress, è forse il pannello amministrazione, le sue disparate funzionalità e le possibili personalizzazioni. Si tratta di uno strumento, che per i non esperti, può essere poco intuitivo e non molto accessibile. Vediamo insieme quindi **come modificare i vari menù all'interno del pannello amministratore Wordpress**.

Come di consueto, ci viene incontro un plugin per questa particolare tipologia di procedura. Si tratta di **Admin Menu Editor, un prodotto che già di recente ha superato le centinaia di migliaia di download**, grazie alla sua efficacia, soprattutto all'interno di portali in cui è presente una numerosa redazione, ed in cui è necessario riorganizzare i menù, gestirne i vari accessi e quant'altro.

Il plugin, come di consueto, si installa rapidamente tramite la procedura automatica, oppure in via manuale, caricandolo su Wordpress ed installandolo poi successivamente dal pannello amministratore. Una volta attivato, può essere utilizzato in pochi secondi e facilmente, grazie ad una **somiglianza col sistema di gestione dei Widget**, che esattamente è stato riprodotto per l'organizzazione dei menù, personalizzabili così in pochi e semplici passi.

In primo luogo, consente di poter **modificare il nome di un menù, di gestire i permessi di accesso, gli URL, le icone e quant'altro.** In questo modo è possibile pertanto gestire secondo le proprie necessità ed esigenze qualsiasi tipo di menù e submenù del pannello di amministrazione Wordpress.

Inoltre, consente di **mostrare o nascondere alcune voci di menù a determinati gruppi di utenti**, amministratori inclusi. Così, se per esempio si vuole limitare la gestione del portale, o nascondere alcuni fra i menù più sensibili, come quelli legati alle impostazioni e simili, si può fare senza alcun problema.

Importante è anche la possibilità di **spostare un submenù all'interno di un altro menù**. In questo modo si possono riorganizzare tutte le voci anche per macro aree, per facilitare la lettura e la raggiungibilità di alcuni collegamenti, a volte piuttosto "nascosti". Ciò è ideale per le voci di menù di configurazione e settaggio di alcuni plugin, che a volte richiedono un paio di minuti per essere scovate all'interno dei numerosi ed articolati menù tradizionali di Wordpress. Se un prodotto o un collegamento si utilizzerà spesso, potrà essere inserito come voce di menù principale e potrà quindi essere raggiunto rapidamente e senza alcun problema del caso.

Fra le diverse possibilità di personalizzazione, vi è anche un sistema per **inserire delle voci di menù che rimandano a link esterni o parti specifiche della dashboard**. In questo modo è possibile quindi gestire il collegamento dei vari menù del pannello di amministrazione Wordpress, secondo le più disparate necessità ed esigenze del caso.

Proteggere Wordpress con Acunetix

Il tema della sicurezza per i titolari di siti con piattaforme Wordpress è sempre **all'ordine del giorno**, vista la propensa vulnerabilità dei CMS ad attacchi di diverse tipologie, e visto e considerato che il noto prodotto è uno dei più utilizzati, ad oggi, per la realizzazione e la gestione di blog e siti internet.

Oggi vi presentiamo un **plugin che consente di trovare le vulnerabilità della propria piattaforma Wordpress**, ed eventualmente di correggerle. Il prodotto infatti effettua una scansione delle proprie pagine e permette di correggere **eventuali problemi con file, permessi database e quant'altro**, suggerendo tutte le varie fix ed i procedimenti per poter meglio "blindare" il proprio sito contro qualsiasi tipologia di falla.

Installato all'interno della propria piattaforma Wordpress o tramite la procedura automatica oppure manualmente, **Acunetix Secure WordPress funziona in maniera particolarmente semplice ed immediata**. Attivato infatti, effettua una scansione di tutte le eventuali vulnerabilità, indicando i file coinvolti ed i possibili rimedi. In primo luogo **ci indica i permessi da impostare a tutte le varie cartelle all'interno dello spazio Web**, per evitare possibili attacchi. Inoltre offre un monitor aggiornato in tempo reale, in grado di offrire informazioni in merito a visitatori attualmente connessi alle proprie pagine, ed attività col server.

Fra le altre funzionalità indica in una serie di tabelle piuttosto comode ed intuibili tutte le varie **vulnerabilità del proprio sito, catalogate con vari colori, da verde fino al rosso,** a seconda della gravità e dell'importanza. In questo modo per esempio, se il file readme di Wordpress, soggetto a diversi attacchi, è presente nella propria root, quest'ultimo verrà indicato di giallo, vista la possibile fonte di problemi.

Il fatto che la propria versione di Wordpress sia perfettamente leggibile all'interno del codice del proprio sito o nei vari link e meta, verrà indicato di colore rosso, visto che si tratta di **un'informazione importantissima per qualunque malintenzionato che vorrà "bucare" il nostro sito**, prendendone il controllo.

Il plugin indicherà quindi un suggerimento per poter porre rimedio al problema; più caselle "verdi" compariranno, e di conseguenza più il proprio sito sarà protetto e meno esposto alle vulnerabilità. In questo modo è possibile facilmente **proteggere Wordpress, con il lavoro di Acunetix Secure WordPress**. Questo prodotto, coadiuvato con altri plugin di sicurezza e con un'oculata gestione del proprio sito consentirà al webmaster di dormire sonni tranquilli. **Ulteriori accorgimenti del caso e backup giornalieri dovrebbero mettere al riparo poi il tutto da qualunque problema,** visto che in pochi secondi sarà possibile eventualmente ripristinare la propria installazione.

Spam su Wordpress: plugin e metodi contro la piaga del secolo

Che cos'è e cosa provoca

Uno degli argomenti più importanti trattati dai webmaster, così come da innumerevoli software che utilizziamo praticamente in tutti i nostri dispositivi elettronici, è lo **spam**. Questa parola, la cui derivazione è molto curiosa, indica **l'invio di messaggi indesiderati, spesso a carattere commerciale**, tramite gli strumenti informatici ad oggi a disposizione (email, chat, forum, siti internet).

Perché i webmaster stanno molto attenti a questo fattore, e **come influenza la gestione di un sito** o di un blog su Wordpress, o su qualsiasi CMS? In primo luogo, lo spam è **assolutamente nocivo per un sito internet**. I commenti o i messaggi indesiderati che "automaticamente" appaiono sulle proprie pagine, penalizzano di molto in primo luogo l'**affidabilità e la serietà di un portale, e poi incidono abbastanza anche dal punto di vista SEO**.

Una notizia di economia, magari commentata in lingua inglese con **link che rimandano a chissà quali portali internazionali**, spesso di argomenti "hot", non verrà vista di buon occhio ne da un visitatore vero e proprio, che certamente non si ricorderà positivamente di quel sito, ne dai motori.

Proprio per questo **combattere lo spam è fondamentale**, ed a maggior ragione su Wordpress o CMS automatici, come quelli utilizzati per la gestione di blog, siti e forum, ciò diventa imprescindibile, per evitare che il proprio sito degeneri fino a divenire catalogato come "spazzatura" da utenti e spyder.

Come combatterlo: plugin e software, ma che non siano solo captcha!!

Per combattere lo spam, esistono tanti metodi e soluzioni, più o meno efficaci, che con una continua sorveglianza da parte del webmaster, possono tenere effettivamente lontano lo spam da un determinato sito. Alcuni di questi sono dei **plugin**, altri sono **software** che controllano come degli antivirus, la registrazione di utenti o l'invio dei messaggi su forum o guestbook per esempio.

Uno dei componenti più importanti ed utilizzati su Wordpress, è lo **"Spam Free Wordpress" plugin**, che in maniera automatica, senza l'utilizzo di captcha, tiene lontano il nostro blog da commenti di spam.

Perché non usare il metodo ordinario captcha, quando spesso e volentieri funziona? In primo luogo, se non costantemente aggiornato, possiede delle falle che vengono comunque arginate da software e programmi evoluti, che nel campo dello spam, sono sempre "al passo coi tempi". Inoltre **il captcha spesso provoca più l'ira degli utenti**, che magari per inviare un commento devono tentare ad indovinare per 5-6 volte consecutive un codice o una frase incomprensibile (tranne in determinate versioni), ed alla fin fine non si riesce comunque a filtrate in toto la "spazzatura".

E' per questo che consigliamo l'uso di simili plugin, come quello sopra indicato, che riescono a risolvere il nostro problema, in maniera semplice ed immediata. Basta installarli, come di consueto, e configurarli in pochi e semplici passi. Il nostro blog sarà immune allo spam, o comunque non richiederà eccessivi lavori di pulizia periodici, come purtroppo avviene utilizzando altri metodi non totalmente efficaci.

Wordpress antispam: captcha free plugin

L'attacco di spambot ad un sito wordpress, che spesso fa si che vengano pubblicati **commenti a post in inglese, magari con link particolari**, o **che si registrino utenti da nickname curiosi**, è un qualcosa con cui i webmaster hanno a che fare presso che quotidianamente, a maggior ragione se il proprio sito è ricco di contenuti e traffico. In che modo **si può combattere lo spam su Wordpress**? Grazie al Captcha free plugin di "Bestwebsoft", che abbiamo provato personalmente e che sembra dare i frutti sperati.

Il software come di consueto **integra il modello captcha per verificare tutte le principali funzionalità del sito**, come l'invio dei commenti, ma anche lo stesso login. A differenza però dei classici standard che prevedono l'invio di codici praticamente illeggibili, o di risolvere combinazioni curiose che neanche l'utente umano riesce a completare prima di tre o quattro tentativi, **il plugin da noi scelto chiede di risolvere domande logiche molto elementari**, ma particolarmente efficaci, che consentono di bloccare totalmente lo spam

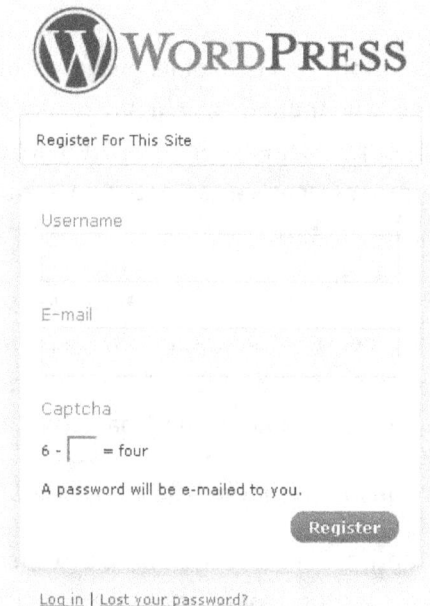

Qualsiasi **utente umano saprà risolvere 4+1 o 6:2**, e proprio per questo il plugin combina l'efficacia del captcha, che dividendo il login o l'invio dei commenti in più step blocca lo spam, ed allo stesso tempo **non obbliga l'utente a riflettere particolarmente o a fare diversi tentativi**, grazie a calcoli matematici elementari che possono essere risolti in pochi secondi.

Il funzionamento del plugin consente anche di utilizzare i classici codici, ma vi consigliamo vivamente il metodo "matematico", particolarmente efficace e meno noioso per gli utenti.

L'installazione del software è normale, e si può effettuare come di consueto o tramite la procedura automatica, oppure tramite quella manuale. Una volta **attivato il plugin** nell'apposita pagina della dashboard, bisogna soltanto **configurare quest'ultimo** collegandosi nella pagina "Captcha", situata nel pannello Opzioni. Ci si ritroverà una pagina simile alla seguente:

A questo punto basta semplicemente **configurare il plugin secondo le nostre necessità** o esigenze, a seconda del livello di protezione che vogliamo impostare, ed in seguito si dovranno spuntare tutti i vari form in cui usare il prodotto, come il "login", il "recupero password", "l'invio dei commenti" e la "registrazione".

In questo modo, bloccando l'accesso allo spam a tutte quelle che sono le aree cruciali del nostro sito web, **i commenti indesiderati, così come gli stessi account "fake" verranno bloccati facilmente**. Il webmaster non dovrà più combattere con quella che possiamo definire come la piaga del secolo, e gli utenti non si ritroveranno fra le loro conversazioni post curiosi, fuori tema e con link che possono portare a siti malevoli, contenenti software nocivi o comunque materiale indesiderato.

Come di consueto si possono utilizzare anche altri metodi per bloccare lo spam, ma con questo noi che lo abbiamo provato in prima persona abbiamo risolto, quindi **ve ne possiamo assicurare un completo funzionamento ad oggi.** Magari potrà capitare qualche volta che un bot riesca a superare il sistema, ma finora ad oggi non è successo a noi, e quindi speriamo allo stesso tempo che non succeda neanche a voi.

Fra gli altri pregi del plugin vi è **un'ottima integrazione grafica**, così come la prontezza nel rispondere ai collegamenti col database. Il vostro **sito infatti non verrà assolutamente rallentato** ma anzi, risulterà più veloce e pulito da commenti spam che oltre a rallentare il caricamento delle pagine, incidono negativamente in fattori come il posizionamento ed il SEO, indispensabili ad oggi per poter indicizzare correttamente un sito sui motori di ricerca.

Fra le caratteristiche del plugin vi è inoltre la **possibilità di settare la lingua italiana**. Nonostante comunque utilizzando i numeri in caratteri standard non sia necessario, coloro i quali che vorranno utilizzare la combinazione in lettere dovranno per forza di cose "tradurre" il plugin, che già pronto deve semplicemente essere configurato per poter cambiare la lingua di funzionamento.

La procedura può essere fatta in pochi secondi tramite l'edit dei file di configurazione dello stesso plugin, ma **per qualsiasi dettaglio in merito vi rimandiamo alle FAQ** del software, in cui vengono chiariti tutti i dubbi del caso e possibili errori o problemi derivanti dall'installazione o dall'uso del plugin.

Wordpress: come installare una slideshow

Molto apprezzata dai webmaster e dagli stessi visitatori, **la slideshow è un ottimo strumento** che consente, tramite l'ausilio delle immagini e di poche parole, di poter fornire un riepilogo di notizie, articoli e post presenti nel sito, che può essere consultato in pochi secondi.

Operativa infatti all'interno di importantissimi siti internazionali, come quello della stessa BBC, **la slideshow è un valido artificio che in primo luogo consente di arricchire graficamente la propria homepage**, se ben curata, ed inoltre offre **un'ampia ed immediata visione sui vari contenuti**, che solitamente possono essere raggiunti in pochi click dalla stessa slide.

Alcuni temi di Wordpress includono già una slideshow. In alternativa, **in che modo è possibile installare una simile fattezza grafica?** La soluzione più semplice, immediata e forse unica è l'utilizzo di appositi plugin, che in questo caso ci semplificano di molto il lavoro e ci consentono, tramite meccanismi automatici e semplici editor, di poter gestire la nostra slide in pochi minuti. Uno di questi è "Slideshow", che può essere **scaricato gratuitamente ed installato**, per offrire tutte le potenzialità del caso di cui vi abbiamo parlato.

Come di consueto, è possibile seguire la procedura manuale, ovvero tramite il caricamento dei file nella cartella "plugin" del proprio spazio web, ed attivazione successiva, oppure quella automatica, attraverso l'ausilio del pannello d'amministrazione Wordpress, che rende molto più semplice il tutto.

Una volta installato, il plugin va attivato e può essere subito utilizzato per la creazione di una nuova slide. Cliccando sull'apposito pulsante **"crea nuova slideshow" in primo luogo si potranno inserire le immagini** desiderate, per mezzo del pulsante "Inserisci immagini in slide". Si aprirà una finestra di popup che tramite un semplice editor ci permetterà di scegliere gli scatti preferiti dal nostro desktop; la stessa procedura è necessaria per slide video o testuali, pertanto è opportuno ricordarsi comunque di salvare.

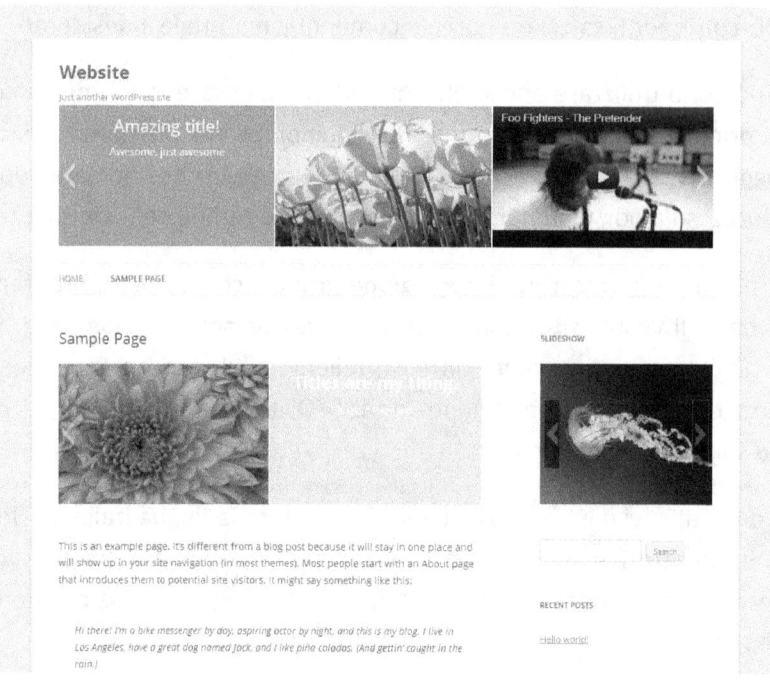

Una volta **sistemato il setting della propria slide, si può andare in un post o in una pagina qualsiasi**, a seconda delle proprie necessità ed esigenze, e un popup che apparirà farà attivare un nuovo ed ulteriore editor di testo, che consentirà di posizionare la slide nella posizione preferita della pagina o dell'articolo prescelto. **E' possibile utilizzare un codice html per effettuare la procedura in maniera manuale**, che può essere più idonea se per esempio si vuole inserire la slideshow fissa, in homepage, senza alcuna variazione.

In questo caso è necessario **modificare il template**, ricercare la posizione nel foglio css più idonea, ed inserire la slide con le adeguate personalizzazioni, affinché sia perfettamente integrata graficamente e tecnicamente con il proprio sitoweb.

Tramite le impostazioni del plugin si potrà affidare ai propri articolisti o a particolari membri dello staff la gestione della slideshow, con i dovuti permessi, ed in questo modo si potrà avere **un sito ed una slideshow costantemente aggiornati e funzionali.**

Il plugin può essere utilizzato comunque per sfruttare la slide come una sorta di **galleria immagini**, che può essere inserita in apposite pagine in pochi passi e può essere sfruttata quindi anche in questa maniera, senza alcun problema.

Wordpress Event Manager: gestisci i tuoi eventi con un semplice plugin

Il plugin Wordpress Event Manager, sicuramente non sarà ideale per la maggioranza dei siti e blog installati con Wordpress. Tuttavia, per coloro i quali **gestiscono dei portali di organizzazione di eventi, e vogliono utilizzare un gestionale online** che consente facilmente di capire chi verrà, le prenotazioni effettuate e tutto, Wordpress Event Manager è in pratica la soluzione ideale.

Si tratta di un prodotto che con semplici caratteristiche, consente di poter organizzare come non mai i propri eventi, con l'ausilio di alcune funzionalità importanti, come **Maps e sistemi appositi di prenotazione, che offrono un quadro chiaro all'utente visitatore, ed anche tutte le varie informazioni del caso all'organizzatore**, che in questo modo può gestire come non mai la sua serata o ricevimento.

Il funzionamento del plugin è molto semplice. Una volta installato o tramite la procedura automatica oppure in via manuale, bisogna accedere all'apposita voce di menù che si verrà a creare nella nostra dashboard.

A questo punto, basterà **creare un evento, inserendo tutte quelle che sono le caratteristiche fondamentali, come l'ora, il luogo, una descrizione e tutte le info per le prenotazioni**, ed in seguito si potrà semplicemente schedulare ed integrare il tutto, in una pagina del proprio sito Wordpress, tramite shortcodes o semplici accorgimenti.

L'utente interessato, dietro ovviamente registrazione o secondo i parametri da noi indicati, potrà collegarsi, accedere alla pagina dell'evento ed **effettuare una prenotazione, eventualmente indicando il numero di persone e tutte le informazioni necessarie all'organizzatore, anche con un possibile pagamento online**, tramite gli strumenti della rete come Paypal o altri, per particolari circostanze.

L'utente riceverà una conferma ufficiale che potrà anche conservare come ticket d'ingresso o per qualsiasi tipologia di funzionalità. Il webmaster, dal canto suo, potrà vedere tutti i dati inseriti dall'utente, eventuali suoi contatti e molte altre informazioni, per gestire la serata e la clientela come mai prima.

Ogni evento ovviamente può essere suddiviso per categoria o sezione, a seconda della tipologia; ogni scheda può contenere varie informazioni come le attività che si svolgeranno, il programma, e molto altro. Insomma, **si potrà personalizzare il tutto secondo le proprie necessità ed esigenze**, per offrire comunque un servizio di assoluto rilievo alla clientela ed anche all'organizzazione, che in questo modo molto più facilmente potrà gestire il tutto.

Dal punto di vista tecnico, il plugin funziona semplicemente. **Può anche essere arricchito con appositi widget da inserire in home page o su alcune parti del proprio sito**, che interfacciano l'utente col software di prenotazione, ed ovviamente può essere personalizzato a proprio piacimento.

Esiste anche una versione a pagamento del prodotto, che include ulteriori funzionalità aggiuntive, ideali sicuramente ai professionisti ed a coloro i quali gestiscono molto col web questo tipo di iniziative. Basta valutare la scelta ideale in base alle proprie necessità e procedere eventualmente o al download o all'acquisto del prodotto, sicuramente uno dei più validi per questa tipologia di settore.

Gestire un sito Wordpress multilingua: ecco il plugin che traduce tutto

Al mondo d'oggi, con un **mercato**, quello di internet, **sempre più internazionale**, offrire la possibilità a tutti gli utenti del mondo di leggere le proprie pagine, è un vantaggio non indifferente, visto che in questo modo si può ampliare il proprio business veramente a tutti. E così, molti webmaster che gestiscono un **sito realizzato con Wordpress**, vorrebbero renderlo **multilingua**; ma come? Molti si affidano a semplici tool che con l'ausilio di Google Translate, in maniera "approssimata" offrono delle traduzioni generali delle proprie pagine; altri preferiscono utilizzare dei **programmi professionali**, che a pagamento, offrono risultati di prim'ordine.

Uno di questi è **WPML Plugin**, un **add-on a pagamento** che consente di poter gestire il proprio sito Wordpress multilingua, senza alcun problema del caso. Il vantaggio del prodotto è che offre **traduzioni dirette delle proprie pagine, senza l'ausilio di altri fattori**; pertanto gli utenti non si ritroveranno a passare da Google o altri programmi, bensì accederanno direttamente a delle pagine tradotte, in maniera molto più efficace e professionale.

Il plugin infatti non si limita a tradurre i contenuti delle pagine, ma **intrinsecamente traduce plugin, articoli, moduli, componenti aggiuntivi**, e tutto ciò che può essere offerto in disparate lingue, con pochi errori e con una percentuale di efficienza molto alta.

In primo luogo infatti, **WPML Plugin traduce i contenuti di Wordpress, e relativi moduli e plugin standard, grazie a delle basi di partenza già inserite dagli sviluppatori**, che includono traduzioni impeccabili e professionali in decine e decine di lingue. "Sistemata" poi la base del programma, il componente si occupa di tradurre tutte le fattezze gestite dal webmaster, come gli articoli, eventuali componenti aggiuntivi e testi, tramite potenti motori che offrono risultati importanti e di prim'ordine.

In questo modo, non solo **la base stessa di Wordpress sarà ottimamente tradotta, nel suo stesso "scheletro",** e non per come appare (come farebbe GTranslate per esempio), ma allo stesso tempo tutti i vari contenuti verranno resi disponibili in diverse lingue, secondo le nostre necessità ed esigenze, grazie alle funzionalità del programma, veramente eccellenti.

Il plugin consente di scegliere le lingue da mostrare come disponibili per la traduzione, ed inserendo le principali, o a livello europeo, o a livello mondiale, **in base al mercato a cui si rivolge il proprio business**, si potrà **rendere Wordpress multilingua** senza alcun problema del caso.

A differenza degli altri plugin di cui vi abbiamo spesso parlato, che sono gratuiti, il programma **WPML è a pagamento, ed il suo costo si aggira intorno alla cinquantina di euro**; ci rendiamo perfettamente conto che non è basso, ma il tutto è giustificato dal fatto che lo stesso team di sviluppatori vi offrirà **un anno di assistenza e garanzia, qualora abbiate problemi con le traduzioni**, o con l'uso del programma per tradurre plugin o particolari add-ons. Insomma avrete **un risultato professionale e completo**, se vorrete presentare una vetrina della vostra attività, al mercato internazionale in maniera seria, efficiente e professionale.

Ovviamente se poi vorrete aggiungere un plugin per traduzioni molto più semplici ed immediate, di gratuiti ne esistono a decine; il risultato sarà ovviamente meno brillante, ma comunque soddisfacente per siti che si affacciano al mercato italiano, e che vogliono usufruire di piccole chicche aggiuntive come **la disponibilità "multilingua", per apparire più professionali ed efficienti**. E' evidente che un sito per essere completo ad oggi quantomeno deve essere disponibile, nelle sua caratteristiche principali, anche in inglese. E' chiaro che poi in base alla qualità preferita, ed in base **all'effettiva necessità del multilinguismo**, vi orienterete su plugin gratuiti o su questo prodotto professionale che vi abbiamo indicato, uno fra i migliori che abbiamo provato; ovviamente il tutto dipenderà dalle vostre esigenze del caso.

Sicurezza Wordpress: prevenire attacchi con semplici rimedi

La piattaforma Wordpress, insieme a tutti i principali CMS, è stata **oggetto, periodicamente, di diversi attacchi hacker**, che spesso approfittano della distrazione o dell'eccessiva fiducia dei webmaster, per poter compromettere server ed installazioni di siti web.

In che modo ci si può difendere, e **quali sono i rimedi più semplici ma affidabili**, che ci consentono di fortificare e di molto la nostra installazione di Wordpress? E' bene sottolineare che solitamente gli attacchi sfruttano le vulnerabilità di add-ons o plugin, e soprattutto dell'account amministratore. Vediamo quindi come ci si può difendere da simili situazioni.

Gestione dell'account admin

Quello che molti non sanno, è che **gli attacchi più numerosi, partono proprio da un account amministratore compromesso.** Questo perché i malintenzionati forzano il login dell'account admin, che se lasciato in maniera standard, così come lo genera Wordpress alla prima installazione, è facilmente "bucabile".

Per risolvere il problema, basta semplicemente **rinominare l'account** evitando di utilizzare la parola "admin", ed usare una **password piuttosto robusta, complessa**, magari con lettere, numeri e caratteri speciali, che sicuramente impedirà o renderà alquanto difficile qualsiasi tipologia di attacco sotto questo fronte. Si può fare tutto dal pannello di amministrazione di Wordpress, in pochi secondi.

Protezione della fase di login

Ricollegandoci al primo punto, ma anche ad ulteriori fattori, è opportuno **proteggere la fase di login**, proprio per evitare che hacker, con appositi software, tentino di accedere con migliaia di tentativi effettuati in pochi secondi, che prima o poi riescono a compromettere account ed area admin.

Per la protezione della fase di login, la tecnica più indicata è quella della **"two step autentication"**, solitamente ottenibile tramite l'uso di plugin (spesso captcha). L'utente, dopo aver inserito nome utente e password, dovrà **rispondere ad un'ulteriore richiesta**, o tramite domande piuttosto semplici random ("la capitale d'Italia" o "quanto fa 3+2"), oppure attraverso **autenticazioni alternative** come quella di Google, conosciuta come "Google Authenticator", sempre più in voga in questi ultimi periodi.

Utilizzando **qualsiasi tecnica che in generale renda la fase di login in due step**, si riescono a bloccare tutti quei software automatici che anche tramite attacchi "bruti" provano migliaia di combinazioni, per poter accedere, in questo caso tutte bloccate dallo "step" successivo richiesto, obbligatorio per poter completare la procedura d'autenticazione.

Aggiornamento di plugin e componenti aggiuntivi

Altrettanto utile e fondamentale è **l'aggiornamento periodico di tutti i plugin e dei componenti aggiuntivi** installati su Wordpress. Gli hacker spesso utilizzano le vulnerabilità proprio di questi add-ons, che se attaccati riescono a far accedere il malintenzionato all'installazione di Wordpress, che può essere compromessa.

Spesso e volentieri, tutti quei **plugin che gestiscono la cache o la cancellazione periodica dei file temporanei** sono i più soggetti a simili attacchi, poiché strettamente collegati all'area amministrativa del sito.

Non è un caso che **periodicamente gli stessi sviluppatori rilascino aggiornamenti** con così detti "bug fix", effettuati proprio per evitare simili situazioni spiacevoli e per ottimizzare l'utilizzo dei plugin stessi.

Utilizzo di plugin di sicurezza

Un altro metodo molto utile che può limitare di gran lunga gli attacchi, è **l'utilizzo di plugin di sicurezza che possono blindare l'installazione di Wordpress** da qualsiasi azione "malevola".

Poiché quasi la totalità degli attacchi proviene da vulnerabilità del CMS, e non da eventuali falle nei server, protetti da potenti antivirus e firewall, è opportuno **proteggere Wordpress con alcuni plugin**, i quali con semplici rimedi, posso limitare una grandissima quantità di attacchi.

Alcuni plugin per esempio, **disattivano l'accesso all'area admin a determinati orari** (come la notte per esempio), quando praticamente il webmaster non lavora. In questo modo qualsiasi tentativo di accedere alla dashboard in determinate parti della giornata sarà bloccato e renderà protetta l'installazione.

Altri programmi (come **Login Security Solution**) **bloccano eccessivi tentativi di login provenienti dallo stesso indirizzo ip**. In questo modo si rendono inefficaci tutti quei software che provano ad accedere con migliaia di combinazioni generate, che una volta provenienti dallo stesso ip, verranno bloccate dopo per esempio 3 errori consecutivi.

Insomma, **combinando l'utilizzo di semplici componenti come quelli sopra indicati, con le tecniche spiegate in precedenza** che possono essere svolte in pochi minuti, l'installazione di Wordpress sarà in grado di prevenire e bloccare quasi la totalità degli attacchi "random" provenienti da software e spyder malevoli, che solitamente colpiscono i siti con determinate caratteristiche, a migliaia.

In questo modo, avendo a **disposizione anche il backup periodico del proprio portale**, per qualsiasi situazione si sarà in grado di porre rimedio, qualora nonostante le diverse protezioni, il proprio sito venga comunque compromesso. **Prevenire gli attacchi con semplici rimedi** consentirà comunque di poter attenzionare l'organizzazione pura del proprio sito, con la piena sicurezza di gestione e d'utilizzo da parte degli utenti.

Come limitare tentativi di login su Wordpress

Una delle tecniche più semplici per **prevenire lo spam o per bloccare possibili attacchi** che possono in qualche modo destabilizzare la propria piattaforma Wordpress, consiste nel **limitare i tentativi di login**. Questo perché un essere umano, in caso di errore, non potrà sbagliare più di due o tre volte, mentre **un bot, senza alcun limite, potrà provare degli attacchi bruti con milioni di tentativi** per "sfondare" un account o una sezione riservata, causando non pochi problemi. Ecco perché è necessario limitare i tentativi di login, per evitare qualsiasi problema del caso.

Alcuni, per far ciò, consigliano l'utilizzo di **plugin che dividono proprio in due step la fase di log-in**; si tratta di semplici accorgimenti che oltre l'inserimento di user e password, richiedono di rispondere a semplici quesiti di logica o domande particolarmente immediate e scontate, per un utente standard. Questa procedura nella maggior parte dei casi, consente di **prevenire ampiamente l'invasione di bot**, sia come utenti registrati, che sotto forma di commenti ai post, molto fastidiosi, invasivi e poco utili agli utenti e dal punto di vista SEO.

Chi non vuole cimentarsi in questa particolare tecnica, può semplicemente **limitare i tentativi di login al proprio sito, con un plugin molto personalizzabile**, che consente di ottenere risultati simili, e di evitare principalmente che un attacco bruto possa compromettere un account. Quello che fa al caso nostro si chiama **"Limit Login Attempts", un prodotto facilmente personalizzabile e molto efficace**, utile per prevenire questa tipologia di problemi e non solo. Consente infatti di limitare i tentativi di login per cookie, e per ip, sia in maniera automatica, che manualmente, se si vuole appunto effettuare un ban.

In caso di errore, tramite un'interfaccia grafica perfettamente integrata col proprio sito, **il plugin segnalerà all'utente i tentativi di rimasti, prima di bloccarlo eventualmente per un tot di tempo**, da noi ovviamente stabilito, la procedura effettiva in grado di bloccare qualsiasi tipo di attacco bruto o azione di bot. Non solo, in caso di errore continuato, il plugin potrà bloccare il login di un utente per ore e giornate intere, al fine di bloccare in maniera totale, qualsiasi tipologia di tentativo di attacco.

L'installazione, come di consueto, si effettua o tramite la procedura automatica, oppure manualmente. **Una volta attivato il plugin, si potrà personalizzare direttamente dalla propria dashboard, sulla pagina opzioni.** E' importante selezionare se eventualmente il proprio sito è hostato o gestito da un proxy, per evitare malfunzionamenti ed errori gravi durante il lavoro del plugin.

Nell'apposita pagina si potranno personalizzare il numero di tentativi, i minuti di blocco (dopo il tot di tentativi), il tempo di blocco dopo tot blocchi di login, e le ore prima del reset. Tramite queste personalizzazioni **il plugin risulterà configurato secondo le nostre necessità ed esigenze**, e contribuirà ad arginare un fenomeno purtroppo scomodo, che può causare non pochi problemi, se trascurato.

Proteggere Wordpress da virus, attacchi e file malevoli: vediamo come

Il noto CMS, particolarmente famoso ed utilizzato da milioni e milioni di utenti al mondo, **proprio per la sua notorietà è spesso oggetto di attacchi e di diffusione di virus**, visto che come sappiamo non è indenne da vulnerabilità, come d'altronde ogni piattaforma sul web. In questo nostro post vedremo pertanto come proteggere Wordpress da questa particolare tipologia di problematica, con l'ausilio di un semplice ma efficace plugin: **Wordfence Security**.

Premessa

Prima di qualsiasi tipologia di software di controllo, che può ovviamente aiutare il webmaster a mantenere sicuro il proprio sito, è necessaria una buona dose di consapevolezza e professionalità nel gestire una piattaforma. Questo significa che **al di là di ogni possibile antivirus o plugin che possa metterci al riparo da imprevisti, nell'80% dei casi, i problemi avvengono solo ed esclusivamente per colpa nostra.**

Caricare file di origine sconosciuta sul proprio spazio web, utilizzare delle credenziali non efficaci, o gestire malamente Wordpress, sono fattori che contribuiranno a rendere più insicuro il nostro sito, in maniera particolarmente sproposita.

Aggiornando invece continuamente Wordpress e tutti i suoi plugin, con tutti gli ultimi bugfix degli sviluppatori, e verificando personalmente il caricamento di file su server, spazio web e database, si svolgerà già la maggior parte del lavoro del comparto "sicurezza". Se a questo si abbinerà poi un software di controllo come Wordfence Security, allora si potrà dire di aver fatto il massimo per proteggere il proprio sito Wordpress, che **coadiuvato con un backup giornaliero del tutto, sarà praticamente blindato da qualsiasi tipologia di problematica,** e comunque ripristinabile veramente in pochi minuti.

Installazione e configurazione del plugin

Se tutto ciò di cui abbiamo parlato in precedenza è chiaro, si può regolarmente procedere allo scaricamento ed all'installazione del plugin.

In sostanza, **il prodotto include un firewall, uno scanner antivirus ed altre tipologie di informazioni derivanti da un monitoring istantaneo del proprio portale**, utili per bloccare qualsiasi tipologia di minaccia. Inoltre include appositi accorgimenti per riparare plugin o file di cui non si ha un backup, per ripristinare il corretto funzionamento del proprio sito, magari dopo un attacco.

Il prodotto è totalmente gratuito, anche se esiste una versione a pagamento premium, con ulteriori funzionalità ancor più avanzate.

Scaricato il plugin ed installato, o tramite la procedura automatica, oppure in via manuale, bisogna procedere all'attivazione dello stesso. **Cliccando sullo "scan menù", bisognerà procedere alla prima scansione del proprio sito.** Completata la procedura di controllo, quasi sicuramente appariranno degli oggetti o dei file da trattare, per rendere più sicuro il proprio sito Worpress. Seguendo le istruzioni del programma, si renderà così blindata la propria piattaforma.

E' possibile in seguito **modificare il livello di sicurezza ed ulteriori funzionalità, nella pagina "avanzate" del prodotto**. Cliccando su live traffic si avranno invece delle informazioni inerenti proprio all'attività di monitoring del plugin.

In sostanza il processo di configurazione ed installazione è terminato. Si potrà poi **migliorare la sicurezza indicando un indirizzo email dove essere avvisati in caso di scoperta di nuove vulnerabilità, oppure ancora si potrà impostare una frequenza periodica di scansioni** e di correzioni di eventuali bug.

Il prodotto, a questo punto pronto, lavorerà proprio per garantire la protezione delle nostre pagina da qualsiasi tipologia di problematica, tramite tutti gli strumenti che vi abbiamo indicato, e tramite **un'esperienza fornita da appositi database inseriti dagli sviluppatori, con migliaia di malware conosciuti**, url malevoli bloccati e ulteriori aggiornamenti forniti proprio dagli stessi utenti, come in un normale software antivirus del caso.

Effettuare il backup di Wordpress

Come ogni webmaster consiglia, **effettuare il backup di Wordpress periodicamente** è qualcosa di fondamentale e necessario per un'adeguata e corretta gestione del proprio sito, e per stare allerta e sempre pronti a rispondere a qualsiasi minaccia succeda.

Per innumerevoli motivi, **è opportuno avere sempre una "copia" del proprio sito**, che potrà risultare utile e vitale in caso di problemi o qualora sia necessario utilizzare dei file di backup, quando quelli originali vengono corrotti, o persi oppure ancora danneggiati.

Può capitare che **modificando manualmente il template** o qualche plugin, ad un certo punto il sito vada in palla, per le variazioni di file errate che abbiamo effettuato. Ma ancora, **è possibile che il nostro portale venga attaccato**, e che si perdano o vengano compromessi quindi alcuni file. Oppure semplicemente **si è cancellato qualcosa per sbaglio**.

E' evidente che possedere una copia di backup aggiornata e funzionante è fondamentale, per poter porre rimedio a qualsiasi imprevisto che può capitare durante l'ordinaria gestione di un sito web. **Come si effettua il backup di Wordpress**, e quali sono i metodi più sicuri e funzionanti? Come spesso accade nel mondo di internet, è possibile effettuare o una procedura manuale, oppure una automatica; andiamo a scoprirle entrambe.

Procedura di backup manuale

Effettuare il backup di Wordpress in maniera manuale, **richiede in primo luogo l'accesso completo al database ed allo spazio web**, ed inoltre alcuni programmi come Filezilla, che siano in grado di gestire il proprio FTP.

Per prima cosa, bisogna quindi effettuare il **salvataggio dello spazio web**. Basta accedere in quest'ultimo tramite il software sopra indicato, **selezionare quindi tutte le cartelle ed i file presenti, e copiarle in una nuova directory sul nostro pc**, o dispositivo d'archiviazione del caso.

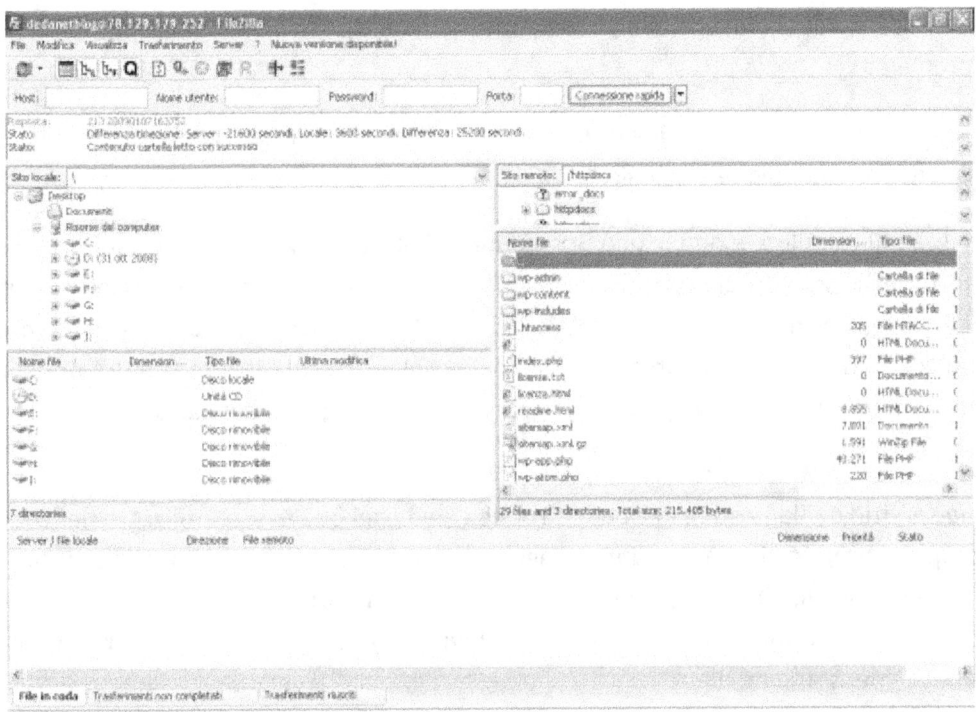

In base alla dimensione del sito ed alla dimensione dei file caricati ci vorrà più o meno tempo, ma in linea di massima nel giro di un paio di minuti si potrà completare la procedura senza problemi. E' bene **verificare che siano stati copiati tutti i file**, e che non risulti alcun errore dal trasferimento; alcune volte capita infatti che il programma non riesce a copiare qualche file. In questo baso, basta semplicemente ripetere la copia di quei file mancanti evidenziati, ed attendere.

Completato il salvataggio dello spazio web, bisognerà **eseguire il backup del database mysql**, in cui sono "scritti" tutti i post di un blog, le configurazioni, gli utenti e tanto altro. Anche in questo caso, bisogna accedere al database coi programmi che il vostro hosting vi fornirà (uno dei più noti è **phpmyadmin**), **selezionare tutte le varie "tabelle" presenti, ed effettuare l'export** del tutto in un formato noto e comodo per lo scopo (come sql).

Una volta che spazio web e database saranno salvati, la procedura si può ritenere completa

Procedura di backup automatico

Se non si vuole perdere molto tempo, e **se soprattutto il proprio blog viene aggiornato ogni giorno**, e necessita quindi di backup frequenti, se non appunto giornalieri, in questo caso è opportuno affidarsi a metodi automatici, che ci semplificano e di molto la procedura di salvataggio.

Uno di questi riguarda l'uso del **plugin "BackUpWordpress",** che fa proprio al caso nostro, consentendoci di **pianificare salvataggi automatici di spazio web e database**, secondo le nostre più disparate necessità ed esigenze.

Il plugin si installa come tutti, o tramite la procedura automatica, oppure tramite il caricamento manuale. **Una volta attivato nell'apposita pagina, basterà poi configurarlo secondo le proprie preferenze**, in modo che svolga il backup giornaliero del nostro sito, in tutta sicurezza.

Si potranno programmare preferenze personalizzate, così come **si potrà inviare il backup effettuato ad un indirizzo email,** per ulteriori sicurezze del caso, qualora venga compromesso lo stesso intero spazio web. Basta accedere alla pagina di workout del plugin (gratuito ed anche in lingua italiana), per gestire i backup senza alcun problema.

Una volta completato il settaggio, **il plugin funzionerà automaticamente**, ed effettuerà il backup di ftp e database, seguendo la schedule da noi indicata.

Per una sicurezza più completa è opportuno **possedere un'intera copia del sito non solo sullo spazio web, ma anche sul proprio pc** o su appositi dispositivi d'archiviazione di massa, per essere sempre pronti a ripristinare il tutto, anche in caso di perdita totale dei dati. **Alcuni hosting offrono a pagamento dei servizi di backup**, ma coadiuvando il tutto non si avranno mai problemi, e soprattutto si potrà ripristinare il blog, eventualmente, in tempi rapidi, senza incorrere in penalizzazioni da parte dei motori.

Effettuare il backup di Wordpress su Dropbox

Il **famosissimo servizio di file hosting in cloud "Dropbox",** ad oggi può essere **utilizzato per conservare una copia di backup del proprio sito in Wordpress**, aggiornata e perfettamente disponibile su tutte le proprie piattaforme. Questo perché Dropbox, pubblicato per pc, smartphone e tablet, crea una cartella virtuale personale interfacciata proprio su tutti i propri dispositivi, che può essere utilizzata in qualsiasi momento, sia per caricare che per scaricare file.

Per **effettuare il backup di Wordpress su Dropbox**, in maniera automatica, è necessario utilizzare un plugin, che se adeguatamente configurato, effettuerà una **copia del proprio spazio web e database sulla propria cartella virtuale**, copia che si potrà utilizzare secondo le proprie necessità ed esigenze, o per ripristinare il proprio sito in pochi secondi.

Scaricato ed installato, o tramite la procedura automatica, oppure tramite quella manuale, il plugin (Wordpress Backup to Dropbox) va adeguatamente configurato; nato proprio per assicurare il webmaster del fatto che il proprio blog è copiato in una cartella sicura e personale, pronto ad essere utilizzato per qualsiasi necessità, **il plugin dovrà soltanto essere impostato indicando ora, giorno e quante volte dovrà essere effettuato il backup**. Automaticamente il software copierà tutti i vari file nella propria cartella personale, con la possibilità di escludere eventualmente dalla copia alcune directory.

Per una maggiore e più sicura gestione del servizio cloud, **il plugin utilizzerà il programma OAuth, che eviterà di salvare credenziali d'accesso ed informazioni sensibili**, in modo da tenere lontano malintenzionati e possibili attacchi che potrebbero facilmente compromettere il proprio sito web, in pochi e semplici passi, una volta acquisiti e "rubati" i propri dati d'accesso.

Configurazione

Una volta installato il plugin "Wordpress Backup to Dropbox", bisogna adeguatamente configurarlo.

In primo luogo, **al primo accesso bisognerà consentire al plugin di lavorare con Dropbox**. Si aprirà una nuova finestra in cui dovranno essere inserite le credenziali della propria cartella personale.

Se tutto andrà a buon fine, si dovranno semplicemente **impostare le preferenze del backup**, e tutte le varie ulteriori impostazioni e funzionalità offerte dal programma.

Il plugin **richiede ovviamente che si abbia un account dropbox, e che il proprio sito supporti una versione del PHP pari o superiore alla 5.2.16**, con il supporto cURL abilitato.

Potrebbe capitare durante la procedura di backup di ricevere qualche messaggio di errore. Questo può dipendere dai limiti impostati al proprio server o database, da possibili raggiungimenti di soglie massime di spazio disponibile su Dropbox, o da altri fattori tecnici. Consultando le FAQ sul sito ufficiale del plugin dovreste comunque riuscire a risolvere il problema in poco tempo.

Conclusioni

Come di consueto, **esiste anche una versione premium a pagamento del plugin**, che offre ulteriori funzionalità aggiunte e che può essere acquistata direttamente online sul sito ufficiale dei produttori.

Il plugin può essere **scaricato e reso disponibile in Italiano tramite file di lingua** disponibili sul sito ufficiale del produttore, facilmente installabili in pochi e semplici passi.

In questo modo avrete sempre una copia aggiuntiva di backup del vostro sito sulla vostra cartella personale Dropbox, e per qualsiasi necessità o esigenza potrete accedervi, senza alcun rischio e nella massima sicurezza più assoluta.

Modalità manutenzione Wordpress: come impostarla per evitare penalizzazioni

Potrebbe sembrare all'apparenza qualcosa di banale, ma quando in realtà andiamo ad effettuare della **manutenzione sul nostro sito Wordpress**, è importante dare un'immagine del proprio sito statica ma comunque attiva, o **un'indicazione apposita che il tutto è offline per lavori.**

Agli occhi dei motori e degli stessi utenti, accedere ad un portale e vedersi riempiti di errori o codici non formattati, è molto negativo, poiché per i primi, il sito è effettivamente non navigabile, e per i secondi **risultano problemi ed errori che vengono registrati e tenuti in considerazione**, a maggior ragione se vi sono dei bot attivi al momento della manutenzione.

E' per questo che per evitare qualsiasi problematica del caso, o per offrire agli utenti collaboratori la possibilità di lavorare al sito ufficiosamente, che in realtà è in manutenzione, **è necessario inserire un'apposita modalità "maintenance",** che può essere facilmente attivata tramite dei plugin.

Uno dei più famosi è **WP Maintenance Mode, che fa proprio al caso nostro;** può essere scaricato gratuitamente direttamente sul portale Wordpress ed installato o in via manuale o in maniera automatica. Una volta attivato, abiliterà la **modalità manutenzione, che sostituirà la home page e tutto il nostro sito** con un'altra pagina apposita realizzata ad hoc, e permetterà poi di poter personalizzare anche molte altre funzionalità, che possono risultare particolarmente utili ed efficaci durante il periodo di manutenzione.

In primo luogo è possibile **modificare la stessa pagina di manutenzione**, o con appositi messaggi e dettagli aggiuntivi, o tramite particolari tricks come un conto alla rovescia. Inoltre, è possibile inserire tramite un shortcode un **modulo di login, che consentirà agli utenti autorizzati di bypassare la pagina di manutenzione, e di poter accedere e lavorare comunque al sito** in maniera diretta.

Ma non solo, fra le varie possibilità di personalizzazione si può anche aggiungere il comparto SEO ed ulteriori accorgimenti, che possono ridurre praticamente al minimo qualsiasi tipologia di penalizzazione da parte dei motori.

Gli unici **requisiti richiesti da WP Maintenance Mode sono una versione di Wordpress superiore alle 3.0, e php 5 installato sul server** ove appunto è già ospitato il sito Wordpress. Il plugin può lavorare infatti con molteplici varianti di database, proprio per assicurare una massima compatibilità del caso, e per scongiurare qualsiasi problema al webmaster che comunque continuerà a lavorare al sito nonostante quest'ultimo per gli altri sia comunque in modalità offline.

Il plugin supporta altri programmi di ottimizzazione come WP Total Cache, bypassandoli e creando sue varianti di file temporanei proprio per ottimizzare al meglio il caricamento, e per ridurre al minimo i consumi di banda e traffico dati.

Direttamente sull'apposita pagina del sito ufficiale del plugin vi sono diversi consigli e tips che possono risultare utili per personalizzare ancor di più il proprio sito, e per poter **usufruire di una modalità manutenzione veramente di prim'ordine,** che lascerà positivamente di stucco i vostri utenti, che ovviamente si ritroveranno davanti qualcosa di mai visto, ma comunque efficiente e ricco di informazioni.

Per qualsiasi dettaglio potete chiedere a noi stessi, o utilizzare il forum di supporto ufficiale del plugin, abbastanza attivo e frequentato.

Ampliare e personalizzare l'editor di testo in Wordpress

Come sicuramente avrete notato dopo la vostra installazione di Wordpress, all'interno del CMS, per quel che riguarda la scrittura di pagine e post, è presente **un editor di testo particolarmente semplice, e dalle caratteristiche limitate.**

Nonostante infatti si possa ampliare ed apparentemente offra tutte quelle che sono le funzionalità standard per poter gestire tranquillamente il proprio blog o sito in Wordpress, in verità **col tempo è facile rendersi conto della poca efficienza del prodotto integrato,** e di quanto infatti siano necessari dei componenti aggiuntivi.

Tramite l'editor di testo integrato **non si possono gestire le tabelle infatti, viene molto macchinoso inserire delle immagini provenienti da link esterni** che magari non si vogliono caricare sul proprio sito. Insomma si è costretti a cercare parecchi accorgimenti e spesso ad utilizzare manualmente il codice, per ottenere dei risultati convincenti.

Ecco che è possibile quindi risolvere questo problema tramite un semplice plugin, denominato **Ultimate TyniMCE**, che proprio sulla base del noto editor, aggiunge tantissime funzionalità che si possono personalizzare a proprio piacimento, senza alcun problema del caso.

In primo luogo, l'aiuto di questo componente aggiuntivo consente di poter **evitare di districarsi col codice**, come abbiamo indicato in precedenza, visto che comunque in qualche modo offre tutte le funzionalità classiche di un editor di testo completo. Inoltre consente di **personalizzare facilmente i vari font, i colori, i caratteri, le dimensioni**, proprio per offrire al webmaster dei percorsi rapidi verso tutte le principali funzionalità; non di meno, consente di svolgere delle importanti funzioni, come **l'integrazione di video Youtube, tabelle e shortcodes**, che in poco tempo offrono la possibilità al webmaster di gestire un lavoro che richiederebbe parecchi minuti, se svolto in manuale, a livello di codice ovviamente.

Il plugin, che può essere **scaricato gratuitamente**, si installa e si configura facilmente, visto che consente anche di **scegliere quali funzioni e pulsanti mostrare poi infine, e quali accantonare**. Diversi comandi si possono raggiungere tramite più strade; il webmaster poi personalizzerà la propria, creando un editor di testo particolarmente funzionale a quelle che sono le proprie esigenze.

TyneMCE funziona con tutte le versioni di Wordpress, e gli stessi sviluppatori hanno ufficialmente annunciato il continuo supporto alle prossime release del noto CMS, anche se **il plugin non verrà più ufficialmente sviluppato** (ma solo reso compatibile, appunto, con l'eventuale correzione di qualche bug e fix). Soltanto la versione PRO a pagamento avrà tutta l'assistenza del caso e l'attenzione dei developpers, che in questo modo potranno offrire ai propri clienti un servizio di assoluto prim'ordine ed un editor di questo, oggettivamente, fra i migliori sul mercato per funzionalità, rapidità ed immediatezza.

Come inserire i post correlati in Wordpress

Sembrerebbe qualcosa di banale e di effettivamente inutile, ma in realtà **i post correlati, sono un ottimo strumento per poter ottimizzare la navigazione sul proprio sito**, e per spingere gli utenti a restare connessi sulle proprie pagine. Quante volta vi sarà capitato di vedere dei video correlati su Youtube? Quante volte vi sarà capitato di leggere un articolo e poi successivamente un altro, di argomento simile, magari più approfondito, grazie ad un collegamento al termine del post originario? Sicuramente tante volte; ecco perché **è importante gestire i post correlati in Wordpress**.

La maggior parte dei temi, tuttavia, non integrano nessuna funzionalità che consente di poter gestire i post correlati. Tranne infatti qualche prodotto a pagamento, **quasi tutti i template non hanno proprio un simile sistema automatico**, che può comunque essere inserito tramite dei plugin. Uno dei più noti e più scaricati è **Wordpress Related Post**.

Come facilmente intuibile, il lavoro del plugin è molto semplice: **al termine di ogni articolo, inserirà tre o quattro post correlati, secondo le disponibilità del blog e dell'aspetto grafico**, con un'anteprima in thumb, ed il titolo ovviamente. La ricerca e la selezione avverrà solo ed esclusivamente per parole chiave, un sistema infallibile che appunto permette di "legare" tutti gli argomenti che trattano dei temi simili.

Realizzare tutto ciò impiega circa cinque minuti: per prima cosa, come di consueto, bisogna **scaricare il plugin ed installarlo**, o tramite la procedura automatica, all'interno della dasbhboard, o caricandolo manualmente sul proprio spazio web, ed installandolo successivamente. Fatto questo, bisognerà semplicemente **andare sul menù Impostazioni-Post correlati, ed attivare il funzionamento del plugin**, che automaticamente inizierà a lavorare, con tutte le caratteristiche avanzate del caso.

Una delle funzionalità importanti del prodotto, oltre che nella generazione dei post correlati, consiste nella **fornitura di report e statistiche in merito al page view e clicks, ottime informazioni che consentono di capire velocemente quali sono i post correlati più cliccati e più visti dagli utenti**. In questo modo, si potrà ancor di più localizzare il settore di interesse del proprio sito, spingendo proprio su quest'ultimo, con l'unico scopo di aumentare il traffico, e quindi eventuali conversioni e guadagni pubblicitari.

Ovviamente, come di consueto, le informazioni fornite dal plugin hanno assolutamente un carattere introduttivo, poiché non si avranno a disposizione grafici avanzati o chissà quali dati, modello Google Analytics. Si avranno soltanto dei **piccoli riferimenti, per capire proprio l'efficacia dei post correlati,** e se stanno funzionando a dovere.

Curiosa e particolarmente efficace è **l'ottimizzazione del plugin per i dispositivi mobili.** Anche infatti nelle versioni di Wordpress appositamente studiate per smartphone e tablet, si avrà la possibilità di inserire perfettamente dei post correlati, con tanto di statistiche, lato admin, suddivise per desktop e per mobile, in termini di traffico, in grado di offrire informazioni sempre più attendibili ed importanti al webmaster.

Creare sezione download Wordpress

Molti siti e portali spesso hanno la necessità di attivare una piccola **sezione download**, per poter **condividere alcune tipologie di file con i propri utenti.** Altri hanno dei veri e propri grandi archivi digitali, magari con la vendita di software e file a seguito della sottoscrizione di membership o qualsivoglia abbonamento del caso.

E' così che per tutti è necessaria comunque una **sezione download, un posto ovvero dove poter far scaricare in maniera ordinata e semplice i file ai propri utenti,** se necessario appositamente suddivisi con vari permessi, e proteggendo con password o altri accorgimenti il tutto.

In questo caso, come di consueto, ci vengono incontro dei **plugin, uno dei quali si chiama Wordpress Download Manager,** un prodotto che facilmente ci consente di creare una sezione download all'interno del nostro blog, senza alcun problema del caso.

Il funzionamento del programma, una volta installato, è dei più semplici. **Si configura appositamente e poi tramite l'inserimento di un semplice shortcode,** si può gestire tranquillamente in una qualsiasi pagina del proprio sito, che appositamente chiamata "Download", integrerà tutti i file da condividere e tutto il materiale che abbiamo deciso di gestire in precedenza.

Una volta create delle categorie ed una volta che il plugin è stato configurato, è **necessario inserire i file in maniera manuale, all'interno della piattaforma dedicata.** Per ogni file si può ovviamente inserire una descrizione, qualche immagine del caso, ed aggiungere i tipici accorgimenti che fanno capire che si tratta di un download, come appositi pulsanti, link e riferimenti del caso.

Utilizzando un **editor di testo si possono anche inserire accurate descrizioni**, che possono risultare particolarmente importanti, a maggior ragione se si sta effettuando una vendita di prodotti e servizi, piuttosto che una semplice e normale sezione download.

Gestendo tutti i file che si vogliono rendere scaricabili, ed **impostando tutti i vari permessi ai gruppi Wordpress** secondo le proprie necessità ed esigenze, la sezione download si completerà in maniera particolarmente semplice ed immediata. A questo punto basterà **inserire lo shortcode dedicato se si vuole mostrare ogni singolo file, o se si vuole gestire una sorta di archivio o sezione generale,** con varie tipologie di modelli grafici, o evoluti, o più semplici e classici, secondo le proprie esigenze.

La sezione download sarà pronta e disponibile per qualsiasi tipologia di utente. Ovviamente è consigliabile **gestire tutti i file con un servizio di hosting professionale e quindi a pagamento,** facilmente acquistabile anche con un paio di euro al mese. In questo modo non si andrà ad intaccare la banda del sito ed il proprio spazio web, ma ci si appoggerà ad una piattaforma di prim'ordine, che consentirà l'archiviazione di una moltitudine di dati e soprattutto la possibilità di scaricare ad alta velocità, senza alcun limite.

Gestire più siti Wordpress con un'unica dashboard grazie a "ManageWP Worker"

Molti webmaster, soprattutto coloro i quali **gestiscono diversi siti in Wordpress** per il proprio business online, spesso e volentieri hanno la necessità **di controllare quotidianamente tutte le varie piattaforme,** per verificare commenti, post, utenti, eventuali disponibilità di aggiornamenti, e tutte quelle che sono le normali caratteristiche standard da controllare durante il normale funzionamento di un sitoweb.

Tuttavia, fra password ed account diversi, database e dati per hosting che non sempre sono appunto simili, **risulta problematico gestire diversi siti Wordpress**, e risulta soprattutto difficile, quando questi sono già 3-4, controllarli quotidianamente in maniera attenta ed affidabile.

E così, con un plugin assolutamente di prim'ordine, che ha già fatto registrare circa 500mila download, è possibile risolvere questo problema, **accorpando tutte le dashboard dei propri siti in un'unica, gestendo quindi in maniera molto più semplice ed agevole tutti i propri siti wordpress** in un'unica piattaforma di controllo ed in un unico pannello di amministrazione.

Per far ciò basta scaricare **ManageWP Worker, ed installarlo direttamente in una qualsiasi propria installazione di Wordpress.** A seguito di ciò, bisognerà registrarsi sul sito ufficiale del plugin, ed aggiungere tutti i vari siti posseduti, per far in modo che sia possibile gestirli da un unico account.

La procedura, particolarmente semplice ed immediata, richiederà soltanto qualche minuto. Come di consueto, basta soltanto seguire le istruzioni riportate dagli sviluppatori, per non avere alcun problema del caso.

ManageWP Worker consente in primo luogo di **gestire installazioni multiple di Wordpress con un solo pannello admin.** Inoltre offre la possibilità di aggiornare eventuali plugin, temi o componenti aggiuntivi direttamente con semplici click. Non di meno consente di poter **creare dei backup di Wordpress,** da gestire secondo le proprie necessità ed esigenze, ed eventualmente di integrarli con Dropbox o simili applicazioni, per un risultato assolutamente di prim'ordine.

Il vostro **sito sarà quindi al sicuro da qualsiasi tipologia di problema**, e potrà essere pertanto ripristinato in pochissimo tempo in caso di attacchi o per qualsiasi inconveniente, che può ovviamente capitare durante il normale corso di gestione di un portale.

Il plugin come altre caratteristiche (alcune a pagamento), offre la **possibilità di migrare, clonare o copiare il sito in molteplici domini o spazi web del caso,** per una compatibilità assoluta con qualsiasi tipologia di hosting, ed inoltre consente di **installare eventuali plugin e componenti, in contemporanea su tutti i siti da noi coordinati.**

A livello di statistiche, offre interessanti **informazioni sul SEO e su altri fattori molto importanti per il posizionamento,** oltre a diversi report sul traffico, e sullo stato del proprio sito (su richiesta può inviare anche SMS se il proprio portale va offline).

Insomma ManageWP Worker offre tutti gli **strumenti necessari per avere un completo controllo delle proprie piattaforme Wordpress, e per gestire il tutto con pochi click,** ed in maniera semplice ed ordinata. Esistono ovviamente delle versioni a pagamento del prodotto che consentono di gestire fino a centinaia di siti in contemporanea, con servizi aggiuntivi, utili sempre alla gestione delle proprie pagine delle proprie piattaforme.

Google Maps in Wordpress: integriamolo in maniera avanzata

Uno degli **strumenti più popolari ed utilizzati di casa Google**, è senza dubbio il **servizio Maps**, attualmente fra i migliori del settore, grazie ad un lavoro che dura da anni al progetto, a numerosi investimenti e soprattutto al continuo sviluppo contro la concorrenza.

E' normale quindi che **molti webmaster utilizzino proprio questo artificio per localizzare più adeguatamente un locale, un ristorante, un albergo o un qualsiasi punto sulla mappa**, che risulta quindi utile al visitatore ed essenziale per chi non conosce la sede della propria attività, per raggiungerla facilmente. Ma non solo, alcuni blog utilizzano il **servizio di Google Maps per pubblicizzare e sponsorizzare dei musei, dei luoghi di interesse.** Altri preferiscono dei **punti di ritrovo**. Insomma grazie ad una personalizzazione efficace, Google Maps può essere integrato facilmente con qualsiasi tipologia di sito web. Scopriamo insieme come farlo nella maniera più avanzata possibile, grazie ad un **plugin per Wordpress, denominato MapPress Easy Google Maps.**

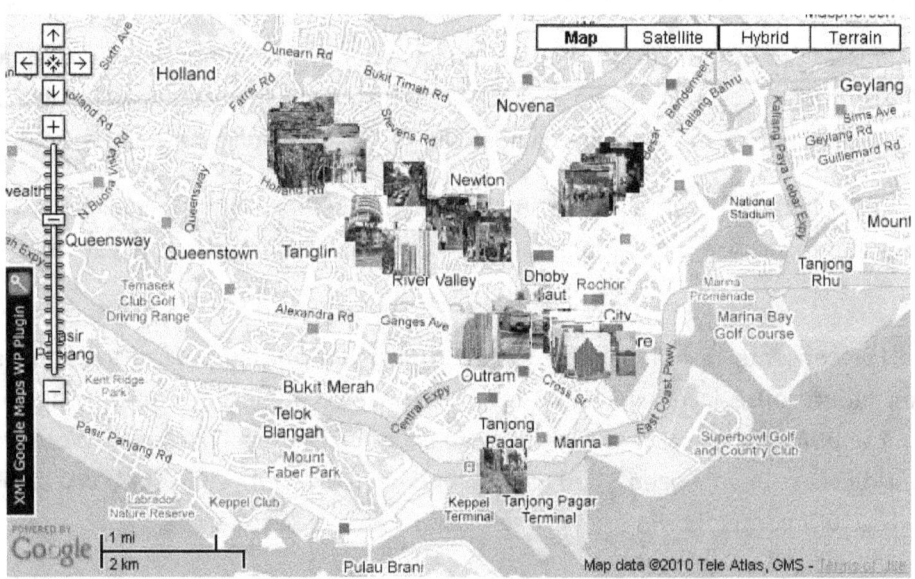

Il prodotto in questione, facilmente installabile o tramite la procedura automatica oppure manualmente, consente di poter gestire **una o più mappe interattiva come mai prima all'interno del proprio sito Wordpress**, grazie a funzionalità e personalizzazioni di prim'ordine.

Non solo è possibile sfruttare tutta la potenza del motore di Google Maps, con tutte le sue funzionalità standard, ma si possono anche **aggiungere dei riferimenti (markers) in qualsiasi punto della mappa, corredati da descrizioni a nostro piacimento, link ed addirittura fotografie.** E' supportato lo street view ed inoltre tutte le funzioni di navigazione, che consentiranno all'utente di calcolare percorsi ed itinerari a piedi, in auto o tramite i mezzi pubblici.

Sei il responsabile di un'agenzia di viaggi e vuoi **personalizzare e pubblicizzare un itinerario assolutamente di prim'ordine? Con questo plugin, potrai scegliere i luoghi di interesse, corredarli da foto e descrizioni, e**

potrai quindi invogliare i tuoi clienti a scegliere il tuo servizio, rispetto alla concorrenza. Lo stesso discorso può essere fatto per un hotel, ed in generale per qualsiasi tipologia di attività.

Il plugin consente infatti di **creare anche più mappe inseribili nella stessa pagina**, post o settore del proprio sito Wordpress. In questo modo potrai personalizzare secondo le tue necessità ed esigenze tutte le funzionalità del sistema Maps, con l'aggiunta dei recenti **servizi "Real Traffic" e vari, direttamente collegati all'applicazione Waze.**

Una volta creata la mappa, **basterà incollare un semplice shortcode nella pagine o nel posto ove si vorrà inserire l'artificio grafico,** che in pochi secondi risulterà visibile, operativo e personalizzato secondo le proprie esigenze del caso. L'integrazione è possibile anche tramite link o html, in modo da dare al webmaster la possibilità di gestire il codice in maniera autonoma e sempre personalizzabile.

E' evidente e sottointeso che il plugin consente anche di personalizzare larghezza ed altezza di ogni singola mappa, oltre a tutte le varie funzionalità precedentemente indicate. Questo vi aiuterà ad inserire il noto servizio di Google adattato alle vostre esigenze anche in spazi piccoli come la Sidebar, o in pagine appositamente redatte per ospitare le mappe.

Inserire un forum in Wordpress

Nonostante all'apparenza possa sembrare un nonsense inserire un forum in un blog, questa formula può risultare particolarmente vincente qualora si usi Wordpress non con le funzioni originarie per cui è stato creato, ma come community o portale online in forma di vero e proprio sitoweb.

E' così che **inserire un forum può diventare un'arma formidabile per formare un gruppo di utenti e di dialogo "fisso",** in grado di crescere nel tempo e di garantire quindi una base di utenza particolarmente consistente. Basti pensare ad "Hardware Upgrade", il cui forum è uno dei punti di forza, o ad altri particolari siti come quelli dedicati alle console che hanno forum con migliaia e migliaia di utenti iscritti e centinaia di nuovi post al giorno.

In che modo è possibile quindi inserire un forum in Wordpress, da poter **sfruttare comunque secondo le proprie necessità o esigenze**? Esistono due possibilità, una interna, ovvero tramite lo sfruttamento di un plugin, oppure una esterna, installando un forum a se tramite i più noti software, e "collegarlo" poi nel sito, integrando eventualmente utenti ed account.

Forum tramite plugin

Procedura più semplice e di facile attuazione, consente di poter **installare una piattaforma Forum all'interno di Wordpress in pochi minuti tramite l'ausilio di plugin.** Uno dei più famosi è "bbPress", che può essere scaricato gratuitamente [dall'apposita pagina ufficiale](). Si installa tramite la procedura standard o manuale, si attiva e si configura attraverso il pannello "Opzioni" come di consueto. In quest'ultimo si può **gestire tutto il forum, tramite la creazione di nuove sezioni, categorie, gruppi di utenti..** insomma è presente il cuore del "managed", che seppur "semplice", offre la possibilità di personalizzare in toto la propria piattaforma

Il vantaggio di questa procedura rientra nella **semplicità d'installazione**, ovvero nel fatto che si può integrare il forum come plugin. Inoltre si può **utilizzare una gestione degli utenti unica**, che possono loggarsi quindi ed allo stesso tempo postare sul forum effettuando un unico accesso; anche graficamente è più semplice da integrare, il Forum, e non richiede pertanto particolari artifici per una corretta impostazione del template finale.

Gli svantaggi? **Povertà di personalizzazioni rispetto a piattaforme autonome come Vbulletin o Phpbb**, decisamente più tecniche e professionali, e non a caso utilizzate dai più noti siti che generano ingenti quantità di traffico.

Diciamo che il forum in Wordpress installato tramite plugin può essere una **valida alternativa alla gestione del blog, ideale per qualche topic del caso, e per un traffico non cospicuo** di utenti.

Forum tramite installazione esterna

Procedura decisamente più complessa, ma che garantisce livelli qualitativi professionali, consiste **nell'installare in maniera autonoma un forum, con software top di gamma come VBulletin, e con una successiva integrazione grafica e di utenti** alla piattaforma.

In questo caso, bisogna mettere in conto i **costi di una licenza**, che per queste particolari tipologie di programmi va pagata annualmente, oltre al fatto che il lavoro di integrazione è decisamente più importante, e richiede **l'ausilio di plugin per l'integrazione di utenti ed account**, o dell'eventuale comparto grafico.

In primo luogo, bisogna quindi acquistare la piattaforma preferita (vi consigliamo vBulletin, un delle migliori) e scaricarla tramite i canali ufficiali. In seguito bisogna procedere **all'installazione di quest'ultima, stando attenti alle directory utilizzate; poi bisogna interfacciare la piattaforma col database** ed infine si potrà personalizzare secondo le proprie necessità ed esigenze il Forum.

Il risultato finale, molto simile a quello che potete osservare nell'immagine allegata, è ovviamente di tutt'altro rilievo, e di carattere **decisamente più professionale**. Gli strumenti di gestione così come quelli di moderazione sono al livello top che attualmente il mercato dei software di forum offre, così come la possibilità di personalizzare nei minimi dettagli veramente qualsiasi cosa all'interno del proprio forum.

E' ovvio che **la procedura è molto più macchinosa, e richiede conoscenze medie dell'argomento**, sia in termini di installazione (poiché si deve installare il forum manualmente, anche se sono presenti innumerevoli guide e tutorial), che di configurazione, che richiede importanti skill a maggior ragione per quel che riguarda la composizione delle sezioni, categorie, permessi utenti ed altro.

Ciò che bisogna fare una volta completato tutto, è **integrare il forum con Wordpress**, con un link che rispettivamente da ambo le parti consenta di raggiungere entrambe le piattaforme facilmente, e soprattutto gli utenti, che se registrati, non amerebbero effettuare una seconda registrazione, e più login per poter postare sullo stesso sito.

Per effettuare queste procedure esistono appositi plugin, di norma forniti direttamente dal produttore del forum (vBulletin nel nostro caso), e **widget ottimizzati per Wordpress che per esempio direttamente nella sidebar del proprio sito consentono di poter effettuare il login al forum**, richiedendo quindi alla fine una sola autenticazione all'utente finale, che o loggandosi direttamente in piattaforma o su WP, potrà comunque gestire il suo unico account senza alcun problema del caso.

Questa seconda procedura è comunque consigliata solo a chi ha intenzione di **gestire una vera e propria community sul proprio sito, in previsione di decine di post giornalieri e migliaia di utenti**, che richiedono un apposito staff di moderatori, di gestione del tutto e di mantenimento dell'ordine. Sarebbe inutile infatti spendere anche delle cifre non indifferenti per acquistare un forum professionale da utilizzare con un paio di iscritti; per simili situazione è decisamente più ottimale utilizzare un plugin "forum", come indicato nella procedura precedente.

Come di consueto bisogna comunque **decidere in base alle proprie necessità ed esigenze**, prendendo in considerazione il fatto che l'installazione esterna richiede una conoscenza media dell'argomento, e che difficilmente può essere seguita da un "nuovo" webmaster alle prime armi.

In ogni caso, con un po' di pazienza con entrambi i metodi si potranno raggiungere i risultati sperati, se si vuole **inserire un forum in Wordpress** e lanciare una vera e propria community parallela al proprio sito o blog, ovviamente attiva.

Integrare Wordpress e phpbb3

Le due più note piattaforme rispettivamente **CMS e forum**, spesso e volentieri sono apprezzate dagli utenti per le caratteristiche di prim'ordine offerte, e per le innumerevoli possibilità di personalizzazioni, grazie al supporto di una community molto attiva, e sempre all'avanguardia, sotto questo punto di vista.

Tuttavia, quando per esempio si vuole **integrare all'interno di un sito Wordpress un forum**, iniziano a sorgere diversi problemi di configurazione e settaggi; in primo luogo, dal punto di vista tecnico, ed anche dal punto di vista grafico. **Gli utenti infatti sono costretti a fare due registrazioni e due login in contemporanea**; inoltre sono necessari **particolari artifici che riescano a collegare il sito al forum e viceversa**. Insomma c'è tutto un lavoro che spesso e volentieri scoraggia il webmaster, o lo obbliga ad utilizzare anche tecniche e metodi non particolarmente efficaci.

E' vero che esistono sul mercato diversi plugin che permettono di integrare un forum in automatico su Wordpress, ma gestire la piattaforma **phpbb3, una delle migliori, fra quelle gratuite**, è proprio tutta un'altra cosa. In che modo quindi si possono risolvere questi problemi? Tramite dei così detti "**bridge**", **applicativi che integrano perfettamente sia dal punto di vista tecnico che grafico Wordpress e phpbb3.**

Uno di questi, che abbiamo avuto la possibilità di provare direttamente, è **WP United**. Il plugin, scaricabile gratuitamente, non solo offre una **perfetta integrazione di Wordpress e phpbb3 dal punto di vista tecnico e degli utenti, ma consente anche di integrare graficamente il tutto**, con un risultano particolarmente buono ed abbastanza soddisfacente, sotto molteplici punti di vista. Il pannello di configurazione del plugin è piuttosto semplice; l'installazione ed i suoi settaggi, purtroppo, un po' meno. Andiamo a vederli insieme.

Download e installazione e configurazione

Una volta scaricato il plugin, come di consueto, bisogna installarlo ed attivarlo all'interno di Wordpress. A questo punto, dovrete **puntare dal plugin alla cartella del vostro spazio web ove è installato il forum**, e sperare che venga regolarmente riconosciuto. In caso contrario, dovrete installare una mod, che vi indicherà lo stesso programma di configurazione.

Dovrete pertanto in primo luogo **installare il programma "Automod" all'interno di phpbb,** una sorta di gestionale di tutte le modifiche, e **poi tramite questo software il mod o la fix del plugin WP United**, sempre all'interno di phpbb. Questo consentirà a Wordpress ed al forum di interfacciarsi e di collegarsi rispettivamente a vicenda.

Il plugin poi, completato ciò, offre la possibilità di **completare il tutto tramite la sincronizzazione degli utenti**, e l'integrazione grafica. Quest'ultima, dopo qualche prova e piccoli accorgimenti del caso, dovrebbe risultare perfettamente.

Attenzione però: se deciderete di cambiare il template del vostro forum, per qualunque ragione, dovrete eseguire delle modifiche manuali ad alcuni file della nuova grafica, per renderla compatibile col tutto. Infatti troverete apposite istruzioni all'interno dei file di WP United, che vi consigliamo di conservare attentamente con cura; si tratta in sostanza dell'aggiunta o della sostituzione di alcune stringhe all'interno di file php o css.

La procedura, come potete facilmente intuire dal nostro post, non è facile, e richiede al webmaster una conoscenza medio-alta di tutti gli argomenti in questione. Per qualsiasi dubbio, potete sempre chiedere a noi, pertanto non esitate a contattarci, se avrete delle necessità.

Ottimizzazione finale

Completato il tutto, bisogna a questo punto **sostituire il sistema di login standard di Wordpress, con quello apposito del plugin** che ha sincronizzato le due piattaforme. In questo modo gli utenti potranno semplicemente **effettuare un solo ingresso sia per il sito che per il forum**, ed utilizzare il proprio account su wordpress ed allo stesso tempo su phpbb.

Interessanti widget aggiuntivi consentiranno poi di **mostrare gli ultimi post e topic del forum all'interno di Wordpress,** per un'integrazione effettivamente completa e particolarmente efficace.

Installare contact form in Wordpress

Un sito web, per essere efficiente e per apparire dal punto di vista tecnico, completo e professionale, necessita di un **contact form valido e funzionante, ovvero di una pagina in cui è possibile scrivere e mettersi in contatto direttamente col webmaster, o suoi delegati**, per qualsiasi tipologia di informazione, problema o segnalazione del caso.

Ecco che **installare un contact form in Wordpress è fondamentale**, se si vuole mettere online un sito particolarmente completo e veramente a portata di utente; vediamo come è possibile installare un simile artificio, e come si può configurare. Anche in questo caso, come di consueto, ci vengono incontro dei plugin; il più famoso ed utilizzato è **"Contact form 7", che in pochi secondi consente di configurare il tutto,** senza alcun problema del caso

Contact Form 7

Abbiamo scelto proprio questo componente aggiuntivo, proprio perché **è uno dei più facili, semplici ed immediati contact da installare sul proprio sito in Wordpress** (non a caso è fra i più scaricati). Il programma in sintesi, ci permette di inserire il contact in una qualsiasi pagina del nostro sito, tramite l'utilizzo di una semplicissima stringa di codice. In questo modo non solo eventualmente si può creare una pagina apposita, o inserire il contact form ovunque secondo le proprie necessità o esigenze, ma si può anche **inserire del testo prima o dopo lo strumento, per spiegare e dare maggiori indicazioni agli utenti**, che hanno intenzione di contattare il webmaster, o suoi delegati.

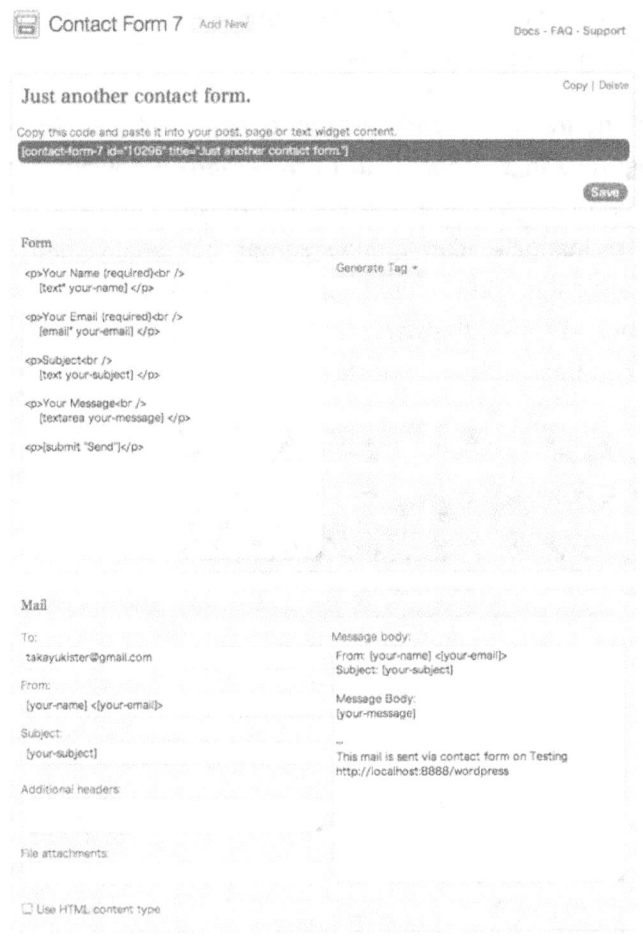

La **procedura di installazione è fra le più classiche**; o si procede come sempre per via manuale, oppure si può anche installare il tutto automaticamente, visto che il plugin è disponibile sull'apposito database internazionale, che può essere consultato direttamente all'interno della dashboard.

Una volta completata l'installazione, e la successiva attivazione del plugin, basta semplicemente **accedere all'apposita voce di menù CF7 che si verrà a creare nel pannella di amministrazione di Wordpress, e configurare** i vari setting secondo le proprie esigenze.

Scelte tutte le varie configurazioni dei moduli, e perfezionato il form tramite la modifica del codice stesso all'interno del box, bisognerà **semplicemente copiare la stringa ben evidenziata dal plugin**, che assomiglierà a qualcosa di simile:

[contact-form-7 id"****" title "************* *********."]

Incollando questo codice in una qualsiasi pagina del sito stesso, o anche a seguito di articoli o post particolarmente significativi, si inserirà automaticamente il contact form configurato in precedenza, in pochi e semplici passi.

In questo modo, gli utenti potranno scrivervi direttamente da Wordpress, senza che voi pubblichiate i vostri indirizzi email, ed evitando anche spambot e simili software, grazie a **possibili protezioni captcha installabili**, che possono anche rendere il tutto più sicuro ed efficiente.

Altri software

Come di consueto, non possiamo non indicarvi che esistono numerosi altri plugin, che possono aiutarci a gestire un contact form personalizzato sulla propria installazione di Wordpress. Ovviamente potete scegliere il prodotto migliore secondo le vostre necessità ed esigenze, ma vi raccomandiamo vivamente il primo, poiché adempie in toto al suo scopo, e soprattutto è molto facile da installare e da utilizzare.

Per qualsiasi informazione aggiuntiva, richiesta di chiarimenti o problemi, vi invitiamo a commentare questo articolo o a contattarci direttamente. Saremo lieti di aiutarvi, se possibile, nell'installazione e nella configurazione del vostro contact form per Wordpress!

Integrare una chat in Wordpress

Se il vostro sito offre la possibilità di poter seguire degli eventi in diretta che potrebbero essere commentati dagli utenti per esempio, o è comunque particolarmente **idoneo ad ospitare una chat**, in base all'argomento o agli argomenti trattati, è possibile in pochi minuti **utilizzare dei componenti aggiuntivi di Wordpress per integrare una chat perfettamente funzionante** e ricca di funzionalità.

Come di consueto, in questo caso ci aiutano i plugin; uno fra tanti, e particolarmente apprezzato, è **"Quick Chat", che può essere scaricato, installato e configurato in Wordpress in poco tempo.** Il download è disponibile direttamente nella pagina ufficiale del prodotto, ovviamente gratuito; l'installazione può quindi essere eseguita tramite la procedura automatica o manuale, con grande semplicità. In alternativa utilizzando la pagina apposita della dashboard, ricercando il plugin tramite l'apposito pulsante, lo stesso si potrà installare direttamente in maniera automatica, senza effettuare il download, semplicemente inserendo le credenziali del proprio spazio web FTP direttamente quando richiesto.

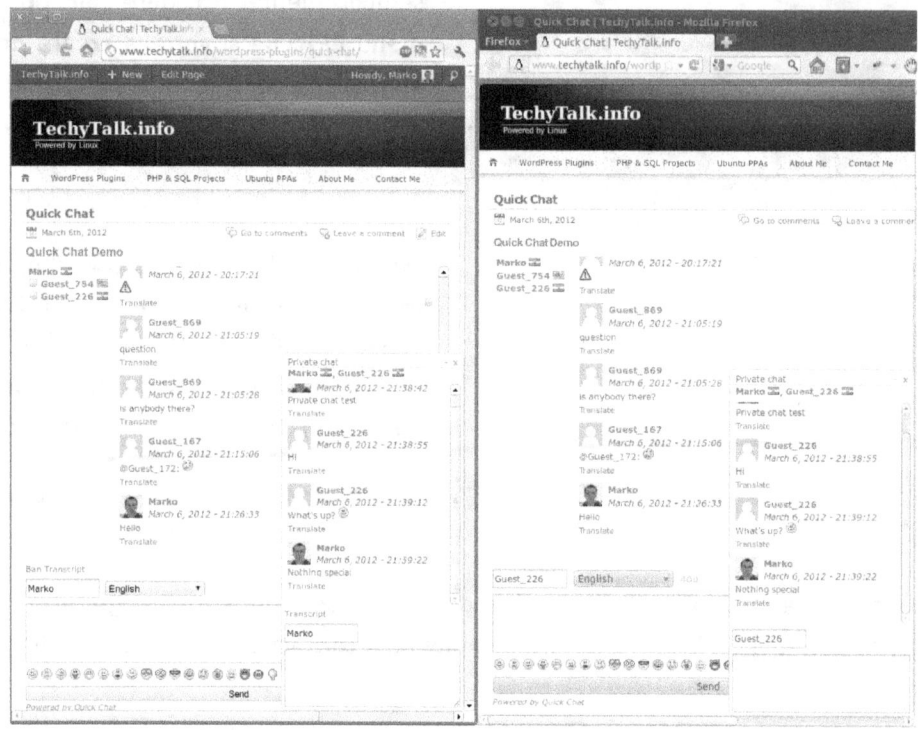

Una volta installato, è necessario **configurare il componente aggiuntivo**, dopo che lo stesso è stato attivato, in pochi e semplici passi. Direttamente nella pagina del setting sarà possibile gestire quelle semplici ma fondamentali funzioni, che vi consentiranno di poter **ospitare una chat sul vostro sito in Wordpress**, senza alcun problema.

Completata la procedura, bisognerà **inserire definitivamente la chat nel proprio sito**, ovviamente nella posizione preferita. Se quest'ultima la vorrete mettere nella sidebar, è consigliato **utilizzare l'apposito widget che il plugin creerà**, e che potrà essere gestito insieme agli altri widget stessi di Wordpress, come di consueto.

Se invece vorrete inserire la chat in una pagina apposita, o al termine di un particolare articolo o post, vi basterà **inserire il codice [quick-chat room="your_room_name"]** come indicato direttamente nelle FAQ del componente aggiuntivo, utilizzando l'apposita modalità shortcode (oppure inserendolo nell'articolo senza utilizzare l'editor di testo).

Con opportuni aggiustamenti sarà possibile usufruire di tutte quelle che sono le funzionalità di "Quick Chat", che nonostante sembri apparentemente un plugin semplice e dalle funzionalità limitate, in realtà consente di gestire ed integrare una chat in Wordpress con tutte le principali funzionalità "richieste" dal web. Si potranno **gestire delle chat private, si potranno organizzare varie stanze, liste di utenti, avatar personalizzati, filtri parole per la sicurezza delle conversazioni, smiles, emoticons**.. Insomma non manca veramente nulla, e con un po' di pazienza si potrà integrare un ottimo servizio di chat in Wordpress, senza alcun problema del caso

Il plugin funzionerà parallelamente alla vostra installazione del CMS, e **tutti i messaggi, gli utenti e le conversazioni saranno salvate nel database utilizzato da Wordpress**, in modo che potrete avere sempre e comunque tutto sotto controllo. Ovviamente per questo motivo è necessario che il vostro hosting non vi imponga limitazioni, come per quel che riguarda lo spazio o la dimensione del database, che a maggior ragione per i siti di grandi dimensioni, se la chat avrà successo e verrà utilizzata da molti utenti, risulterà particolarmente pesante e ricco di contenuti, e richiederà quindi **connessioni efficienti, e banda elevata sempre all'avanguardia.**

Non ci sono quindi limiti di utilizzo o particolari condizioni, ma tutto è legato allo spazio ed all'efficienza del vostro hosting, pertanto in base alle caratteristiche del server in cui è ospitato il vostro sito, potrebbe essere necessario un upgrade.

Proprio per questo **prima di installare il plugin gli stessi sviluppatori consigliano di verificare che il vostro server sia in grado di gestire eventualmente conversazioni anche con numerosi utenti**, che potrebbero far "inceppare" il database e mandare offline il tutto, se non sufficientemente potente.

Integrare una shoutbox in Wordpress

L'utilizzo di **shoutbox o tagboard sul proprio sito può essere particolarmente consigliato** ed idoneo quando si gestiscono delle community, o per dare la possibilità ai propri clienti di commentare rapidamente i servizi ed i prodotti offerti dalla vostra azienda, senza registrazioni e problemi del caso.

In che modo si possono **integrare delle shoutbox, da poter personalizzare secondo le proprie necessità** ed esigenze? Anche in questo caso ci vengono incontro dei plugin, che in pochi minuti ci permettono di usufruire di tutte le potenzialità di una shoutbox su Wordpress.

Uno di questi è Schreikasten, **che permette di poter integrare una tagboard sul proprio blog in Worpress, con l'ausilio di akismet e ajax**, che consentono di filtrare eventuali messaggi di spam o non graditi. L'installazione come di consueto è delle più classiche, e può essere eseguita in pochi minuti, o tramite la procedura manuale oppure tramite quella automatica.

Una volta installato e attivato il plugin, bisogna brevemente **configurarlo, inserendo il titolo della shoutbox, il numero di commenti per pagina da mostrare, ed ulteriori informazioni** inerenti alla possibilità di visualizzare gli avatar degli utenti registrati per esempio, o richiedere la moderazione dei commenti tramite l'uso di un indirizzo email valido.

Insomma, una volta gestite ed ottimizzate le varie impostazioni del plugin, si può attivare ed inserire nel layout del proprio sito, in pochi e semplici passi. **Se loggati da amministratore, si potranno modificare e moderare i commenti all'interno dello stesso plugin,** tramite degli appositi pulsanti visibili soltanto agli utenti abilitati.

In questo modo si potrà **gestire la shoutbox senza alcun problema**, visto che si tratta di un artificio che spesso piace agli utenti, e può essere molto utile quando si gestisce una community anche rivolta al game, il settore ideale per queste tipologie di funzionalità (visto che gli iscritti possono comunicare la disponibilità per le partite, organizzarsi per giocare online ed effettuare tutte quelle classiche pratiche di un gruppo di persone che gestiscono competizioni sul web tramite i più disparati giochi, come gli strategici, gli fps o di calcio).

Fra le possibilità di personalizzazione, si possono utilizzare vari "modi" di shoutbox, in base alle proprie necessità. Impostando la **modalità guest book,** si possono soltanto inviare dei messaggi, senza possibilità di risposta. Utilizzando la modalità **black board**, si possono invece inviare dei reply, da qualsiasi account. Impostando il plugin come "**chat box**" il tutto si configurerà come una sorta di chat room, con tutte le varie funzionalità del caso tipiche di questo strumento.

Vi è anche una **modalità "Domanda e risposta",** particolarmente utile per gestire il proprio business. Gli utenti potranno scrivere senza alcun problema, e soltanto gli amministratori potranno rispondere; ogni risposta verrà poi associata alla domanda, tramite una simpatica integrazione grafica.

Insomma**, utilizzando questo plugin si avrà la possibilità di configurare una shoutbox secondo molteplici funzionalità**; in questo modo potrete gestire il tutto secondo le vostre esigenze, utilizzando uno strumento molto semplice e gratuito che può essere facilmente personalizzato ed adattato ai propri scopi, in pochi e semplici passi.

Iscrizione ai commenti Wordpress. Come? Tramite un plugin

Un sistema molto utilizzato ed importante per poter gestire una discussione sul proprio sito Wordpress, consiste nella **possibilità di far iscrivere gli utenti ai commenti**, in maniera semplice ed immediata. In questo modo, ogni qual volta qualcuno risponderà ad un commento, **all'utente interessato verrà segnalato e quindi potrà continuare la discussione** sulle proprie pagine, con non pochi vantaggi del caso per il webmaster.

In primo luogo, ciò consente di poter **incrementare le visite ed il page view**, poiché un discussione continua, accesa e frequentata magari da più di un utente, aumenta drasticamente il numero di visualizzazioni di pagina, il tempo che gli utenti trascorrono sul nostro sito, ed anche la popolarità di un articolo.

In termini strettamente di visite, **una discussione continua ovviamente a far mantenere stabile il numero di visite ad un determinato post**, ed influenza poi l'indicizzazione. Più commenti ci sono, più gli utenti resteranno collegati alla pagina, e più saranno invogliati a dire la propria e quindi a "fidelizzare" col blog, che magari salveranno fra i preferiti, o di cui si ricorderanno facilmente.

Non ultimo, la possibilità di iscriversi ai commenti consente anche di **"completare" un articolo con pareri ed indicazioni, che spesso offrono ulteriori guide ed accorgimenti per determinati topic**, o la soluzione ancor più avanzata a determinati problemi.

Come facilmente intuibile, è molto importante quindi sfruttare lo strumento di discussione all'interno di un blog, in qualche modo intrinseco nell'origine stessa di questa particolare tipologia di portali, nati proprio per dare la possibilità di esprimere un'idea liberamente, di commentarla e di condividerla eventualmente, nel grande mondo della rete.

In che modo è possibile **abilitare l'iscrizione ai commenti**, quindi, visto che su Wordpress, di default, non è possibile? Anche in questo caso ci aiuta un plugin, denominato **Subscribe to Comments Reloaded**. Il prodotto, ci consente di far proprio ciò che vi abbiamo precedentemente indicato. Offre la possibilità agli utenti di iscriversi ad un commento o a più commenti tramite un semplice "tick", che consentirà quindi al visitatore di restare informato in caso di risposte, e di poter continuare quindi la discussione.

Ovviamente **l'utente del caso può anche rimuovere la sottoscrizione ad un post**, o annullare tutte le notifiche, grazie comunque ad una personalizzazione del plugin veramente senza precedenti, in grado di gestire l'iscrizione come una vera e propria piattaforma forum professionale.

Il prodotto consente anche agli admin di richiedere una conferma per la sottoscrizione ai commenti, limitando quindi l'azione di spambot e simili, che potrebbero intasare i server della mail. Il plugin è compatibile con qTranslate e simili, e richiede per il funzionamento una versione di Wordpress aggiornata, almeno alla v.2.9.2.

Wordpress newsletter: lo strumento di marketing per eccellenza

Avete mai pensato alla possibilità di poter **inviare delle email "di massa" a tutti gli iscritti** del vostro sito? Avete mai pensato all'efficacia di questo strumento, se utilizzato per **promuovere un prodotto o un servizio**? Le newsletter sono ad oggi uno dei modi più utilizzati anche dai più grandi brand per poter sensibilizzare i clienti e per gestire **campagne pubblicitarie di prim'ordine.**

Le email sono infatti utilizzate da milioni e milioni di utenti, e se non processate per spam, vengono sicuramente lette dal destinatario in questione, anche per pochi secondi, rendendo quindi una campagna pubblicitaria molto efficace. Non è un caso che **tutti i principali negozi online utilizzino le newsletter per poter gestire ed ottimizzare la propria clientela**, o per spingerla ad acquistare un determinato prodotto o servizio.

Promozioni, codici sconto ma anche news particolarmente interessanti vengono diffuse tramite le newsletter, che rappresentano ad oggi uno dei più utilizzati strumenti di web marketing. In che modo è possibile **gestire una newsletter in Wordpress**, con relativo **database di utenti e tracking** vario degli invii effettuati?

Installare e gestire le newsletter in Wordpress

Come di consueto, esistono degli **appositi plugin che fanno al caso nostro; uno dei più utilizzati è "Newsletter"**, un programma che consente di poter organizzare questa funzionalità, in maniera veramente semplice ed immediata. Può gestire un **numero illimitato di contatti**, visto che si interfaccia col nostro database, che possiamo sfruttare secondo le sue caratteristiche del caso; può allo stesso **tempo tracciare le email, e può facilmente essere integrato con gli utenti di Wordpress** e con widget tipici per una migliore ed ottimale integrazione nel sistema. In sostanza offre tutto quello che ci serve, per iniziare, in maniera gratuita.

L'installazione possiamo come al solito effettuarla tramite la procedura classica, o quella automatica, o manuale. Non appena si completa il tutto, bisogna **attivare il plugin e iniziare la configurazione**.

Settare tutti i vari parametri è molto semplice, e considerando che si può utilizzare la funzionalità smtp, si può gestire un qualsiasi indirizzo di invio, magari appositamente utilizzato per gestire tali pratiche. **Tramite editor di testo e tutto la personalizzazione dei messaggi da inviare è totale**, ed in pochi click si può gestire l'attività, in maniera semplice ed immediata.

Esiste anche una **versione a pagamento del plugin che prevede ulteriori caratteristiche**, destinate sicuramente ad un pubblico più professionale, che magari gestisce già migliaia di email per le newsletter, con relative campagne. Si possono infatti **personalizzare e schedulare gli invii** eventualmente, così come si può integrare la registrazione al database delle email, tramite Facebook e plugin social che assicurano rendimenti più alti; non manco poi **report dettagliati**, particolarmente utili per poter gestire campagne avanzate, o per vendere pubblicità agli interessati, che in questo modo possono usufruire e visualizzare i risultati ed i rendimenti del caso, tramite grafici e statistiche di pim'ordine.

Come al solito, è opportuno **scegliere il servizio del caso, secondo le proprie necessità ed esigenze**. Per un database non numeroso, si possono per iniziare gestire le newsletter con la versione base e gratuita del plugin, che offre tutti gli strumenti ideali per poter scoprire questo meccanismo. Se invece si hanno migliaia di email da gestire, e campagne da rendicontare e da ottimizzare, per uno store online, o per la pubblicizzazione di prodotti e servizi, sicuramente la versione a pagamento del software o altri programmi specifici per Wordpress, fanno sicuramente al caso vostro.

Wordpress ed il QR Code: la nuova frontiera del mobile web?

Spesso e volentieri, quando si naviga su internet, vi sono molti link e collegamenti che in qualche modo possono destabilizzare la fluidità delle pagine o dei contenuti di un sito, spesso particolarmente "ricco" di url in uscita, che rendono faticoso il caricamento di una pagina, o penalizzano quest'ultima in ambito seo. In che modo è possibile risolvere questo problema, restando **all'avanguardia, ed ottimizzando il proprio sito per smartphone e tablet,** tramite collegamenti di ultima generazione senza precedenti? Utilizzando il QR Code, un formato che fino a poco tempo fa sconosciuto, grazie ai vari lettori installabili su qualsiasi dispositivo di ultima generazione, può essere utilizzato come non mai.

Store ed ecommerce

Immaginate di possedere un sito e-commerce realizzato con Wordpress. Potreste **gestire il vostro store in maniera particolarmente semplice ed immediata, tramite l'utilizzo di QR Code**, piuttosto che di plugin, o eccessivi e numerosi link. Immaginate **tramite la lettura di un codice apposito, di poter procedere direttamente all'acquisto di un prodotto**, o ancora di poter, tramite una semplice lettura laser, acquisire tutte le informazioni possibili o immaginabili in merito ad un particolare servizio o oggetto venduto.

E' evidente che per chi possiede un sito e-commerce, questo particolare strumento può essere utile, sia dal punto di vista puramente tecnico, che dal punto di vista dell'immagine. **Un portale con simili funzionalità, ottimizzato per essere utilizzato con qualunque dispositivo, risulterà particolarmente apprezzato** dagli utenti, che vedranno in queste possibilità d'uso un sintomo di professionalità e continuo adeguamento alle moderne tecnologie.

Ma non è solo dal punto di vista dei venditori online, che il QR Code può essere utilizzato. **Gestire i contenuti per esempio di una photo gallery o anche di altre particolare tipologie di siti**, tramite QR Code, può risultare particolarmente vincente.

Pubblicità e campagne

Un altro vantaggio che potrebbe derivare dall'utilizzo di un QR Code, risiede **nell'ottimizzazione di apposite campagne pubblicitarie, sia online che non.** Volete pubblicizzare il vostro sito dappertutto, anche in eventuali riviste, magazine o particolari settori dell'online marketing? Volete pubblicizzare un particolare tipo di prodotto, o utilizzare delle apposite **campagne di promo e discount**? Utilizzate il QR Code, particolarmente efficace in tutti i casi sopra indicati.

Tramite l'ottimizzazione e la lettura di un QR Code, **potrete spingere i vostri utenti ad aggiungersi automaticamente alla like box del vostro sito**, offrendo già un codice sconto per esempio da utilizzare nel proprio store, di una percentuale da voi stabilita.

Portali di telefonia o applicazioni mobile

Oppure ancora, il vostro sito tratta di telefonia, tecnologia ed informatica applicata ai nuovi dispositivi di ultima generazione come smartphone e tablet? **L'utilizzo del QR Code può essere fondamentale, per determinate funzionalità.** Immaginate di avere una pagina che parli per esempio di applicazioni per Apple e Android; piuttosto che spingere gli utenti a cercare l'applicazione del caso ed a digitare vari titoli ed indirizzi, con la perdita ovvia di qualche minuto, potrete **inserire direttamente il QR Code e rendere quindi accessibile la vostra applicazione recensita, o la vostra stessa app del vostro sito**, direttamente in pochi e semplici secondi, senza alcuna possibilità di cadere in errori di omonimia.

Avete una particolare app per gestire per esempio l'e-commerce del vostro portale, il forum o qualsiasi funzionalità di Wordpress legata al mondo dei cellulari? Inserite un QR Code apposito, e sicuramente i vostri utenti ne trarranno parecchio giovamento.

Come installare e gestire i QR Code

Analizzate delle possibili modalità d'uso del QR Code, nel mondo di Wordpress e di internet, è opportuno sapere ovviamente **come realizzare il tutto, come generare e gestire i codici quindi.**

Fortunatamente, come di consueto, Wordpress ci viene incontro tramite vari **plugin e componenti aggiuntivi**, che ci semplificano di molto la vita e fanno proprio al caso nostro. Alcuni di questi sono **"QR Code generator" e "QR Code generator 4 all"**, componenti dalle simili caratteristiche che consentono di generare ed integrare i nuovi codici all'interno del proprio sito.

Con più o meno personalizzazioni, **potrete inserire addirittura il vostro logo all'interno del codice, per un tocco di professionalità ed efficienza veramente senza precedenti**, che contribuirà sicuramente ad allargare il vostro parco utenti, non solo in termini di visite uniche, ma proprio di collegamenti "abituali" e di "ritorno". Installando i plugin e configurandoli come di consueto, in pochi minuti si potrà riempire il proprio sito di QR Code; è opportuno non esagerare, come sempre, sfruttando uno strumento ancora poco diffuso, che potrebbe divenire la chiave di svolta per un possibile business di successo.

Rendere più interessante la discussione tramite AJAX Ratings

Uno dei fattori di successo principali di un blog, è **l'innesco di una discussione subito dopo la pubblicazione di un post**, che ovviamente coinvolga il maggior numero di utenti possibile, all'interno delle proprie pagine. Un proprio articolo commentato da decine e decine di persone rappresenta il successo più assoluto di un blogger, che in questo modo, **esprimendo la propria idea o opinione, qualsiasi argomento tratti, ha effettivamente diffuso il proprio articolo, ed innescato un dibattito su di esso,** che coinvolge appunto diverse persone.

In che modo si può facilitare l'innesco di una discussione, **premiando gli utenti assidui che commentano spesso i nostri post, ed allo stesso tempo offrendo un servizio di rilievo agli utenti "guardoni"**, ovvero coloro i quali frequentano comunque le nostre pagine e di frequente, ma senza commentare ed entrare nel merito di un argomento? Uno degli artifici principali, consiste nell'utilizzo dell'**AJAX Ratings, un sistema di valutazione dei commenti che gli stessi utenti utilizzano fra loro.**

In questo modo, sembrerà banale, ma verranno **premiati gli interventi migliori** secondo la propria community, ed in aggiunta, **gli stessi autori si sentiranno galvanizzati** e continueranno ad offrire la propria esperienza sulle proprie pagine, e non di meno **i lettori potranno apprezzare così discussioni di qualità offerte da persone esperte nell'argomento o comunque competenti**, in grado di rendere preziosa e ricca di informazioni anche la lettura dei commenti, piuttosto che dell'articolo.

Insomma si possono raccogliere due fattori positivi con uno stesso semplice sistema. In che modo, pertanto, è possibile integrare un modello di rating all'interno dei commenti del proprio blog? Tramite un **plugin, che nel nostro caso si chiama WP-PostRatings, che aggiunge il classico sistema di valutazione AJAX**, da 1 a 5 stelle (o con quadratini, sbarrette o ulteriori artifici grafici pre-installati nel prodotto).

La procedura di funzionamento è molto semplice. Come di consueto si installa il plugin, direttamente all'interno del proprio sito Wordpress, o tramite la procedura automatica, oppure tramite quella manuale. Recandosi poi nel menù Ratings, una volta attivato il plugin, all'interno della dashboard, si potrà procedere alla configurazione del tutto.

Una volta scelte le preferenze del caso, bisognerà **eseguire una modifica manuale al codice del template, per integrare il tutto.**

- All'interno della cartella "themes" di Wordpress, bisognerà cercare quella del proprio tema installato, ed aprire il file "index.php" con un editor di testo.
- Si dovrà ricercare la linea "<?php while (have_posts()) : the_post(); ?>"
- A questo punto si dovrà inserire il codice "<?php if(function_exists('the_ratings')) { the_ratings(); } ?>" di seguito, dove si vorrà che il sistema di ratings appaia e funzioni.

E' possibile ripetere questa procedura anche nei file single.php, post.php, archive.php ed ovunque si voglia. E' bene attenzionare però che **se non si vuole il sistema di rating abilitato ovunque, non bisognerà inserire il codice precedente, ma utilizzare uno shortcode [ratings]**, che farà apparire soltanto ove desiderato il sistema abilitato e correttamente funzionante.

Vi sono altre possibilità di modifica utilizzando gli id e particolari accorgimenti; recandosi nel sito dello sviluppatore sono comunque indicate tutte le procedure per personalizzare al meglio il prodotto. **In questo modo si potrà usufruire di un comodo sistema di rating all'interno del proprio sito Wordpress**, per rendere quanto mai interessanti i dibattiti e le discussioni all'interno delle proprie pagine.

I permessi e i ruoli in Wordpress

Il noto CMS come sappiamo consente di poter **gestire il proprio bacino di utenti** in maniera molto dettagliata ed utile. Grazie infatti alla possibilità di attribuire particolari ruoli e permessi ai propri utenti, si può anche **affidare l'aggiornamento del proprio blog, per esempio, a dei collaboratori**, con la piena sicurezza ed efficienza del sito in tutte le sue funzioni; questo grazie a sistemi di permesso appositi che limitano le possibilità d'azione dei collaboratori sul proprio portale, ma che ne consentono allo stesso tempo la cura e l'aggiornamento, senza alcun problema del caso.

In che modo **si possono gestire i permessi ed i ruoli in Wordpress**, e quali sono le differenze fra le varie tipologie disponibili? Andiamo a scoprirlo insieme. In primo luogo, accedendo all'apposita schermata "Utenti" della dashboard, possiamo gestire qualunque cosa dei nostri utenti, con pochi e semplici click.

Amministratore

Dal nome del profilo, all'email, fino addirittura alla password; **qualunque cosa possiamo modificare o aggiornare**, grazie ai permessi del nostro account, ovvero quelli di amministratore, che consentono di gestire in toto il sito. Proprio assegnando questa tipologia di ruolo, l'utente in questione ha la libertà di fare ciò che vuole in tutti gli aspetti della gestione di un sito, **dalla semplice pubblicazione dei post fino alla stessa modifica grafica delle pagine, o l'installazione di plugin e add-ons.**

Editore

Assegnando il ruolo di editore invece, si limitano già le possibilità d'azione, in confronto all'utente amministratore che come sopra indicato, ha piena libertà in tutto. Come potrebbe avvenire nella sede di un normale quotidiano, **l'editore è il "capo degli articolisti", e proprio per questo può gestire tutti gli articoli, sia i propri che quelli degli altri, modificarli ed eventualmente pubblicarli** a suo piacimento. Allo stesso tempo l'editore può creare nuove categorie di post e gestire quindi tutta quella che è la parte puramente di "scrittura" del blog, senza alcun problema del caso. Di norma si assegna il rank di editore a persone di fiducia, con cui magari si è collaborato da tempo, visti gli importanti permessi e possibilità d'azione associate a questa tipologia di account.

Autore

Nella scala segue poi il grado di autore, che in pratica è il **ruolo che si dovrebbe assegnare ad ogni articolista di fiducia del proprio blog.** Con i permessi di autore un account, infatti, potrà semplicemente scrivere i propri post, pubblicarli autonomamente e modificare il proprio profilo, senza libertà d'azione per quel che riguarda la modifica o l'aggiornamento di post scritti da altri utenti. Questo ruolo è consigliato per gli articolisti ordinari, con cui magari già si collabora da qualche tempo, che svolgono semplicemente la mansione di scrivere dei post.

Collaboratore

A seguire ancora, con ulteriori limitazioni per quel che riguarda i permessi e le libertà d'azione, vi è il ruolo di collaboratore, che è particolarmente **idoneo per nuovi articolisti o per nuovi collaboratori**, appunto, di cui non se ne conoscono appieno le capacità. L'utente con questa tipologia di permessi può semplicemente modificare il proprio profilo e **inviare dei post o degli articoli, che tuttavia non vengono subito pubblicati, poiché devono essere verificati prima ed approvati** o da un amministratore, o in alcune circostanze dallo stesso editore. In questo modo si possono vagliare le capacità dei nuovi collaboratori e correggere eventuali errori o problemi nei post, dettati dall'inesperienza o dall'adattamento temporaneo al nuovo ruolo del caso.

Sottoscrittore

Conclude la nostra graduatoria virtuale dei permessi e dei ruoli in Wordpress il **sottoscrittore, ovvero il classico utente "standard"**; a quest'ultimo è concessa solo ed esclusivamente la possibilità di modificare il proprio profilo e di guardare la bacheca. Non può infatti scrivere dei post, ne tantomeno modificare pagine, contenuti, plugin e altro. Questo ruolo viene di norma attribuito in maniera automatica dal CMS a tutti i nuovi utenti registrati.

Gestendo quindi i ruoli in maniera ottimale, ed utilizzando queste importanti funzionalità offerte e perfezionate da Wordpress, si potrà **gestire il proprio sito senza alcun problema del caso, evitando di controllare in maniera minuziosa il totale lavoro dei collaboratori.** Assegnando ad ognuno il proprio ruolo e affidando gli incarichi più importanti a persone di fiducia il vostro sito lavorerà in maniera autonoma, e non ci sarà il rischio che qualcuno faccia degli errori o causi dei problemi al portale, magari per problemi di configurazione o di edit, visto che più si "scende" nella graduatoria, e più sono i menù bloccati ed accessibili dalla dashboard, alle varie tipologie di utenti del caso.

Come di consueto, **è comunque opportuno verificare sempre l'operato del proprio sito,** ed effettuare un backup quantomeno giornaliero, a maggior ragione se il proprio blog viene aggiornato quotidianamente e quindi contiene una grande quantità di contenuti.

Cosa sono gli snippets in Wordpress e come funzionano?

Visualizzando guide e tutorial sul più noto dei CMS sarà capitato sicuramente almeno una volta di aver letto la parola "**snippets**". **Che cosa sono questi snippets, come funzionano e come possono aiutarci** a gestire ed a personalizzare la nostra installazione di Wordpress?

In primo luogo, chiariamo tecnicamente il significato del termine. **Per snippets intendiamo delle stringhe di codice php che possono essere utilizzate secondo le proprie necessità ed esigenze in Wordpress, per meglio personalizzare il proprio sito e per estendere le funzionalità del CMS.**

Ovviamente non servono mica a cambiare una pagina o a modificare il contenuto di un articolo o di un menù; servono a svolgere funzioni più tecniche, come l'eliminazione dal template dei nomi dei widget, per esempio, oppure per togliere la barra admin da Wordpress. **Insomma influiscono nella gestione tecnica del portale**, per perfezionare ed ottimizzare anche le cose che possono essere più impensabili. Con questi codici si può anche togliere paradossalmente la versione di Wordpress scritta nel template, per combattere eventuali attacchi hacker!

Come è possibile immaginare, si tratta di meccanismi particolarmente complessi, che comunque sconsigliamo ad un webmaster principiante. Tuttavia come spesso accade ci vengono in contro ed in aiuto dei **plugin, come "Code Snippets", che ci permette di gestire questi codici in maniera managed,** molto più facilmente di quanto immaginabile in ambiente manuale.

In sostanza, il programma ci aiuta a gestire queste stringhe di codice personalizzate, in maniera molto più intuitiva del normale. Infatti **tramite un apposito menù, permette di catalogare gli snippets con nomi e descrizioni, di attivarli e disattivarli a proprio piacimento, e di modificarli ovviamente in qualsiasi momento,** con un semplice editor di testo; niente modifiche manuali, accesso allo spazio web e quant'altro quindi.

Come di consueto, basta in primo luogo installare il plugin, o tramite la procedura automatica ricercando all'intero di Wordpress "Code Snippets" ed installandolo, oppure tramite quella manuale, caricandolo nell'apposita folder sul proprio spazio web.

Una volta installato, per utilizzarlo basta attivarlo ed iniziare ad inserire i propri snippets personalizzati. **Esistono già dei codici pre-inseriti, e con una breve e semplice ricerca sul web, si possono trovare**

centinaia di stringhe che consentono di fare numerose modifiche. Utilizzando quelle preferite il programma si attiverà, andando a modificare i file del caso necessari, senza la necessità di agire sul file function.php, prima obbligatoriamente da editare per l'utilizzo degli snippets in assenza di add-ons del caso.

Il plugin consente anche di poter **esportare eventualmente la propria configurazione, e di condividerla sulla rete** senza alcun problema del caso. Allo stesso modo si potranno importare eventuali altri snippets altrui, che consentiranno di estendere le già numerose funzionalità di Wordpress.

L'utilizzo del programma è semplice ma come già indicato, vi consigliamo di non utilizzare gli snippets, se non avete una conoscenza medio-alta del linguaggio php. Modificare manualmente Wordpress può risultare molto utile ed efficace se ben fatto, ma altrettanto deleterio se non adeguatamente effettuato. Per ulteriori dettagli potete consultare la pagina ufficiale del plugin o utilizzare la nostra funzionalità dei commenti; saremo lieti di rispondervi e di aiutarvi, se possibile, nell'utilizzo e nella gestione degli snippets, un artificio non facile che richiede tanta esperienza ma che può portare ad importanti risultati.

Tabelle su Wordpress personalizzate con TablePress

Durante l'ordinaria gestione del proprio blog, può capitare all'interno di articoli o pagine la **necessità di dover gestire delle tabelle.** Spesso e volentieri infatti, alcuni contenuti, dati, statistiche o particolari testi devono essere inseriti in tabelle per poter risultare chiari e facilmente visibili. Wordpress di default però non offre degli strumenti per farlo in maniera organizzata, se non manualmente. Vediamo insieme quindi **come gestire delle tabelle su Wordpress personalizzate.**

Come di consueto, ci vengono in aiuto diversi plugin. Uno dei più utilizzati è **TinyMce, un editor di testo avanzato** che offre molteplici funzionalità rispetto al tradizionale strumenti di Wordpress. Ci consente in pratica di integrare quasi tutti gli strumenti del noto programma Microsoft Word all'interno del nostro sito, consentendo così una personalizzazione avanzata ed assolutamente di prim'ordine.

Tuttavia, **lo stesso editor avanzato può risultare non adeguato per coloro i quali necessitano di tabelle personalizzabili,** magari con dei piccoli script integrati, per una migliore visualizzazione possibile. In questo caso ci viene in aiuto **TablePress, un ottimo plugin appositamente studiato per Wordpress, che ha già registrato centinaia di migliaia di download** ed apprezzamenti da parte degli utenti.

Il funzionamento del tutto è piuttosto semplice; il plugin infatti permette di **organizzare le tabelle e di gestire il tutto tramite un comodo editor di testo, che evita così la necessaria conoscenza dell'html**, e di tutti i vari tag più noti utilizzati proprio per gestire le tabelle. Inoltre, i contenuti, che possono essere di qualsiasi tipo, possono altresì essere coadiuvati da appositi script, **in grado di ordinare per esempio i testi alfabeticamente o per data;** ciò consente una personalizzazione assolutamente di prim'ordine ed un risultato non ottenibile con i normali editor, se non con codici particolari e conoscenze informatiche e tecniche di prim'ordine.

Il prodotto, assolutamente gratuito può essere **scaricato direttamente dalla directory ufficiale dei plugin Wordpress**, e può essere installato o in via automatica oppure manualmente, senza alcun problema del caso. La configurazione può essere eseguita in comodi e semplici passi, grazie ad indicazioni dettagliate, così come l'integrazione delle tabelle realizzate, o tramite codice html o anche tramite shortcode.

Ovviamente TablePress può essere utilizzato da chiunque senza problemi, ma è ovvio che **è un plugin destinato a chi ha la necessità di dover gestire e personalizzare delle tabelle "avanzate",** e comunque non tradizionali. Per un normale testo o per l'ordinarietà, degli editor sono decisamente più semplici ed immediati. Per chi necessità però di un sistema assolutamente di prim'ordine, TablePress è un'ottima soluzione, indicata per tutti i webmaster non esperti di HTML o che comunque vogliono gestire il tutto in poco tempo e senza particolari meccanicismi del caso.

Creare un social network su Wordpress? Con BuddyPress è possibile

Durante la realizzazione di un sito, spesso e volentieri **risulta necessario organizzare una piccola community**, a maggior ragione se si è parte di un **team sportivo, di una scuola o di un piccolo settore di nicchia**, per poter gestire appuntamenti, eventi, allenamenti e quant'altro. E così, le normali funzionalità di Wordpress non aiutano, poiché si può semplicemente creare un post e rispondere, senza però poter scambiarsi dei messaggi (fra utenti), condividere foto, link, organizzare dei gruppi.

Proprio per incorrere a questo tipo di necessità, e per dare la possibilità di **creare un piccolo social network interno al proprio blog in Wordpress, è stato realizzato un plugin, di nome BuddyPress**, che ci consente proprio di installare un piccolo social all'interno delle nostre pagine. I nostri utenti si registreranno e potranno in qualche modo usufruire di tutte quelle che sono le funzionalità del programma, appositamente realizzato proprio per soddisfare le esigenze di piccoli gruppi o comunità, non eccessivamente numerose.

E così, si potranno **organizzare dei gruppi, come su Facebook, si potranno gestire degli eventi, dei sondaggi, chiunque avrà la possibilità di condividere foto, notizie, o anche lasciare dei messaggi o degli avvisi**. Insomma si potrà gestire il proprio spazio nel migliore dei modi, ampliando e di gran lunga quelle che sono le funzionalità standard di Wordpress, con strumenti e componenti aggiuntivi assolutamente di prim'ordine.

Basta in primo luogo **scaricare ed installare il plugin, o tramite la procedura manuale oppure automaticamente all'interno della dashboard.** Successivamente si dovrà configurare ampiamente secondo le proprie necessità ed esigenze, ed in seguito integrarlo direttamente su Wordpress, in una sezione preferita, o all'interno di alcune pagine o parti del sito appositamente strutturate per ospitare le varie funzionalità di social networking.

E' possibile **usare il proprio tema personalizzato poiché il plugin struttura totalmente da zero la sua grafica**, cercando la massima integrazione con quella già esistente, in modo da non offrire noie e perdite di tempo in merito a configurazione e settaggi. **Si può lavorare anche con più siti Wordpress tramite varie procedure di configurazione, e soprattutto si possono creare dei piccoli blog personali o forum di discussione**, con varie sezioni e tutto.

Insomma, si potrà quindi gestire la propria community, team sportivo o gruppo scolastico senza alcun problema, sfruttando le funzionalità standard di Wordpress, ed in più quelle offerte da BuddyPress, **particolarmente idoneo per piccoli gruppi o squadre, ovviamente non eccessivamente numerosi**. In caso infatti di decine e decine di partecipanti, è più opportuno creare un forum di discussione professionale con piattaforme come phpbb o vBulletin, oppure organizzare un sistema gestionale professionale, lontano da quelle che sono le caratteristiche standard di un social network, ma più vicine proprio a quelle di un forum stesso.

Per qualsiasi informazione è possibile consultare il **sito ufficiale del plugin**, in cui è attivo anche un forum di discussione dove vengono discussi aggiornamenti e corretti dei bug e problemi.

Wordpress "multipiattaforma": una necessità obbligatoria

Nel mondo odierno, con lo sviluppo di numerose tecnologie informatiche di prim'ordine, anche **internet si è evoluto**, così come la navigazione sul web, ed il "modo" di leggere le pagine. E' per questo che **Wordpress, uno dei CMS più usati, deve essere multipiattaforma**, una necessità dettata proprio dal progresso tecnologico.

A differenza di alcuni anni fa, quando ancora a farla da padrone erano solo ed esclusivamente i computer, per quel che riguarda internet, ad **oggi i dispositivi che hanno accesso alla rete sono decine e decine**, e lo possiamo notare tutti i giorni, anche considerando come le nostre abitudini sono cambiate.

E così, in un periodo in cui ci si può collegare sul web anche da **cellulari, smartphone, tablet e persino televisori, è necessario che un sito sia ottimizzato per la visione** da qualunque tipologia di hardware. Proprio per questo bisogna gestire un sito "multipiattaforma", in modo da garantirsi anche un **bacino di traffico**, il così detto traffico mobile, che è ormai in continua ed inarrestabile crescita.

In che modo è possibile rendere il proprio sito adatto alla lettura da qualsiasi dispositivo elettronico? In primo luogo, bisogna utilizzare un **template compatibile con i vari dispositivi**. Ne esistono molti sul mercato, anche gratuiti; proprio per questo fin dal primo momento in cui ci si cimenta nella realizzazione di un sito, bisogna mettere in conto anche questo fattore.

In alternativa, bisogna utilizzare degli **speciali plugin**, che in un certo senso rendono la grafica del nostro sito ottimizzata per i dispositivi mobili, qualora ci si connetta da essi. Quest'ultima soluzione è indicata per portali magari già completi ed eccessivamente "ricchi" di materiale, che rendono difficile una possibile conversione alla compatibilità mobile.

Ricercando comunque un interessante tema, magari in linea con le colorazioni principali del proprio portale, la differenza non sarà molta, e si potrà rendere il proprio **sito perfettamente compatibile e leggibile anche da smartphone e tablet**, di qualsiasi fascia o categoria.

Uno dei plugin che fa al caso nostro è **WPTouch, che trasforma il vostro sito perfettamente leggibile ed ottimizzato per i dispositivi portatili**, proprio se ci si connette da questi ultimi. E' gratuito ed il suo funzionamento è molto semplice ed immediato; si installa come di consueto, e si configura in pochi e semplici passi.

La compatibilità è assicurata **con iOS, Android ed i principali sistemi operativi mobile**, pertanto la copertura sarà ampia ed in questo modo il vostro sito potrà essere letto da qualsiasi persona, senza alcun problema del caso, grazie alla sua compatibilità multipiattaforma.

Wordpress mobile: gestire il sito dal proprio smartphone o tablet

Mantenere aggiornato e costantemente funzionante il proprio sito web è un lavoro che richiede molto tempo e dedizione, da parte del webmaster. In che modo si può quindi **gestire il proprio sito, quando magari non si è a lavoro o quando si è fuori casa**, per aggiornare il blog, effettuare una correzione o per approvare semplicemente dei commenti? Si possono usare le apposite **applicazioni mobile di Wordpress**, che in pratica ci permettono di utilizzare una dashboard "personalizzata" ed ottimizzata per il nostro dispositivo portatile, in qualunque momento, tramite un semplice collegamento ad internet.

La disponibilità di **"Wordpress for Android" e "Wordpress for IOS"**, **assicura la compatibilità dell'app con quelli che sono i principali due sistemi operativi mobili** diffusi sul mercato, che in questo modo fanno si che l'applicazione stessa possa essere usata nella stragrande maggioranza degli smartphone e tablet attualmente disponibili e diffusi.

Il funzionamento dell'applicativo è molto semplice ed immediato; bisogna in primo luogo **installarlo direttamente da Google Play o dall'Apple Store**, in base ovviamente al sistema operativo del proprio dispositivo, ed in seguito configurarlo, in pochi e semplici passi. Si potranno gestire in questo modo non solo i blog eventualmente installati in wordpress.com, ma anche quelli eventualmente da noi utilizzati in maniera autonoma.

L'applicazione, una volta installata, non solo ci permette di **gestire tutte le funzioni del pannello di controllo di Wordpress**, come dal pc, ma offre anche **strumenti appositamente ottimizzati per il mobile**, come l'editor di testo ed altri. Con quest'ultimo infatti, si potranno scrivere i post utilizzando le funzionalità dello smartphone o del tablet come la rotazione dello schermo, che offrirà un editor di testo più dettagliato, per esempio, oppure si potranno inserire direttamente delle stringhe di codice html in modalità manuale.

Si potranno inoltre **moderare i post ed i commenti degli utenti con pochi click**, oltre che si potranno gestire eventualmente tutte le varie gallerie immagini o plugin specifici per l'utilizzo di photogallery o photoblog, tramite semplici tap del caso. L'applicazione consentirà poi di caricare le foto, anche eventualmente scattate dal proprio dispositivo, grazie ad un'integrazione veramente senza precedenti.

Insomma, come di consueto, **sono disponibili tutti gli strumenti del caso per poter gestire il proprio sito quando non si ha a disposizione un pc.** Ovviamente è richiesto un dispositivo compatibile con l'applicazione, ed una connessione ad internet, o WiFi, oppure anche con pacchetto dati. **Entrambe le applicazioni, per Android e per iOS, sono gratuite** e possono essere scaricate ed installate direttamente tramite gli store ufficiale sul proprio dispositivo; sono altresì **disponibili in lingua italiana**, pertanto consentiranno una gestione veramente completa del proprio sito, come non mai.

E' opportuno che la **versione del vostro Wordpress sia almeno pari alla 3.2 o superiore**, altrimenti potrete gestire soltanto siti installati sull'hosting wordpress.com, e non eventualmente su propri server o piattaforme personalizzate. Per ulteriori dettagli potete comunque consultare l'apposita sezione del sito ufficiale, raggiungibile a questo link, in cui sono presenti le varie informazioni per lo scaricamento, ed i change log degli ultimi aggiornamenti.

Velocizzare Wordpress: consigli pratici e tecnici

L'**efficienza di un sitoweb** è ad oggi uno dei fattori più importanti, poiché in primo luogo incide in ottica SEO, e perché è strettamente collegata al comportamento degli utenti, per numerosi e vari campi; ecco perché **velocizzare Wordpress è fondamentale** per ottenere successo sul web.

Se si pensa che infatti portali come Amazon abbiano incrementato i ricavi dell'1% circa ogni 100 millisecondi di velocità guadagnata nel caricamento delle pagine, o che altri come Yahoo abbiano incrementato del 9% circa il traffico con 400 millisecondi di ottimizzazione (fonte: Tiziano Fogliata), è opportuno **considerare il fattore "velocità" come uno fra i più importanti**, a maggior ragione quando non si ha un'utenza numerosa sul proprio sito.

La situazione nel mobile peggiora infatti, e nel settore in assoluto più in crescita, **è indicativo come quasi la metà degli utenti presi in esame (il 40%), abbandoni un sito se non si sia aperto nel giro di 3 secondi**. Questo perché la rete è "veloce", e l'utente è abituato ad avere tutto e subito. Come si può fare per ottimizzare Wordpress, e per ottenere quindi risultati concreti?

Misurazione della velocità

In primo luogo, bisogna avere un **riferimento di partenza in merito alla velocità del proprio sito**, per vedere poi se si saranno fatti dei progressi o meno. E' ovvio che non è possibile usare un cronometro manuale, ma esistono sofisticati strumenti che online stesso offrono un'analisi del parametro in pochi secondi. Digitando "Web page test" o simili keywords in pochi secondi si avrà la possibilità di accedere a diversi sitiweb che offrono questa tipologia di servizio.

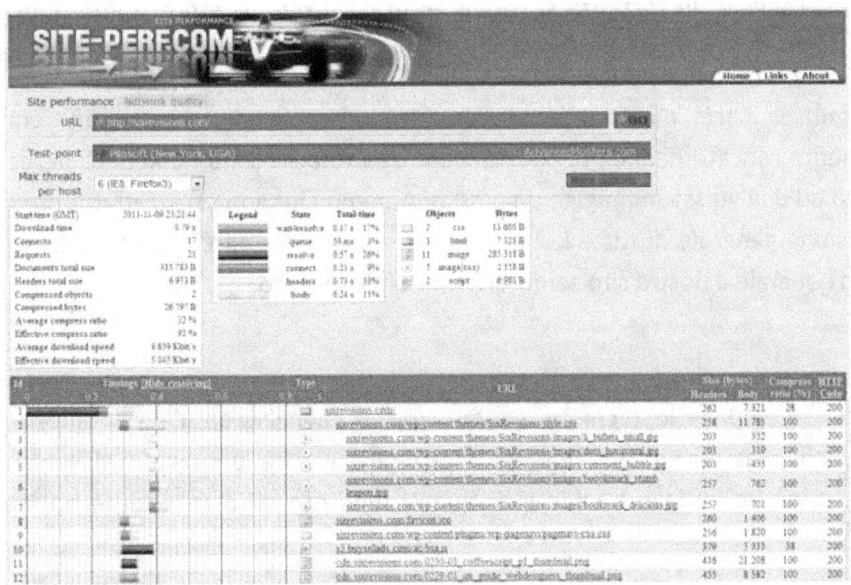

Una volta registrato un **parametro medio, magari dopo diverse prove**, si avrà la possibilità di intervenire. Alcuni portali addirittura analizzano numerosi campi, come la pesantezza del codice o delle immagini, proprio per indirizzare l'utente in modifiche settoriali.

Verifiche iniziali

Annotato quanto richiesto, è opportuno procedere a delle verifiche importanti per valutare poi quelli che sono i principali e più importanti fattori che influenzano in maniera diretta la velocità. Per prima cosa, **l'hosting che utilizzo, è adeguato ed affidabile**? Inoltre, quante immagini ci sono nelle mie pagine, che devono essere caricate? Ma ancora, **quanto pesa il codice del template, eventuali javascript** o plugin aggiuntivi?

Effettuando queste verifiche iniziali, si potrà scegliere di conseguenza come agire.

Soluzioni pratiche e tecniche

In primo luogo, bisogna **ottimizzare la gestione della cache del proprio sito**, a volte il fattore che più influenza la velocità delle nostre pagine. Se quest'ultima sarà in linea coi parametri da noi scelti ed utilizzati, ci consentirà di risparmiare parecchio tempo. In alternativa, bisognerà utilizzare qualche **plugin come WP Super Cache**, che in maniera semplice ed immediata ci consente di poter agire e migliorare il parametro.

Sistemata la cache, è consigliabile **ottimizzare il database**. Anche in questo caso ci aiutano dei plugin, come WP DBManager; in primo luogo sarà possibile effettuare un backup, per scongiurare qualsiasi problema del caso, e poi si potranno **ottimizzare le tabelle**, per migliorare in generale la velocità del proprio sito, visto che alla fine è col database che ci interfacciamo quando apriamo una pagina, per visualizzare dei contenuti.

Fatto questo, bisogna **perfezionare il file htaccess**, in modo che consenta agli utenti di sfruttare la cache del browser. Nonostante alcuni la disabilitino, la cache è una sorta di gruppo di file che, in poche parole, lascia diciamo come "precaricato" un determinato sito sul computer, che se raggiunto dal browser stesso, si caricherà ovviamente molto più velocemente del normale.

Completato ciò, bisognerà **ottimizzare il codice dei javascript o dello stesso template**, o sempre tramite dei plugin, oppure in via manuale. Come di consueto è fondamentale possedere un backup, poiché gli errori sono sempre dietro l'angolo. In sostanza **si renderanno i file più leggeri e quindi più facili da caricare**, eliminando tutti gli "spazi" inseriti nel codice, che causano soltanto un rallentamento nel caricamento.

In conclusione, finita la parte puramente tecnica, bisogna provvedere anche alla **compressione delle immagini**, ovviamente caricate nel nostro spazio web. Una foto da 1mb richiederà parecchi secondi per il download, rispetto ad una stessa immagine da 200KB. A meno che non sia strettamente necessario quindi, con una compressione generale di tutte le immagini si risparmierà parecchio tempo nell'apertura di una pagina, e quindi in generale il nostro sito sembrerà molto più leggero.

Conclusioni

Combinando tutti i metodi e le tecniche sopra indicate, anche con l'ausilio di plugin, i risultati si toccheranno con mano. Basterà alla fine ripetere il test della velocità, utilizzando gli stessi strumenti con cui si è registrato il parametro iniziale, e **vedere di quanti millisecondi o secondi le nostre pagine saranno state ottimizzate.**

Una classificazione "verde", o con la lettera "A" in quei siti che offrono maggiori dettagli dopo l'analisi delle pagine, è il miglior risultato possibile da raggiungere. Vorrà dire che avrete fatto un buon lavoro e che le vostre pagine saranno in linea con le richieste del web, in termini di prestazioni. In questo modo, l'ottimizzazione del sito sarà il vostro ultimo pensiero, e potrete concentrarvi su altri parametri, come il SEO o la scrittura dei post, che richiedono decisamente più tempo e disponibilità.

Requisiti ammissione blog Wordpress su Google News

Il famosissimo **servizio "News" di casa Google**, è ad oggi una **piattaforma molto ambita dai webmaster**, visto che consente di ottenere dei risultati di visibilità assolutamente di prim'ordine, grazie alla rilevanza data dallo stesso Google a questo programma, in testa anche alle ordinarie SERP.

I benefici dell'ammissione a Gnews, nel corso degli anni, sono drasticamente diminuiti, visto che in generale sono ad oggi molto più numerosi i siti iscritti nel network rispetto al passato, ed essendoci quindi una sorta di **concorrenza interna** a questo seppur esclusivo programma di Google.

Tuttavia, essere all'interno del network è comunque un risultato importante, che può portare a non pochi vantaggi del caso, in termini di **visite, guadagni ed ovviamente notorietà** all'interno del mondo del web. Vediamo insieme quindi quali sono i **requisiti di ammissione di un qualsiasi blog Wordpress** per il programma Google News.

In questa pagina si possono visualizzare per intero le caratteristiche ed i requisiti tecnici del servizio. In generale però, vi possiamo riassumere tutto il necessario per poter essere ammessi, in pochi e semplici passi.

In primo luogo, per poter accedere al network Google News, è necessario avere un **sito di qualità e curato graficamente, e nei contenuti.** Questo standard piuttosto elevato deve essere mantenuto sempre, poiché il colosso di Mountain View, effettua delle continue revisioni dei siti anche già accettati al programma, per garantire all'utente finale visitatore, una qualità generale comunque di assoluto rilievo.

Inoltre, per poter essere ammessi al programma, è necessario che il visitatore abbia tutti gli strumenti idonei per capire **chi è l'autore di un articolo**, come eventualmente **mettersi in contatto col webmaster**, e tutti i **riferimenti normativi del caso**, richiesti non solo dallo stesso Google, ma anche dalla legge, in alcune circostanze.

Col passare del tempo, se i vostri contenuti verranno sempre più indicizzati ed apprezzati, potrete essere inclusi nell'indice Google News. Per far ciò dovrete **compilare l'apposito form fornito da Google stessa**, nella maniera più dettagliata possibile, e secondo le indicazioni fornite da Mountain View. Pronti i permalink, la struttura del portale e tutto, bisognerà solo attendere qualche giorno o anche un paio di settimane, per ricevere una risposta.

Attenzione però: spesso molti utenti si lamentano di "presunte" scorrettezze o discriminazioni da parte del colosso di Mountain View, senza però leggere il regolamento e gli effettivi requisiti tecnici del servizio. **Non vengono accettati al programma portali con contenuti statici, o dal carattere non informativo**. Recensioni di prodotti, guide, fai da te, consigli, commenti, archivi e quant'altro, non avendo carattere di "novità", non vengono prese in considerazione. E' per questo che anche siti ben fatti, se non trattano gli argomenti come vere e proprie notizie giornalistiche, non vengono accettati ed indicizzati.

Con un po' di pazienza e soprattutto con un pizzico di fortuna, si potrà indicizzare il proprio sito su Google News senza molte difficoltà.

Ottimizzare Wordpress per Google News

Il nuovo **strumento di Google** che offre la possibilità agli utenti di visualizzare le notizie più importanti, recenti ed aggiornate per una certa parola chiave, è sicuramente un **ottimo trampolino di lancio per i webmaster**, che in questo modo possono scalare le SERP trascurando leggermente l'attività SEO, e possono **aumentare abbastanza le proprie visite**, grazie al fatto che sono sempre più numerosi gli utenti che utilizzano il servizio GNews.

In che modo bisogna **ottimizzare il proprio sito** per essere ammessi al programma News di Google? Quali sono **le caratteristiche richieste e le modifiche da effettuare, per poter essere inclusi** in questa nicchia molto vantaggiosa?

In primo luogo, come facilmente intuibile, bisogna **possedere un sito di qualità, con relativi contenuti di qualità, autentici, originali ed utili per la community.** Così, l'utente che vorrà accedere al vostro sito, in pochi secondi potrà sapere tutto dall'eventuale notizia, che dovrà essere facilmente leggibile, scorrevole e semplice. Inoltre, bisognerà **rendere particolarmente veloce e rapido il caricamento delle pagine**, e bisognerà possedere una versione apposita per i dispositivi mobili del proprio sito, al fine di rendere accessibili le proprie pagine da qualsiasi hardware attualmente in commercio.

In poche righe, vi abbiamo scritto in pratica ciò che bisogna fare; **realizzare però tutto quello che è stato indicato non è facile, e richiede spesso e volentieri mesi e mesi di tempo**, soprattutto per il fatto che i motori di ricerca non sempre sono rapidi nel percepire cambiamenti ed ottimizzazioni da parte dei webmaster.

Quindi, per iniziare, è opportuno **costruire un sito di qualità**. Nel nostro sito, leggendo alcuni articoli, potrete farvi un idea delle caratteristiche essenziali che un buon portale deve possedere; dalla scelta del server, al dominio, fino all'ottimizzazione delle immagini, dei tag e del lavoro seo del caso.

Impostato il lavoro iniziale, bisogna **aumentare il bacino di utenti che visitano il proprio sito**, ed iniziare ad indicizzare il numero più alto di pagine, con possibile **aumento di pagerank, costruendo una solida link popularity**. Una volta raggiunti dei risultati soddisfacenti, come possono rappresentare un centinaio di visite uniche giornaliere, e una buona indicizzazione per le keywords principali del proprio sito, si può richiedere l'ammissione a Google News. Saranno passati diversi mesi da quando avrete installato Wordpress fino a questo momento, periodo che Google stesso richiede fondamentale affinché un sito possa essere definito "di qualità".

Bisogna quindi **compilare il form presente alla fine di** [questa pagina (link)](#), se e solo se il vostro sito avrà le caratteristiche descritte dalla stessa Google, che vi abbiamo riassunto in poche righe in questo nostro articolo. Allo stesso tempo, vi consigliamo di ottimizzare i permalink, che aiutano sicuramente al posizionamento ed all'indicizzazione, ed inoltre vi consigliamo di **scrivere e fornire le informazioni dello staff del proprio sito pubblicamente**, in modo che possa essere incluso in Google News.

Creando un'apposita pagina con il nome di tutti i redattori, eventuali contatti a cui è possibile rivolgersi per parlare coi responsabili delle proprie pagine o gli articolisti, e fornendo tutte le possibili informazioni che un utente ha diritto di avere (come la **legge sulla privacy e sui cookie**), il vostro sito sarà pronto per essere incluso in Google News. Tentate a questo punto di inviare la richiesta, e sperate in un responso positivo. Se non verrete ammessi subito, in futuro potreste essere inclusi, pertanto **non trascurate mai le procedure di ottimizzazione che vi abbiamo descritto**, che possono risultarvi utili anche per il SEO, senza alcun problema del caso.

Creare ed inviare una sitemap per Google News su Wordpress

Uno degli obiettivi e dei traguardi più ambiti dai webmaster, è **l'inclusione del proprio sito in Google News**, il famoso "aggregatore" di Google che offre una **visibilità di assoluto rilievo a tutti i blog e le testate che pubblicano notizie aggiornate, uniche ed utili** di qualsiasi tipologia di argomento.

Una volta, effettivamente l'inclusione in Google News era una sorta di paradiso per qualunque gestore di un sitoweb, visto che i vantaggi, i proventi e le visite schizzavano in alto in maniera praticamente incontrollata, causando anche dei guadagni di assoluto rilievo. **Adesso, l'effetto Google News si è un po' ridimensionato, visto che i siti indicizzati in questo particolare servizio sono ormai migliaia**, e si è persa in qualche modo l'esclusiva che nei primi tempi ha portato a pochi fortunati i vantaggi del caso sopra indicati.

Ciò non toglie comunque il fatto che **Gnews è importantissimo per qualsiasi blog o portale di notizie**; i vantaggi tutt'ora rispetto ai siti non indicizzati sono enormi, pertanto scopriamo insieme **come creare ed inviare una sitemap per Google News**, per richiedere poi l'inserimento nell'indice, o per gestire i propri link per l'aggregatore senza modifiche.

Google News richiede ai webmaster dei precisi requisiti tecnici, grafici e qualitativi per includere un sito nell'indice. Uno fra questi riguarda la **gestione dei link, che devono essere unici e riconoscibili, con almeno 3 numeri**. Questo ha provocato grande sbattimento per tutti coloro i quali hanno dovuto cambiare i permalink del proprio sito, con consistenti penalità in ottica SEO e posizionamento.

Google News ha quindi adottato **un nuovo metodo per evitare questa procedura, che consiste nell'invio di una sitemap speciale per le news, differente da quella tradizionale**, ma efficace, poiché permette di mantenere invariata la struttura dei propri link.

Per Wordpress, come sempre, ci viene incontro un **plugin che fa tutto per noi in maniera automatica, con una semplice configurazione. Si chiama Google News Sitemap** e può essere installato direttamente tramite la directory ufficiale Wordpress dei plugin, o in maniera manuale.

Una volta attivato, bisogna **configurarlo specificando il nome del proprio sito, alcune preferenze ed eventuali categorie o post da escludere dall'indicizzazione.** Dopo di che, il plugin creerà una sitemap di massimo 1000 link, e dal periodo di due giorni. In questo modo si aggiornerà di continuo con le reali ultime news del nostro sito, e le invierà al programma Gnews, se il nostro sito sarà stato incluso.

La procedura finale consiste nel **segnalare la "sitemap-news.xml" tramite gli "Strumenti per Webmaster" di Google,** ed attendere quindi o l'inclusione del proprio sito nel programma, o l'indicizzazione dei post, senza modifiche dei contenuti o altre simili procedure particolarmente complesse.

Automaticamente **il plugin genererà ogni nuovo articolo inviato una sitemap con un resoconto dei post degli ultimi due giorni,** ed in successione consentirà quindi di tenere Google "informato" in merito alla gestione degli articoli ed alla pubblicazione di notizie del nostro blog Wordpress.

Ottimizzare i permalink Wordpress per Google News

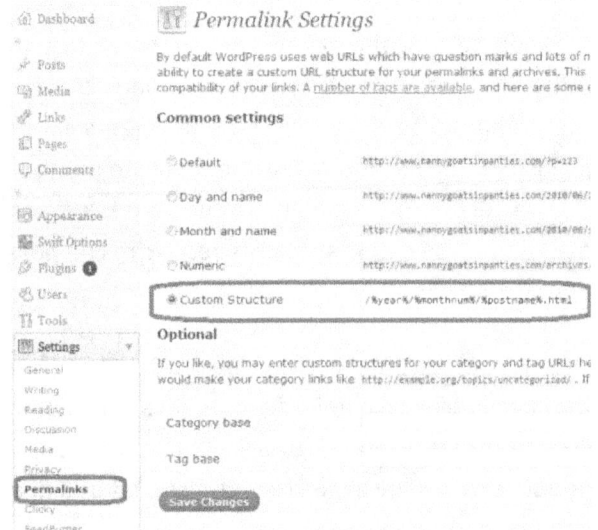

L'inserimento di un sito in Google News è forse, ad oggi, il **traguardo più ambito** di ogni webmaster. La presenza di un portale in questo nuovo e funzionale servizio di Google, assicura infatti un **consistente aumento di traffico, visite ed utenti**, grazie alla visibilità che il più grande dei motori di ricerca offre ai siti inseriti nel suo programma "News"; ciò è raggiungibile però solo con **l'ottimizzazione dei permalink**.

Per essere ammessi, infatti, o meglio, per presentare la richiesta di ammissione, bisogna soddisfare numerosi requisiti. Alcuni di questi, riguardano la **perfetta efficienza tecnica di un sito, l'adeguata resa grafica, la facilità di lettura, di caricamento delle pagine**, ed in generale tutti quelli che sono gli "standard" richiesti affinché un sito sia effettivamente di qualità.

Altri requisiti, puramente tecnici, riguardano **l'ottimizzazione dei permalink**, ovvero i link che il nostro sito genererà per la pubblicazione di una determinata pagina. Ad esempio, www.miosito.it/articolo22.html mostra il permalink "articolo22.html", una sorta di estensione che viene assegnata al link da Wordpress per rintracciare un determinato articolo.

Adesso, affinché un sito possa essere letto, riconosciuto ed inserito in Google News, oltre ai vari requisiti sopra indicati, deve necessariamente essere formato da un **permalink contenente almeno un numero a tre cifre.** Questo significa che il link sopra indicato non è buono, e pertanto dovrà essere modificato per esempio in "articolo123.html".

Cosa si fa quindi per regolare Wordpress in modo che automaticamente assegni ad un nuovo post inviato questi famosi numeri a tre cifre? Bisogna **modificare i permalink**, nell'apposita pagina della dashboard.

Accedendo alla pagina del menù indicata, si potranno modificare i permalink; siccome quelli di default che Wordpress possiede non rientrano fra i requisiti sopra indicati, bisognerà **indicare l'ultima scelta, ovvero la soluzione personalizzata**, ed inserire questa stringa di codice:

/%post_id%/%category%/%postname%.html

In questo modo, le notizie assumeranno la numerazione indicata (non dai primi articoli, che dovranno essere modificati manualmente nel comparto id), e si potrà effettuare la fatidica domanda di ammissione al servizio di Google News.

Nonostante **la modifica pare che di recente non sia più obbligatoria, consigliamo comunque di ottimizzare i permalink**, visto che non incide molto sul SEO, e consentirà di poter accedere ad uno dei più ambiti programmi di Google.

CAP.7 - Strumenti Google

Strumenti Google per WordPress: Adwords

Uno dei più noti ed utilizzati **strumenti Google da parte gli advertiser è il programma Adwords**, che consente, dietro pagamento ovviamente, di **pubblicizzare il proprio sito su Google**. Il funzionamento del tutto non è semplice, ma come sempre cercheremo di spiegarvelo con i termini più facili del caso.

Che cos'è Google Adwords

Adwords è il programma di Google che consente di **creare e pubblicare annunci pubblicitari per il proprio sito sul più noto dei motori di ricerca.** Il servizio va ovviamente pagato, ed il suo costo dipende chiaramente dalla quantità di pubblicità effettuata, e dalle parole chiave scelte da pubblicizzare. Una volta che i propri annunci saranno accettati, questi ultimi verranno pubblicati sui siti dei publisher a tema che utilizzeranno il programma Adsense, oppure direttamente sulle pagine di ricerca Google.

Come funziona Adwords

Quanto si deve pagare per farsi pubblicità, e come funziona il meccanismo in breve? In primo luogo, come di consueto, **bisogna creare gli annunci, inserendo un titolo, una descrizione ed un eventuale link** di riferimento; in alternativa si

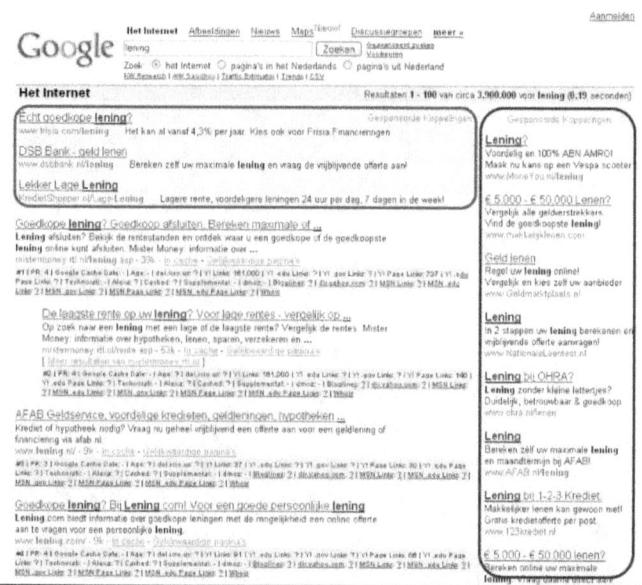

possono caricare dei banner grafici da noi creati, se rispettano determinati standard.

Una volta che il nostro annuncio o i nostri annunci verranno approvati, **si dovrà creare una "campagna" pubblicitaria, stabilendo la sua durata, il budget stabilito ed ulteriori informazioni** e configurazioni (come il tipo di pubblico a cui mostrare le pubblicità, eventuale geo-localizzazione ed altre features).

Nella campagna **dovranno essere scelte ed inserite delle parole chiave**, poiché se il nostro sito vende servizi di assistenza tecnica per computer e software per esempio, gli annunci dovranno essere visualizzati solo da chi ricercherà "assistenza computer, riparazione pc" e simili keywords, in modo da rendere efficace la campagna e di rivolgerla soltanto ad un pubblico già interessato all'argomento.

Completata quindi la lista di parole chiave, aiutandosi con gli stessi tools del motore, **bisognerà decidere il costo per ogni click effettuato da un utente**, che noi andremo a pagare. Se inseriremo 10 centesimi per click per esempio, noi pagheremo 10 cents ogni volta che un utente visitatore cliccherà sul banner adwords da noi creato. Ovviamente **per ottenere delle posizioni di rilievo bisogna "pagare" di più**, e non è un caso che vi siano agenzie specializzate formate da numerosi esperti che gestiscono le campagne adwords, per renderle particolarmente efficienti.

Se un utente infatti per la parola "vendita computer" deciderà di pagare di più rispetto a noi, i suoi annunci verranno visualizzati prima, rispetto ai nostri ovviamente. **Chi paga di più in sostanza avrà più visibilità, chi paga meno, ovviamente avrà una visibilità ridotta.** Tuttavia non significa che pagando di più si avranno maggiori risultati, anzi. Bisognerà ottimizzare la campagna con tutti gli strumenti del caso, preferibilmente con l'ausilio e la consulenza di un esperto, che saprà scegliere le giuste parole chiave ed i budget corretti per poter pubblicizzare la propria attività o il proprio sito sul web.

Se si vendono prodotti in e-commerce per esempio bisognerà investire molto in questo sistema, poiché **un click potrebbe trasformarsi in una vendita.** Se si pubblicizza il proprio negozio soltanto non avrà senso pagare molto, per avere poi soltanto dei riscontri in termini di visite.

Bisogna quindi **bilanciare la propria campagna pubblicitaria** e scegliere di conseguenza tutte le varie impostazioni migliori affinché quest'ultima abbia successo.

Provare Adwords

Se non credete che un simile sistema possa funzionare, potrete **sfruttare gli innumerevoli coupon offerti da Google**, che spesso e volentieri regalano decine e decine di euro (a volte anche 60€-70€) di credito gratuito, per poter provare questo potentissimo strumento di pubblicità.

Ma non solo, se vi rivolgerete ad un professionista certificato o ad agenzie specializzate, quasi tutte vi offriranno dei **voucher per poter toccare con mano l'efficacia di Adwords**, uno dei principali mezzi di "sostentamento" di Google.

I vantaggi di Adwords

I vantaggi di un simile sistema pubblicitario sono molteplici. Per prima cosa, **si paga in base ai risultati**; se gli utenti cliccheranno e si collegheranno alle nostre pagine, pagheremo, altrimenti no.

Inoltre, a differenza di quelle che possono essere campagne pubblicitarie classiche, come il volantinaggio, **la pubblicità online è mirata e viene mostrata soltanto a visitatori che sono interessati all'argomento.**

Se un utente cerca su Google "annunci auto" vedrà pubblicità correlate alla parola chiave scelta, quindi il traffico è (in gergo) "targhettizzato" in base alle keywords da noi scelte. Inoltre potremo decidere di **indirizzare la campagna soltanto a certe zone d'Italia o del mondo**, per ottimizzare al massimo i rendimenti se per esempio la nostra attività è legata parecchio al territorio. Ma non è tutto; **si potranno scegliere gli orari di pubblicazione degli annunci**, per sfruttare le "ore di punta", **le date, eventuali pause**.. Insomma si potrà avere accesso alla pubblicità del futuro, che ad oggi fa si che colossi come Google e Facebook, per esempio, per noi gratuiti, mantengano migliaia di dipendenti ed abbiano capitali miliardari fra i primi al mondo.

E' con questo sistema che internet funziona, ed è per questo che tantissimi siti offrono servizi anche importanti, ma gratuitamente. Pensate che il colosso di Mountain View non abbia speso milioni di euro per realizzare ed aggiornare servizi e prodotti come gMail o Google Maps? E dove li prende questi soldi, se noi effettivamente quando navighiamo non paghiamo nulla a quest'ultimo? Proprio grazie a questo **sistema di pubblicità, che consente di guadagnare agli advertiser,** che pagano per farsi pubblicità ed hanno poi rientri in termini di vendite, **ai publisher**, ovvero coloro i quali pubblicano le pubblicità sui siti che hanno piccoli rientri in percentuale, **ed alla stessa Google**, che ad oggi ha il monopolio del web, praticamente sotto molteplici punti di vista.

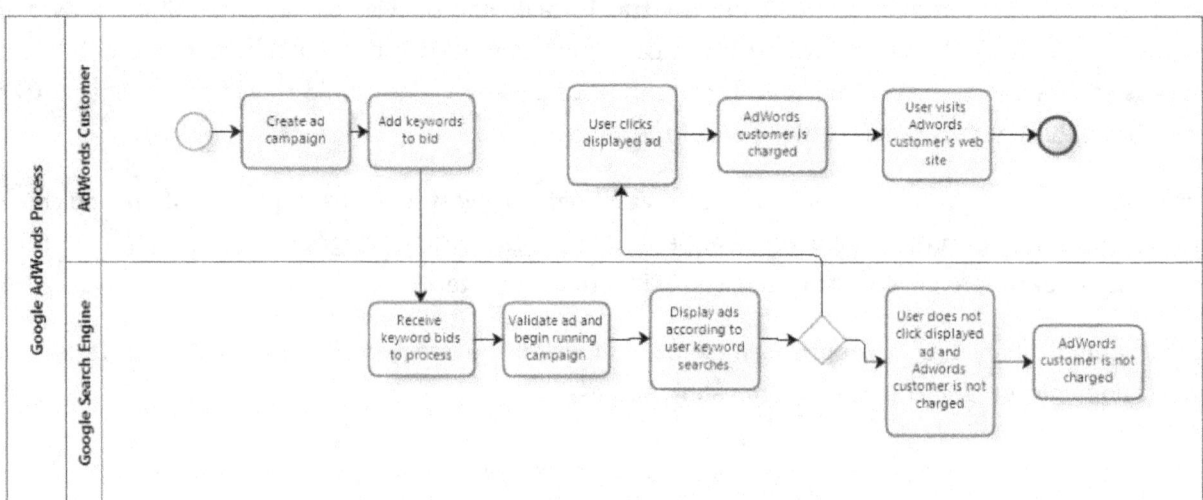

Adwords può essere un **ottimo strumento per WordPress**, e se ben sfruttato, potrà monetizzare il traffico tramite la vendita di servizi o prodotti, o tramite pubblicità sicuramente funzionanti. Create subito la vostra campagna, assaggiate le potenzialità di questo strumento ed affidatevi in mano ad **esperti che vi**

aiuteranno come non mai a gestire e ad ottimizzare la pubblicità online, un sistema che genera ogni anno fatturati di miliardi e miliardi di dollari, in maniera veramente incredibile ed inarrestabile.

Strumenti Google per Wordpress: Analytics

Il principale e più noto motore di ricerca, da anni ha messo a disposizione dei webmaster numerosi **strumenti e tools per la gestione dei sitiweb**; uno di questi, e fra i più utilizzati, è **Google Analytics**, un validissimo programma che consente di **acquisire e visualizzare numerosissimi dati, statistiche ed informazioni** in merito al proprio o ai propri siti internet.

Il suo funzionamento è piuttosto semplice ed immediato. Una volta registrati a Google Analytics, o utilizzando un account gmail, o tramite una nuova utenza, si potrà attivare il programma, e di conseguenza si potranno aggiungere i vari siti da monitorare. **Il programma fornirà un codice, un link o uno strumento da inserire nel sito, in tutte le pagine** (quindi nel template), ed automaticamente inizierà ad acquisire tutte le informazioni possibili ed immaginabili, che poi convertirà in comodissimi grafici, tabelle e report.

La prima panoramica che salta all'occhio, una volta passata qualche ora dall'attivazione ed acquisite le prime informazioni, è ovviamente **il riepilogo delle visite uniche, degli accessi e delle pagine visualizzate** nel corso dei giorni. E' possibile analizzare un dato giornaliero, mensile, settimanale o secondo le proprie preferenze, per vedere l'evolversi della situazione, e **se il proprio sito sta crescendo o meno**, in termini di traffico ed utenza.

Allo stesso modo, subito si può **visualizzare la provenienza geografica dei visitatori**, un dato molto utile che può essere vitale in particolari siti di nicchia, e ulteriori informazioni, come **i sistemi operativi, i browser utilizzati e la provenienza (motori di ricerca) dei propri visitatori**, tutti strumenti utili per poter ottimizzare le proprie pagine.

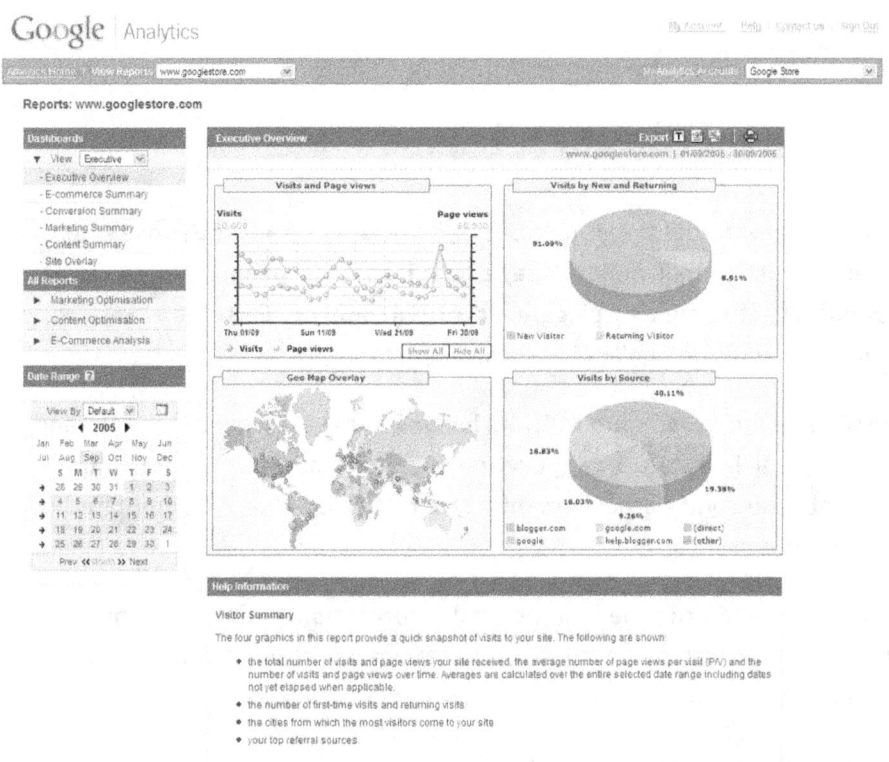

Come se non bastasse, all'interno del programma è possibile visualizzare una panoramica completa del proprio traffico, in base anche alle **visite uniche e di ritorno, e si può in questo modo capire per esempio in quali giorni il sito rende meglio**, in base alla tipologia di attività svolta, o di articoli pubblicati.

Insomma è ovvio che lo strumento di Google offre delle informazioni presso che vitali per la gestione di un sito, che diventano poi fondamentali quando si vuole monetizzare il traffico, o quando si vogliono lanciare delle apposite campagne pubblicitarie.

Analytics infatti, perfettamente integrato con gli altri programmi di "Mountain View" come Adsense o Adwords offre una **panoramica generale sul rendimento di eventuali campagne**, o della stessa tipologia di banner utilizzato, e con lo studio e l'analisi di questi dati, si potrà ottenere il meglio, ovviamente, dalle proprie pagine.

Inoltre, nelle schede avanzate del programma, si può **visualizzare per quanto tempo i visitatori restano collegati, la durata media quindi delle visite, e quali sono le pagine più apprezzate** dal pubblico di internet. Così si può eventualmente spingere ed ottimizzare un particolare settore, per aumentare la propria utenza, dandogli appunto quello che cerca.

Ma ancora, è possibile vedere **quali sono i siti che linkano le nostre pagine e che rimandano al nostro sito, le parole chiave** con cui i visitatori raggiungono il nostro portale, e tanti altri concetti e caratteri fondamentali del web, che sono particolarmente importanti se si vuole aumentare il traffico, e quindi di conseguenza rendimenti e profitti.

Come di consueto **combinando tutte le innumerevoli informazioni** che il programma fornisce (non a caso è uno dei più affidabili), in poco tempo si riuscirà ad ottimizzare il proprio portale anche nelle SERP, delle quali vi sono sempre informazioni importanti ed aggiornate in Analytics.

Il programma è ovviamente gratuito e resterà tale, a meno che i vostri siti non abbiano una quantità di traffico così grande da dare fastidio agli stessi server di Google (cosa molto difficile ed improbabile). Proprio per questo, **basta semplicemente aggiungere il proprio sito nel pannello di controllo e inserire il tracking apposito in Wordpress.**

Per farlo, esistono **appositi plugin come "Google Analyticator"**, oppure bisogna **modificare manualmente il codice**, una procedura che in questo caso è molto più semplice ed immediata del previsto. Come spiegato in precedenza, ove è presente il metodo manuale per inserire i banner, al posto del codice Adsense si dovrà inserire il codice Analytics, con **il vantaggio di non badare affatto a posizioni (l'header è comunque consigliato) o possibili ottimizzazioni**, poiché dal punto di vista grafico e funzionale non cambierà assolutamente nulla. **L'importante è che il codice di tracking sia presente in tutte le pagine**, e per far in modo che sia così, va inserito direttamente nel template o tramite appositi plugin settoriali.

Ricordate che un sito, come ogni logica consiglia, va monitorato per essere ottimizzato, per scoprirne i punti deboli e di forza, e per poter risolvere i primi, e puntare decisamente su questi ultimi.

Strumenti Google per Wordpress: Webmaster tool

Nella schiera di strumenti e funzionalità offerti da Google, vi è anche l'ormai noto **"webmaster tool"**, **appositamente studiato e progettato per assistere i webmaster** nella gestione e nell'ottimizzazione di un sito web.

Il suo funzionamento è molto semplice ed immediato, e consente di accedere a **numerose informazioni relative al proprio sito**, oltre che di interagire direttamente col motore di ricerca più famoso al mondo, per alcune funzionalità. Come di consueto, bisogna **registrarsi al servizio o tramite un nuova utenza, oppure utilizzando un account Google già esistente, ed attivarlo** per i propri siti.

A differenza di Analytics, in cui è necessario inserire un codice fisso nel template, in tutte le pagine, **Webmaster Tools per essere attivato richiede il caricamento di un file**, con un particolare nome ed estensione, che una volta riconosciuto, completerà l'installazione e l'attivazione del servizio.

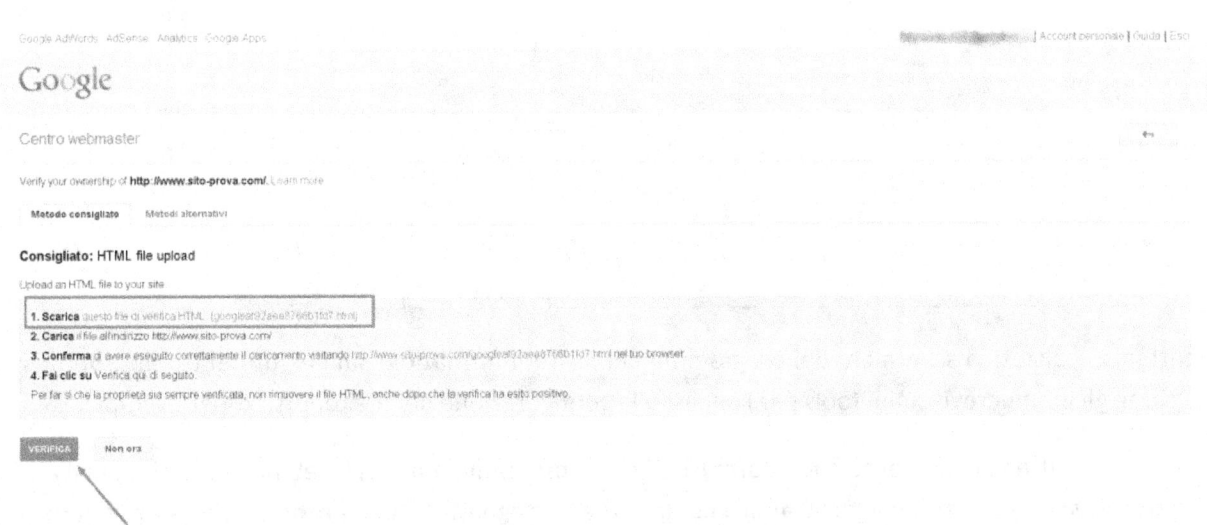

In alternativa, se si è già in possesso di un account Analytics utilizzato dallo stesso nome utente, si potrà interfacciare il programma in maniera molto semplice ed immediata, seguendo una procedura automatica di pochi secondi. Esistono poi **ulteriori metodi per verificare la proprietà di un sito e per attivare il**

programma, come il puntamento dei dns o l'inserimento di ulteriori stringhe di codice; vi consigliamo comunque di utilizzare i primi, molto più semplici e soprattutto immediatamente efficienti.

Gli **"strumenti per il webmaster", una volta attivati, inizieranno la consueta raccolta dei dati**, che in questo caso è strettamente collegata al funzionamento del motore di ricerca. A differenza di Analytics che si concentra più su visite e traffico in generale, **Webmaster tools offrirà informazioni dettagliate sul posizionamento, sulle SERP, sulle parole chiave, sull'affidabilità di un portale, la gestione della sitemap**, l'indicizzazione dei contenuti.. Insomma tutto quello che riguarda il rapporto tra il proprio sito ed il motore di ricerca più famoso al mondo.

E' possibile in questo modo notificare a Google l'esistenza del proprio sito in pochi e semplici passi, così come si potrà "spingere" il motore al riconoscimento di una eventuale sitemap, caricata sul proprio spazio web.

Il programma offre anche **interessanti informazioni in merito a ciò che registrato i boot e gli spyder**, la velocità di caricamento delle pagine, eventuali errori o criticità, legate anche alla presenza di malware. Non mancano poi rapporti con il programma Analytics, in merito alla gestione delle query di ricerca, ed ulteriori funzionalità di **verifica e diagnostica**, al fine di offrire un panorama ed un' analisi completa del proprio sito al webmaster.

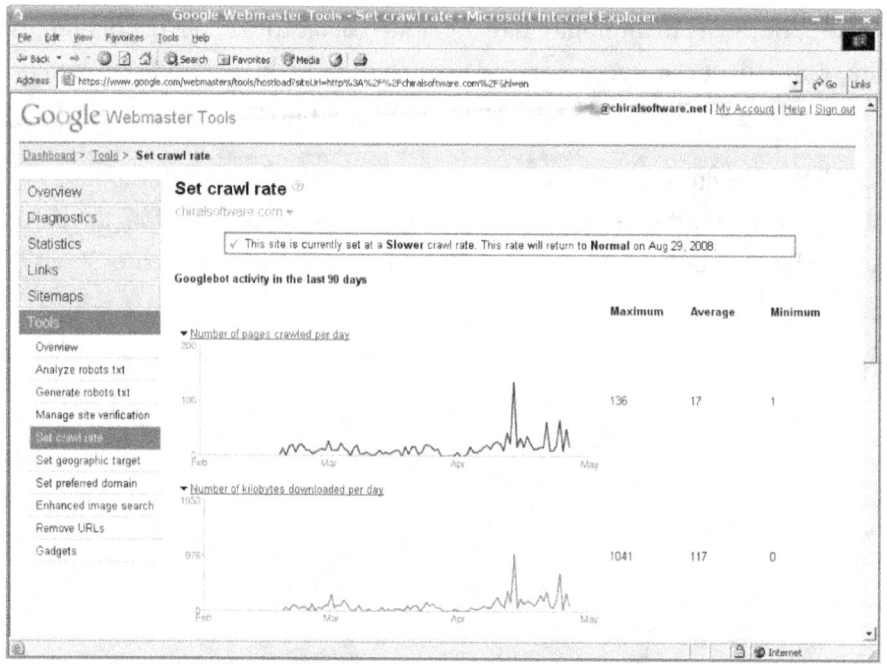

Importante è altresì la schermata del programma che offre informazioni sui link di rientro al proprio sito, così come gli innumerevoli mini tools per l'analisi o la configurazione del file robots.txt per esempio.

Combinando tutte le conoscenze e le informazioni che il programma darà al webmaster, insieme all'ausilio di Analytics, si potrà avere una **panoramica completa e dettagliatissima del proprio sito, per vedere cosa migliorare, cosa ottimizzare ed i punti forti e deboli delle proprie pagine**. Studiando il traffico e le "richieste degli utenti" si potranno anche migliorare i rendimenti, a maggior ragione se si vuole monetizzare Wordpress e fare di internet la propria principale attività.

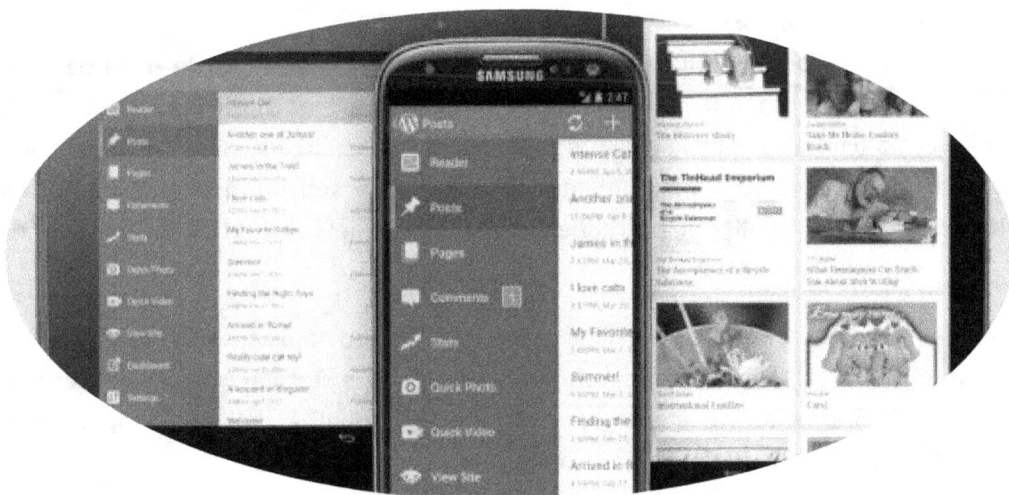

Arriva Wordpress nativo per Blackberry

La **disponibilità di Wordpress su tutti i principali dispositivi mobili**, è stato da sempre un obiettivo perseguito da Automaticc, che da anni ha in gestione lo sviluppo del noto CMS. E così, dopo un semplice porting di Android, **anche per Blackberry è arrivata finalmente l'ora di una versione nativa**, decisamente meglio ottimizzata e studiata per lo speciale sistema operativo, ed ovviamente più funzionale.

Si tratta di una **release beta, non ufficiale, che contiene comunque diversi errori, e non è in versione definitiva.** Pur tuttavia, può già essere collaudata da tutti gli utenti Blackberry, che in questo modo possono verificare il regolare funzionamento dell'app e segnalare eventuali bug agli sviluppatori, che così potranno adeguare tutte le varie fix del caso, per le versioni ufficiali successive.

Il download è già disponibile online nei forum specializzati Blackberry. La procedura di installazione non è immediata, e richiede alcuni passaggi che ad utenti non esperti potrebbero risultare piuttosto ostici. L'annuncio ufficiale da parte degli sviluppatori di Wordpress in merito a versioni finali e definitive stabili non è ancora stato dato, ma la volontà di rendere compatibile il noto CMS con tutti i vari dispositivi mobili del caso, dovrebbe portare a **consistenti aggiornamenti in materia**, in un periodo piuttosto recente.

La presenza di una beta di Wordpress per Blackberry è quindi già un passo avanti, segno **che presto verrà rilasciata la prima versione stabile nativa per questo dispositivo**, che consentirà così ai webmaster di poter gestire il proprio blog anche dallo smartphone, senza alcun problema del caso.

Il file beta è attualmente **disponibile per Blackberry 10**, e consigliamo pertanto di verificare la versione del vostro terminale, prima di procedere all'installazione dell'applicativo, che potrebbe non funzionare regolarmente in versioni obsolete del software. In caso di problemi o malfunzionamenti è possibile **contattare lo sviluppatore direttamente su Twitter**, che potrà guidarvi passo passo alla risoluzione di qualsiasi controversia; in alternativa potrete collaborare con lui per ottimizzare ancor di più Wordpress, e per dare anche agli utenti Blackberry una versione nativa e stabile del noto CMS.

Coloro i quali posseggono uno **smartphone Android o Apple possono già utilizzare le varie versioni native di Wordpress, recentemente aggiornate e facilmente stabili ed utilizzabili**, dopo diversi mesi di test ed aggiornamenti continui. I titolari di Blackberry dovranno invece ancora attendere, anche se comunque si spera che presto verrà pubblicata la prima release del noto CMS, in modo che si possa già da subito lavorare per offrire in breve tempo un prodotto completo e funzionale alle esigenze dei webmaster.

Ancora novità in arrivo per Wordpress Mobile

L'estate 2013 sembra **una fonte continua di aggiornamenti ed importanti novità riguardanti Wordpress**, uno dei CMS più utilizzati al mondo. E così, mentre si susseguono notizie inerenti ad aggiornamenti e migliorie per le varie app ufficiali mobile di Wordpress, per iOS, Android e Windows Phone, nella volontà di migliorare uno dei punti sicuramente più dolenti del noto CMS, il settore mobile, **il team Wordpress ha deciso di ottimizzare ancora**, quella che potrebbe essere la chiave di svolta del blogging mobile futuro.

Disponibile per ora solo ed esclusivamente per i sistemi iOS, tutti ricorderanno **l'app Poster**, uno dei migliori programmi per la redazione di articoli, e soprattutto l'unico applicativo integrato con Dropbox, ed in grado di gestire documenti come nessun altro; ebbene, **Poster è stata acquistata dal team Wordpress "Automattic", che sicuramente vorrà integrare tutte le funzionalità della nota applicazione,** per la gestione degli articoli all'interno di Wordpress mobile.

A breve quindi non si escludono grandi novità, visto che **Poster è già stata tolta dall'Apple Store**, e non può più essere scaricata. **Il team di sviluppatori continuerà a lavorare per Wordpress**, e ciò lascia ben sperare, poiché una perfetta integrazione dei due programmi, potrebbe allargare le funzionalità della versione mobile del CMS, come mai prima.

Ovviamente **possibili importanti notizie potrebbero arrivare non solo per i possessori di dispositivi Apple, ma anche per Android e Windows Phone**, visto che una volta acquisita in toto l'applicazione, non più di esclusiva, quest'ultima potrà facilmente essere resa compatibile con gli altri sistemi operativi, e quindi integrata perfettamente in Wordpress mobile, che a questo punto si che potrebbe divenire il futuro del blogging mobile.

Mentre infatti **già si sta stabilizzando l'app ufficiale da innumerevoli bug e problemi** che l'hanno caratterizzata, almeno agli esordi, possiamo facilmente pensare **che il team di Wordpress stia preparando le basi per un rilascio futuro di un'applicazione totalmente rivoluzionata**, e dalle caratteristiche di prim'ordine.

Quello che potrebbe preoccupare è la gratuità del prodotto, poiché Poster, come sappiamo, veniva venduta a pagamento nell'Apple Store. Tuttavia, considerando la totale disponibilità free di Wordpress e di tutti i vari applicativi, effettivamente dovrebbe restare **lontana l'idea di una versione a pagamento del noto CMS**, per tutti i dispositivi mobili. Uno dei suoi punti di forza è stata proprio la totale gratuità ed un'assistenza ed un supporto di prim'ordine.

Staremo comunque a vedere come si evolverà la situazione; di certo **ciò lascia sicuramente ben sperare tutti i possessori di siti o blog in Wordpress**, che possono tirare un sospiro di sollievo, constatando continui sviluppi ed importanti novità, già neanche una-due settimane dopo il rilascio dell'ultimo aggiornamento; insomma Wordpress, continua così!

App Wordpress per Windows Phone si aggiorna

Puntuale come un orologio svizzero, è appena uscito un **nuovo aggiornamento per l'applicazione mobile di Wordpress**, dedicato a tutti i **sistemi operativi mobili Windows Phone**. Questo update, è stato rilasciato subito dopo quello per iOS e Android, a dimostrazione che ancora una volta il team Wordpress vuole offrire a tutti i suoi utenti il miglior servizio e la migliore efficienza del caso possibile.

Come di consueto, sono state **introdotte nuove migliorie e sono stati corretti alcuni bug**, che causavano diversi problemi. In primo luogo, è stato introdotto per tutti il **supporto alla galleria immagini**, che in precedenza era disponibile soltanto per i siti hostati su wordpress.com; in questo modo chiunque potrà gestire senza alcun problema i propri file immagini, con tutte le varie funzionalità e comodità offerte dallo strumento multimediale.

Lo stesso **strumento di gestione delle foto**, è stato **corretto tramite apposite fix**, suggerite dagli stessi utenti sul forum ufficiali e su twitter. Inoltre, la galleria sarà in grado di poter condividere le immagini sui social, o di poterle gestire secondo le proprie necessità ed esigenze; infatti, il sistema le ordinerà tutte in formato thumbnails, in un'apposita sezione, che ne consentirà una migliore gestione. **La galleria potrà poi essere ulteriormente personalizzata con nuove funzionalità**, anche a carattere tecnico; un doppio tap consentirà per esempio di visualizzare un'immagine a tutto schermo. Insomma, è stato perfezionato uno degli strumenti base di Wordpress, che adesso aiuterà enormemente nella gestione degli articoli e dei post.

Le migliorie non hanno riguardato soltanto la galleria, che comunque è stata una delle parti più attenzionate dall'aggiornamento. **Sono stati corretti diversi bug e falle, che portavano all'arresto improvviso dell'applicazione, o a blocchi temporanei della stessa**, che causavano non pochi problemi. Una maggiore fluidità consentirà quindi di risparmiare parecchio tempo e sbattimenti, e renderà effettivamente l'applicazione utile, a tutti i possessori di smartphone Windows Phone, che ad oggi sono in continua crescita, grazie ad una partenrship di successo che ha legato Microsoft con alcuni dei più noti produttori di cellulari, come Nokia.

L'applicazione, vi ricordiamo, supporta solo ed esclusivamente **siti in Wordpress dalla versione 2.9 in poi**; tutte le precedenti release non sono supportate. Il download è fattibile direttamente all'interno dello store Microsoft, ed è **supportato dalla versione 7.5 ed 8 del sistema operativo di Redmond**. Lo stesso update porta **l'applicazione mobile di Wordpress dalla versione 2.1.4 alla 2.2.0**. Insomma, raffica di aggiornamenti, che contribuiranno sicuramente a rendere felici tutti i possessori di smartphone targati Windows, che hanno ricevuto come tutti gli altri i dovuti updates del caso.

App Wordpress per Android si aggiorna

Proprio qualche settimana fa, titolavamo un altro articolo simile dedicato però al sistema operativo iOS di casa Apple; oggi invece parliamo di **Android, visto che gli sviluppatori di Wordpress hanno rilasciato un aggiornamento per la app mobile,** per tutti coloro i quali gestiscono il proprio sito anche da smartphone e tablet di ultima generazione.

Oltre ai consueti bugfix sono **numerose le novità introdotte** per il sistema operativo di casa Google. La più importante riguarda sicuramente le **notifiche, che grazie alla modalità push, vi aggiorneranno ogni qual volta un utente commenterà un vostro post, o in caso di link, pingback, followers** e qualsiasi tipologia di indicazione supportata dal programma; insomma il vostro cellulare, se connesso ad internet, sarà trasformato in una sorta di dashboard "perenne" del vostro sito, che in questo modo potrà essere gestito ottimamente, grazie alle informazioni che in tempo reale verranno recapitate al webmaster, per quel che riguarda tutta la tipologia di aspetti che vi abbiamo in precedenza indicato.

Un'altra novità riguarda delle **modifiche grafiche**, per migliorare la resa e la risoluzione nei display più definiti e di ultima generazione; l'icona stessa del menù, facilmente in risalto, è proprio una di queste.

Aggiornamenti importanti si riscontrano anche al menù di gestione dell'utente, che in questo modo può **gestire il log-out molto più facilmente**, e senza alcun problema del caso, grazie anche all'integrazione di nuovi tasti rapidi, ed all'ottimizzazione dei vari collegamenti all'interno dell'app (similmente a quanto realizzato per i dispositivi mobili Apple).

Per il funzionamento come di consueto è richiesta una **versione di Android aggiornata**, ed ovviamente che il proprio **blog sia funzionante ed aggiornato anch'esso alle versioni più recenti**. Affinchè l'app faccia il suo lavoro bisognerà infatti **registrare un profilo su Wordpress.com o Jetpack**, altrimenti il sistema delle notifiche e tutte le nuove ed interessanti chicche non potranno essere utilizzate. In questo caso comunque basterà seguire le indicazioni che fornirà la stessa applicazione, per poter completare la procedura, e per poter iniziare subito ad usufruire di tutti i vari vantaggi dei nuovi aggiornamenti.

Come avevamo previsto in precedenza, **Wordpress ha aggiornato dopo pochissimo tempo la sua applicazione anche per Android**, al fine di offrire un servizio di prim'ordine a tutti i possessori di dispositivi mobili di casa Google, decisamente la maggioranza. In questo modo il CMS gratuito, supportato dalla comunità internazionale, riceverà nuova linfa vitale, che lo colloca sicuramente in testa fra tutte le applicazioni simili; nessun prodotto, che ricordiamo ha compiuto 10 anni qualche mese fa, è stato così continuamente aggiornato e supportato, e nessun prodotto ha subito una così larga diffusione ed utilizzo, tanto che ad oggi è presente sulla maggior parte dei blog del mondo, e su tanti siti di brand noti e di rilievo. Ecco perché conviene Wordpress, il **CMS attualmente migliore** sotto questi punti di vista.

App Wordpress per iOS si aggiorna

L'applicazione ufficiale di Wordpress per dispositivi di casa Apple, è stato da poco **aggiornata dagli sviluppatori con numerose migliorie e ottimizzazioni**, che consentiranno di gestire ancor meglio il proprio blog da qualunque smartphone o tablet, dotato del sistema operativo di Cupertino.

Fra le novità più importanti, come ci hanno segnalato gli stessi changelog rilasciati dagli sviluppatori, è stata fatta **un'ottimizzazione del comparto grafico dell'app**. In questo modo tutti i contenuti potranno essere raggiunti in maniera più facile.

Inoltre, è stata **migliorata la procedura di autenticazione e registrazione**, che adesso risulterà molto più semplice, facile e veloce. Fra le migliorie tecniche è stata **inserita anche una guida di benvenuto** per i nuovi utenti, in cui vengono illustrate le principali funzionalità dell'applicazione ai neofiti, ed anche sono state **migliorate le performance dell'app nella gestione delle notifiche.**

Importante anche **l'aggiornamento del menù**, che adesso prevede delle scorciatoie migliori per la creazione di nuovi post e per la pubblicazione degli articoli. Curiosa anche **l'ottimizzazione delle emoticons**, che saranno visualizzabili in maniera corretta anche nel pannello delle notifiche.

Come bug, è stato **risolto il problema dell'importazione da Tumblr**, che causava non pochi sbattimenti a tutti i webmaster che volevano utilizzare le funzionalità di importazione del blog, dal noto social utilizzato da milioni di utenti in tutto il mondo.

E così, nonostante **Wordpress** sia sempre una piattaforma gratuita e sviluppata dalla comunità degli utenti, **si dimostra comunque efficiente e costantemente aggiornata**, per offrire un'esperienza d'utilizzo senza precedenti, grazie anche alla collaborazione di esperti provenienti da tutto il mondo.

La versione Android dell'applicazione che non necessitava di questi aggiornamenti, probabilmente verrà migliorata presto con ulteriori chicche e ottimizzazioni tecniche. In questo modo modo **anche Wordpress potrà diventare più "social"**, consentendo a tutti di postare nuovi messaggi ovunque ci si trovi, sul proprio sito, con un editor di testo professionale e su siti web di primissima qualità.

Vi ricordiamo, per chi non ne fosse a conoscenza, che **è possibile gestire il proprio sito da qualunque smartphone e tablet che abbia o Android o iOS,** scaricando le **applicazioni ufficiali di Wordpress** dagli appositi store, in maniera semplice, immediata e gratuita. Si potranno infatti gestire i propri siti, purchè siano aggiornati all'ultima versione, o alla self-hosted 3.1, per tenere costantemente aggiornati i propri utenti, e le proprie pagine, veramente in tempo reale. Basta infatti una connessione ad internet, i dati di autenticazione ed un qualsiasi dispositivo mobile compatibile per poter gestire il proprio blog da qualunque parte del mondo.

CAP.9 - Integrazione coi Social Network

Cosa sono i social media

Particolarmente **utilizzati oggi nel mondo del web 2.0**, i social media, si possono definire come quei **media moderni che a differenza delle passate tecnologie, consentono agli stessi utenti di essere protagonisti**, di commentare e di partecipare attivamente ad un dialogo, piuttosto che "ricevere" soltanto una determinata notizia.

Mentre in passato, dai giornali alle tv, si poteva soltanto acquisire una determinata informazione, grazie allo sviluppo del mondo di internet e dei social media, non solo gli utenti possono acquisire da più fonti una stessa notizia, ma la possono anche **commentare innescando una sorta di dialogo, piuttosto che un monologo**, ciò che avveniva in precedenza o con gli ormai classici mezzi di comunicazione di massa.

E' per questo che il mondo di **internet ed in particolare il blogging, sono i due fondamenti del social media**, visto che è proprio tramite i blog che si può innescare il processo di cui vi abbiamo parlato, ed ovviamente anche tramite i vari social network, come Facebook e Twitter, ad oggi assolutamente protagonisti di tutti i fatti e le vicende di carattere locale, nazionale ed internazionale del caso.

In che modo **si possono sfruttare i social media** per il proprio sito? Tramite l'ormai classica attività definita come "**social media marketing**", ovvero la pratica del mettersi in evidenza nei nuovi strumenti social di cui vi abbiamo parlato, per vendere infine quelli che sono prodotti e servizi.

Il social media marketing tuttavia è un mondo molto più ampio di quello che vi abbiamo scritto, poiché **per ottenere la "visibilità", bisogna adottare numerosi accorgimenti pratici e tecnici sul proprio sito web**, come l'ottimizzazione sui motori, o l'ampliamento delle "fan page" o dei "followers", procedure che richiedono tempo e metodi di lavoro piuttosto "nuovi" rispetto agli ormai assodati standard SEO.

Lo scopo del social media marketing è quello **di creare pertanto contenuti, dialoghi o infografiche "virali" che possano coinvolgere il più ampio numero di utenti**, che indirizzati su una determinata pagina o profilo, a loro volta verranno "bombardati" di informazioni anche nascosti, sempre con l'obiettivo unico che vi abbiamo prefissato in precedenza: la vendita di prodotti o servizi.

Anche lo stesso **Youtube, che è protagonista assoluto ad oggi nel mondo dei social media**, può essere utilizzato per marketing, visto che spesso e volentieri video particolarmente curiosi ed attraenti, riescono a coinvolgere grandi quantità di traffico, che appositamente veicolate, possono risultare un vero e proprio validissimo bacino di utenza.

In sostanza è questo il social media marketing, che abbinato appunto agli strumenti social, consente di poter **interagire col web 2.0 e con tutte le ultime tecnologie di settore**, come smartphone e tablet, gli strumenti più attivi su Facebook, Twitter, Youtube e tutti i principali siti di settore del caso.

Integrare Facebook in Wordpress: basta un plugin

L'integrazione di Facebook e dei social network in un blog, è forse uno dei **passi fondamentali** per poter lanciare il proprio portale, e per condividere notizie, articoli ed immagini con il mondo dei social. In che modo è quindi possibile integrare tutte quelle che sono **le funzionalità di Facebook in Wordpress**, in maniera semplice ed immediata? Basta un plugin, "**Simple Facebook Connect**", che fa proprio al caso nostro.

Il suo funzionamento è molto intuitivo. Si installa come di consueto tramite la **procedura manuale**, ovvero caricando il contenuto dell'archivio nella cartella plugin della nostra installazione di Wordpress, e si attiva dall'apposita pagina nel pannello di amministrazione. Per il resto basterà **seguire le istruzioni riportate dallo stesso plugin**, che in pochi e semplici passi vi aiuterà a personalizzare l'integrazione del vostro sito con Facebook, secondo le vostre preferenze.

In primo luogo bisogna **inserire alcuni dati**, per integrare Wordpress con un profilo o una pagina che fa riferimento al vostro sito, presente ovviamente in Facebook. Successivamente si potranno personalizzare i **vari widget**, che consentiranno un'integrazione totale del più noto fra i social network col vostro sito.

Si potranno **inserire i "like"** al termine di un articolo, la possibilità di **commentare a fine pagina**, l'accesso tramite il proprio account facebook al portale, lo **"share" di un post** e tante altre cose. E non è tutto; chi è in grado di saper agire sul codice potrà anche personalizzare il plugin (come la like box), per un'integrazione, anche dal punto di vista grafico, veramente completa con il proprio portale.

Si possono anche **condividere automaticamente i nuovi articoli** inviati con l'account Facebook designato; si posso condividere le immagini del profilo con i rispettivi account sul vostro sito, e ci si potrà registrare, per esempio ad un forum, sempre con un account Facebook già attivo.

Le possibilità sono molteplici e l'integrazione è totale. Con "Simple Facebook Connect" potrete allargare gli orizzonti del vostro blog, e **proiettarvi nel mondo dei social, un ottimo bacino di traffico** che se ben sfruttato potrà far schizzare le visite alle vostre pagine.

Aumentare i "mi piace" sulla propria pagina Facebook

L'argomento che ci accingiamo a trattare, **non è forse direttamente collegato a Wordpress** ed alle sue funzionalità. Fermo restando però che **i social network sono ad oggi un tutt'uno col mondo del web**, è opportuno **sfruttarli per creare un bacino di traffico alternativo**, comunque non indifferente. Vediamo quindi come aumentare i "mi piace" alla pagina del proprio sito Wordpress, del proprio blog o della propria attività online.

Uno strumento che consigliamo almeno all'inizio, consiste nell'**associare la pubblicazione dei post sul proprio blog al gruppo o pagina Facebook.** In questo modo ogni qual volta un articolo verrà pubblicato sul nostro sito, automaticamente anche su Facebook si creerà un riferimento, che spingerà gli utenti a cliccare ed a collegarsi quindi alla pagina del caso.

Dopo aver riempito con alcuni contenuti la pagina Facebook della propria attività, **bisogna invitare tutti i propri amici a cliccare, per ottenere quindi i primi "Mi piace".** Nonostante magari su centinaia di persone soltanto alcuni cliccheranno, anche le azioni dei vostri amici o dei vostri parenti più stretti, che sicuramente si iscriveranno alla pagina, consentiranno quindi di **raggiungere i primi followers** (termine coniato da Twitter ma utilizzato anche per Facebook).

Una volta **raggiunti anche 5 o 10 mi piace iniziali, è vivamente consigliato integrare una like box all'interno del proprio sito,** e messa ben in evidenza, per spingere anche i visitatori a cliccare. Più saranno ovviamente alte le visite verso le vostre pagine, e maggiore sarà la possibilità che un visitatore, attirato dal vostro sito e dal contenuto, deciderà anche di iscriversi al gruppo o alla pagina Facebook, per restare sempre aggiornato.

Combinando queste prime attività, si avranno di conseguenza le **prime decine di mi piace, a seconda del traffico generato e dell'argomento trattato.** E' evidente che una pagina dedicata ai vini attirerà sicuramente meno rispetto ad gruppo sull'attualità o sul gossip.

Avendo a disposizione un piccolo capitale, anche di 50€, **consigliamo poi di acquistare pubblicità a pagamento, per incentivare come mai prima il numero di "Mi piace",** e per raggiungere quindi dei risultati assolutamente di rilievo. Approssimativamente, con una cifra del genere, dovreste superare il centinaio di mi piace, sempre a seconda della tematica delle vostre pagine. Con una simile base, anche se molto lontana dalle pagine più note con centinaia di migliaia di followers, si avrà comunque un **punto di partenza non indifferente, da poter sfruttare poi con un altro tipo di attività.**

Con centinaia di iscritti, bisognerà tenere costantemente attiva la pagina con attività virali, sondaggi, pubblicazione di loghi da commentare o condividere; tutte quelle **attività insomma che intrattengono l'utente e che lo spingono a diffondere il post, a commentarlo ed a tenere quindi attiva come mai prima la pagina.** Saranno poi gli stessi utenti che porteranno altri utenti, fin quando, senza spendere un euro di pubblicità, riuscirete ad avere una media anche di 5-10 mi piace nuovi giornalieri, che faranno aumentare di gran lunga la popolarità del vostro gruppo nel mondo del web, sempre, ribadiamo, a seconda della tematica del proprio sito. Un numero di 100 followers per un portale o per una pagina sui formaggi DOC è sicuramente un ottimo risultato di partenza. Questo stesso quantitativo di iscritti in una pagina generalista o di news divertenti, sarà ovviamente irrisoria, considerando anche le statistiche della concorrenza.

Come inviare automaticamente i post di Wordpress sui social

Spesso e volentieri, chi gestisce un blog online, ha la **necessità di dover utilizzare i social network**, che ad oggi rappresentano un ottimo strumento per poter acquisire un parco visite di prim'ordine, proveniente proprio dall'uso di questi tools del web 2.0, ormai indispensabili.

E così, risulta spesso **scomodo dover pubblicare un articolo sul blog, accedere al social, ricopiarlo, indirizzare i link e tutto**; procedura ovviamente moltiplicata per Facebook, Twitter e Google+, insomma diverse decine di minuti di lavoro, che effettivamente potrebbero venir eseguiti in pochi secondi, senza alcun problema del caso. Come? Tramite degli appositi **plugin, che inviano ogni nuovo post del nostro blog in maniera automatica sulla nostra pagina Facebook ed ovviamente su Twitter.**

Integrazione con Facebook

Il plugin che ci consente di poter effettuare una perfetta integrazione con Facebook, si chiama **Simple Facebook Connect**, e può essere scaricato gratuitamente. Una volta installato, ci offre la possibilità di poter **configurare decine di parametri ed opzioni**, ovviamente secondo le nostre necessità ed esigenze del caso.

Quello che a noi interessa, si chiama "**Publish Setting**". In questa pagina infatti, si dovrà configurare il plugin in modo da poter rendere l'invio automatico dei post sul più noto dei social network, in maniera diretta. In primo luogo, bisogna **spuntare se inviare i post nel proprio profilo, o in una determinata FAN page.**

A questo punto, bisognerà **estendere i permessi dell'applicazione, cliccando su un apposito pulsante che ci farà interfacciare con il nostro profilo facebook** o con la nostra fan page. Completata questa procedura, bisognerà verificare che tutti i "token" richiesti dal plugin, sia stati regolarmente configurati. Una scritta verde ci comunicherà l'eventuale esito positivo.

Il plugin a questo punto è configurato e pronto per l'uso. Ovviamente offre la possibilità di utilizzare altri molteplici strumenti, anche se ovviamente non hanno a che fare con i nostri interessi e le nostre necessità.

Integrazione con Twitter

Come abbiamo fatto con Facebook, dobbiamo ripetere una procedura simile per Twitter. Bisogna in primo luogo scaricare il plugin **WP To twitter**, che può essere installato gratuitamente.

Fatto questo, bisognerà configurare il plugin. Tramite una **procedura di autenticazione automatica fornita dal software OAuth**, che dovrete settare, il plugin sarà pronto per poter inviare automaticamente tutti i nostri nuovi post su Twitter.

Si potranno comunque **settare da altre pagine delle preferenze inerenti proprio alla pubblicazione**, come l'eventuale possibilità di modificare il proprio username, o di utilizzare appositi link di collegamento per la condivisione dei propri cinguettii.

In generale comunque, questo vi **consentirà di risparmiare parecchio tempo per la gestione dei social network.** Il tutto sarà gestito automaticamente, e soltanto in modo manuale potrete svolgere campagne aggiuntive o inserire post mirati, poiché per quel che riguarda il vostro blog, tutto sarà perfettamente automatizzato.

Per qualsiasi problema potete contattarci o utilizzare le apposite pagine di supporto dei plugin. In generale comunque la procedura è piuttosto semplice, grazie anche ad una grafica particolarmente intuitiva dei prodotti che consente in pochi minuti di completare tutte le configurazioni del caso.

Inviare post Wordpress automaticamente sui social con NextScripts Social Network Auto Poster

Il tema dell'**invio automatico dei post del proprio blog Wordpress sui social network,** lo abbiamo già trattato altre volte, per mostrarvi tutte le strade per poter pubblicare senza alcuna procedura manuale del caso i propri articoli su Facebook, Twitter, Google+ e su tutti quelli che sono i principali social ad oggi più utilizzati.

Fra le varie possibilità ennesime, è possibile utilizzare TwitterFeed, che rappresenta una validissima alternativa alla scelta di plugin o altri accorgimenti, e che tratteremo a breve. Oggi però vi parliamo di **NextScripts Social Network Auto Poster, un componente aggiuntivo di Wordpress utilizzato da migliaia di Webmaster,** che consente proprio di soddisfare le nostre necessità, tramite l'invio automatico di post su tutti i principali social, come **Facebook, Twitter, Google+, Youtube, Tumblr, LinkedIn, Pinterest e molti altri ancora.**

Con il nuovo e recente aggiornamento alla versione 2.7.18, il plugin ha infatti ampliato le sue funzionalità e le compatibilità coi social. In questo modo **si potrà facilmente integrare, con tutti i nuovi accorgimenti del plugin, il proprio blog Wordpress,** grazie ad una procedura di configurazione particolarmente semplice ed immediata.

Come di consueto, è possibile installare il plugin o manualmente o in maniera automatica. Vi consigliamo ovviamente proprio quest'ultimo metodo, decisamente più semplice ed immediato. Una volta effettuata l'installazione ed attivato il plugin, **è necessario configurarlo, indicando con quali account social inviare ed utilizzare i post del proprio blog, e soprattutto in che modo** (tramite quale interfaccia).

E' possibile infatti scegliere il formato del testo da visualizzare, o se eventualmente allegare un' immagine a corredo; insomma si possono **personalizzare i vari social secondo le proprie esigenze e necessità.** La soluzione migliore e più efficace è sicuramente la **combinazione post + foto,** che creando un' anteprima del testo con tanto di thumb accanto, rende sicuramente la lettura più piacevole e dà un'indicazione al lettore non indifferente, decisamente più invogliato a cliccare rispetto ad un solo testo, o alla presenza di una sola immagine.

Quindi, è possibile **associare il proprio account di ogni social al plugin inserendo le proprie credenziali,** ed in seguito si potrà scegliere l'eventuale gruppo, bacheca o pagina del caso, in cui pubblicare tutti i propri nuovi post Wordpress.

E' possibile ovviamente **configurare anche più pagine di pubblicazione per social network,** in modo eventualmente da personalizzare ancor più lo strumento dei social, secondo le proprie necessità. Alcune funzionalità sono però disponibili soltanto nella **versione PRO del plugin, che è ovviamente a pagamento,** e che può essere liberamente acquistata nel sito ufficiale degli sviluppatori del prodotto.

Quasi 500mila download ed un supporto completo dei programmatori con continui aggiornamenti, rendono **NextScripts Social Network Auto Poster un prodotto assolutamente di prim'ordine**, ideale per inviare post Wordpress automaticamente sui social.

Inviare post Wordpress automaticamente sui social con Twitter Feed

Per i **blog con molti articoli, di news o in generale dinamici**, l'associarsi coi social network rappresenta un'ottima possibilità per ottenere visite e per sfruttare tutto il **mondo del web 2.0**, per il proprio business, o per la propria attività.

Tuttavia, il **condividere post, articoli e novità su ogni singolo social, col proprio account, spesso più volte al giorno, può risultare particolarmente faticoso e dispendioso**, a maggior ragione se il proprio sito viene aggiornato frequentemente, da articolisti, che si occupano di gestire più sezioni e diversi argomenti.

In che modo si possono quindi **inviare i post automaticamente sui social, non appena pubblicati su Wordpress?** Esiste un interessante sito online, chiamato Twitterfeed, che consente proprio di svolgere il tutto senza alcun problema, ed in maniera semplice ed immediata.

Una volta collegati alla home page, bisogna **registrarsi al servizio, che consente di condividere automaticamente i propri post su Facebook, Twitter, LinkedIn** e tutti i principali social network odierni. Inserito l'indirizzo URL del proprio sito, e tutte le varie informazioni richieste, bisognerà **effettuare il login col proprio account di ogni social, e scegliere la pagina dove pubblicare tutte le news.** In maniera automatica poi, il tutto si configurerà e dopo qualche minuto, ogni nuovo post inviato sul vostro blog Wordpress, verrà automaticamente condiviso su tutti i social network da voi scelti.

La procedura di ottimizzazione e di integrazione è assolutamente completa, ed **i post assumeranno il titolo e la descrizione del vostro articolo, con tanto di eventuale immagine a corredo**, se presente.

E' opportuno segnalare che esistono anche altri metodi per gestire questa procedura di invio automatico sui social, anche se decisamente più complessi. E' necessario infatti **installare uno o più plugin Wordpress, e creare poi delle applicazioni o estensioni fittizie, auto-configurate per l'invio dei post.** Aggiornamenti continui, dati di login ed ulteriori e macchinose procedure sono richieste; per questo vi consigliamo vivamente di utilizzare TwitterFeed, che veramente in pochi minuti consente di raggiungere il nostro obiettivo, senza complicazioni ed in maniera semplice ed immediata.

Coordinando l'attività di pubblicazione automatica con l'inserimento degli strumenti social all'interno del proprio blog, come la like box o simili accorgimenti al termine di ogni articolo, per facilitare la condivisione dei post, si potrà interfacciare facilmente Wordpress con il web 2.0, e con tutti gli importanti strumenti ad oggi offerti dai social network, in continua evoluzione.

Per qualsiasi informazione in merito alla procedura vi invitiamo a contattarci o ad utilizzare lo strumento dei commenti, ai quali risponderemo il più rapidamente possibile.

Google+: perché conviene utilizzarlo

In un mercato globale sempre più concorrenziale, ed in un periodo in cui **i principali social network sono ormai stati "invasi"** da tutte le più grandi aziende ed i colossi nazionali ed internazionali, risulta parecchio difficile lanciare un nuovo business da zero, puntando molto sugli attuali social media. E' per questo che

bisogna utilizzare Google+, uno strumento dalle infinite potenzialità, che sicuramente rappresenta il futuro dei social.

Il noto network di Google, per quanto sia stato definito da molti come un flop, almeno nella sua fase iniziale, ha in realtà smentito tutti; se paragonato infatti alla concorrenza, ovvero Facebook e Twitter, che nei primi loro anni di vita sono stati utilizzati appena da alcune migliaia di utenze, **Google+ solo nel primo anno ha avuto milioni di registrazioni**, in primo luogo grazie all'efficace pubblicità del motore di ricerca più famoso al mondo, ed inoltre grazie a funzionalità effettivamente innovative e di successo, che probabilmente supereranno la concorrenza in un futuro prossimo.

Non si tratta tanto di rivoluzione, dal punto di vista social; è vero, sono state inserite le cerchie e tanti nuovi accorgimenti in grado di poter ampliare l'esperienza d'uso del social, come mai prima. Tuttavia lo scopo essenziale è sempre quello di condividere e commentare contenuti. La vera rivoluzione sta proprio **nell'integrazione di Google+ con tutti gli altri strumenti di Mountain View**, come il servizio Maps o News, che consente pertanto ad un portale di poter essere meglio indicizzato ed integrato, e ad un business locale di poter essere decisamente meglio riconosciuto, grazie ad una maggiore visibilità.

Un'azienda che decide di posizionarsi sul servizio Maps, ormai presso che fondamentale, riceverà grandi giovamenti da Google+, e tanta integrazione fra i vari servizi Google. Allo stesso modo, un autore di un articolo, che sarà pubblicato su Google News, potrà facilmente essere riconosciuto tramite il noto social, e gli utenti potranno quindi contattarlo ed interagire con quest'ultimo, per qualsiasi necessità, informazione o problema del caso.

E' questo il vantaggio di Google+, che evoluto nei suoi sostanziali principi di social, è **perfettamente integrato con gli altri strumenti Google, che se ben ottimizzati, renderanno decisamente bene** e meglio rispetto a qualunque altro social, ormai consolidato, come Facebook e Twitter. Il mondo del web è sempre in continua evoluzione, e la risposta di Google alla concorrenza, possiamo dire che fino ad oggi è stata sempre vittoriosa (basta ricordare fra tutti il servizio email di Gmail rispetto ad altri, il sistema operativo mobile Android rispetto ad altri, il servizio di navigazione Maps rispetto ad altri). Non ci resta che attendere che anche Google+ raggiunga i risultati sperati; di certo i numeri iniziali lasciano ben sperare.

Proprio per tutti questi fattori che vi abbiamo elencato, **registrarsi, integrarsi ed iniziare a lanciare il proprio business su Google+ è ormai fondamentale ad oggi**, anche perché ci si ritroverà in una buona posizione di partenza, quando tutti gli utenti accederanno principalmente a quest'ultimo social. Allo stesso modo è già opportuno **inserire il noto pulsantino del social**, per poter già gestire i propri utenti altresì registrati a Google+, come mai prima. A tal proposito vi sono innumerevoli **plugin per Wordpress che consentono l'integrazione con Google+**, sia a carattere generale, ovvero insieme agli altri social, che in maniera singola e personalizzata.

Non perdete tempo ed **iniziate subito ad utilizzare Google+.** Ne raccoglierete sicuramente i vantaggi in un futuro prossimo, visto che tutte le strade e le indicazioni portano ad un predominio del mercato da parte di questo strumento, che ha rivoluzionato il già evoluto web 2.0 di cui tanto si parla.

Wordpress e Pinterest: integrazione e utilizzo del nuovo social

Particolarmente **conosciuto in ambito internazionale e sempre più apprezzato da utenti, aziende e brand mondiali**, Pinterest rappresenta ad oggi il "nuovo" dei social network, con caratteristiche e peculiarità di prim'ordine. **Che cos'è, come si integra in Wordpress e quali sono i vantaggi di un possibile suo utilizzo?**

In primo luogo, Pinterest è un social network che come Facebook, Twitter e gli altri, **consente di poter salvare e condividere informazioni, foto, clip e infografiche;** a differenza di questi ultimi però, è sempre più apprezzato in ottica SEO, e se ben sfruttato, può garantire un ampio bacino di visite e link di ritorno, che possono aiutare nel posizionamento e nell'ottimizzazione delle SERP.

Ovviamente, **per poter utilizzare Pinterest, bisogna possedere i contenuti idonei a questo nuovo social**; un sito ben curato, con contenuti originali, utili ed autentici, veloce, facile da visionare ed effettivamente che sia una risorsa per la rete, ha tutte le carte in regola per poter essere ottimizzato su Pinterest. **A tal proposito basta seguire i consigli principali per l'ottimizzazione SEO**, e non bisognerà svolgere alcun lavoro dettagliato.

Particolare **importanza va data invece ad immagini, video ed infografiche, che sono poi i contenuti che si andranno ad ottimizzare sul social network**, e che dovranno essere poi condivisi dagli altri utenti, apprezzati e commentati. Per questo motivo, è opportuno inserire sin da subito almeno un contenuto multimediale efficace in ogni post del proprio sito o e-commerce, e curarlo attivamente con tutti **i tag, le descrizioni e gli artifici che assicurano una riconoscibilità ed un buon posizionamento. I permalink a tal proposito sono molto importanti**, di conseguenza vanno ottimizzati ottimamente, per poter rendere unici i contenuti del proprio sito.

Una volta che comunque si hanno le carte in regola per poter sfruttare Pinterest, si può **interfacciare il social network con Wordpress.** E' possibile integrare il tutto tramite l'apposito pulsante, o utilizzando comunque tutti i vari widget o plugin disponibili in rete. Ovviamente **è necessario registrare un account sul social network**, al fine di poter gestire il proprio blog o il proprio ecommerce in maniera diretta e senza alcun problema.

La parte più difficile consiste nel **spingere gli utenti a condividere i propri contenuti su Pinterest**, e diffondere quindi il materiale che porterà poi all'aumento delle visite e all'ottimizzazione del posizionamento. Per questo bisogna **pazientare e sfruttare anche tutte le tecniche del social bookmarking**, che rendono possibile ricevere tanti link in ingresso, e quindi un miglior rating dal punto di vista SEO e Pagerank.

Combinando le azioni di Pinterest con le ormai standard procedure per Facebook, Twitter e gli altri social, si potranno quindi sfruttare appieno le potenzialità di questi strumenti, che rappresentano un ottimo metodo per poter portare avanti il proprio sito sul web, e per poter ottimizzare i propri contenuti sui motori, il risultato finale che comunque ogni webmaster cerca di raggiungere e sempre meglio incrementare.

www.ingramcontent.com/pod-product-compliance
Lightning Source LLC
Chambersburg PA
CBHW081046170526
45158CB00006B/1878